HISTOIRE ET HISTORIOGRAPHIE DANS L'ANTIQUITÉ

CAHIERS DE LA VILLA « KÉRYLOS », N° 11
BEAULIEU-SUR-MER (ALPES-MARITIMES)

COLLOQUE

HISTOIRE ET HISTORIOGRAPHIE DANS L'ANTIQUITÉ

ACTES

PARIS
DIFFUSION DE BOCCARD
11, rue de Médicis
2001

Édité avec le soutien amical du Mécénat technologique et scientifique
de l'Électricité de France

ISSN : 1275-6229
ISBN : 2-87754-124-X

HISTOIRE ET HISTORIOGRAPHIE DANS L'ANTIQUITÉ

Actes du 11e colloque
de la Villa Kérylos
à
Beaulieu-sur-Mer
les 13 & 14 octobre 2000

Sous la présidence de

Monsieur Jean LECLANT
Conservateur de la Villa Kérylos
Secrétaire perpétuel de l'Académie
des Inscriptions et Belles-Lettres

et la direction de

Monsieur François CHAMOUX
Membre de l'Académie des Inscriptions et Belles-Lettres

ALLOCUTION D'OUVERTURE

Mesdames, Messieurs, chers Amis,

Je suis heureux d'ouvrir le XIe colloque de la Villa Kérylos, cette magnifique fondation de l'Institut de France qui a bien voulu m'en confier la charge de conservateur ; je sais gré de la confiance que m'ont accordée depuis 1992 les chanceliers Édouard Bonnefous, Marcel Landowski, Pierre Messmer ainsi que mes confrères membres de la Commission administrative centrale de l'Institut de France. Car cette Villa, si originale, constitue un joyau de la Côte d'Azur, un vrai morceau de Grèce cousu sur notre rivage, alliant le charme marin de Délos (avec cette mer éblouissante qui cerne notre Pointe des Fourmis) et la rigueur des Roches Phaidriades de Delphes (qu'évoque devant nous la magnifique falaise d'Èze).

La Villa Kérylos a été construite entre 1905 et 1909 à l'initiative et sur les fonds de l'immense érudit que fut Théodore Reinach, le troisième des frères « je sais tout » : J(oseph), S(alomon) et T(héodore), une des gloires de notre Académie des Inscriptions et Belles-Lettres et de l'érudition française, avec le concours de l'architecte niçois Emmanuel Pontremoli, de l'Académie des Beaux-Arts. Par son testament de 1928, Théodore Reinach en fit don à l'Institut de France. Au nombre des activités culturelles dont la Villa Kérylos peut se prévaloir figure le colloque traditionnel d'octobre, inauguré en 1990 par mon prédécesseur Bernard Chenot, Secrétaire perpétuel de l'Académie des Sciences morales et politiques.

Pour soutenir son activité et en particulier pour ses colloques, la Villa Kérylos n'a pas manqué de la faveur d'un public très fidèle, que je voudrais remercier. Je saluerai d'abord M. le préfet des Alpes maritimes, retenu aujourd'hui par les contraintes de sa charge, mais qui nous accorde fidèlement son patronage, et Mme Jean-René Garnier ; tous deux contribuent à rehausser la qualité de ces journées par leur délicate attention. Je souhaiterais aussi d'emblée redire ma gratitude au président Charles Ginésy et à ses collègues du Conseil général des Alpes maritimes qui viennent d'accorder une nouvelle fois une subvention très substantielle pour la restauration des façades ; au maire de Beaulieu, maître Christian Scolari, pour la précieuse participation de la commune à ces travaux ; aux autorités grecques : S. Exc. M. l'ambassadeur Élias Clis, M. Touliatos, consul général de Grèce à Monaco, M. Michaïlos, consul général de Grèce à Nice, qui nous accompagneront plus que jamais — une convention entre le ministère grec de la Culture et la Fondation sera signée dans les prochains mois — dans nos efforts pour faire rayonner ce témoignage unique de la pensée hellénique par des manifestations culturelles autour de la Grèce antique et moderne.

Permettez mois de saluer S. Exc. le ministre d'État de la principauté de Monaco, M. Patrick Leclercq, avec lequel je partage maints souvenirs d'Égypte où il a représenté si brillamment notre pays, et nos amis de choix S. Exc. M. Philippe Perrier de La Bathie, consul général de France à Monaco et son épouse, M. Fabrice Reinach, président d'honneur de l'Association des Amis de la Villa.

Ici et là dans la Villa vous trouverez des plaques de marbre célébrant à l'antique les noms des évergètes sans qui rien n'aurait été possible, nos mécènes donc, que j'ai plaisir à retrouver en personne au cours de nos diverses manifestations.

Cette année, je passerai plus rapidement sur le bilan considérable de l'activité culturelle de la Villa Kérylos. Permettez-moi cependant de souligner que le travail accompli depuis bientôt dix ans fait de la Villa non seulement, dans le droit fil des intentions du fondateur Théodore Reinach, un haut lieu de la culture sur la Côte d'Azur, mais encore un lieu de destination touristique en quelque sorte incontournable, avec une augmentation constante de la fréquentation des visiteurs : près de 60 000 pour cette année contre 35 000 dans les années 80. Après le Xe Colloque des 1er et 2 octobre sur « le théâtre grec antique : la comédie », dirigé par mon confrère M. Jacques Jouanna, et la publication dans des délais exceptionnellement rapides du très beau volume des Actes, qui complète heureusement notre collection et qui prend sa place parmi les travaux d'importance consacrés à la civilisation de la Grèce antique, ce fut une suite de sept concerts donnés par le Quatuor Kérylos ou par des amis de l'orchestre de l'Opéra de Monaco, un cycle de conférences du département des lettres classiques de l'Université de Nice, invités par l'entremise toujours si efficace de Mme le professeur Marie-Rose Guelfucci, les Nocturnes d'Euterpe en juillet et août, soirées musicales qui répondent à une double vocation de distraction culturelle et de souper festif. La galerie installée l'an dernier au ras des flots continue de jouir d'un succès mérité ; onze moulages de chefs-d'œuvre de la sculpture antique y sont présentés de façon permanente ; ces derniers mois — plus précisément du 30 juin au 10 septembre — elle a offert son cadre prestigieux à une exposition du peintre hellène Alecos Fassianos, avec un titre fascinant : « la mythologie au quotidien » ; organisée sous l'égide de l'ambassade de Grèce, elle a été réalisée grâce au concours si fidèle de la Banque Neuflize, Schlumberger et Mallet ainsi que de M. Stassinopoulos ; une subvention accordée par l'ambassadeur de Grèce S. Exc. M. Élias Clis et du consulat grec de Monaco a permis l'édition d'un catalogue ; l'exposition a été appréciée du public et des médias, avec notamment un bel article dans le supplément du *Figaro-Magazine* que l'on doit à la plume de Michel Desforges. Enfin, tout récemment, les 16 et 17 septembre, lors des journées du Patrimoine, une animation sur les disciplines de combat (pugilat, pancrace, pale) dans l'Antiquité a été organisée avec le concours de l'Institut Ars Dimicandi, avec des démonstrations de lutte grecque.

Il me faut aussi mentionner que se sont poursuivis régulièrement des travaux de restauration et d'entretien, si nécessaires dans un édifice que rend évidemment bien fragile son environnement marin.

Mais venons-en au présent Colloque de Kérylos — le XIe — consacré à une « Enquête sur l'histoire et l'historiographie de l'Antiquité ». C'est mon confrère et cher ami François Chamoux, professeur émérite à la Sorbonne, membre de l'Institut, qui a bien voulu se charger d'en établir le programme. C'est à lui qu'est revenu le soin de grouper les spécialistes capables de traiter au mieux les sujets retenus. Il connaît très bien la Villa Kérylos qu'il aime et admire ; il a eu déjà la générosité de participer à plusieurs des colloques précédents : tous ont en mémoire ses commentaires en 1994 sur « l'Égypte d'après Diodore de Sicile », sur « Socrate » en 1995, sur « le monde égéen et l'Afrique » en 1996, sur « le théâtre grec en Libye » en 1997, sur « Callimaque » en 1998.

Pour ce XIe Colloque, il nous a semblé qu'après les deux réunions consacrées au théâtre grec antique, l'une à la tragédie en 1997, l'autre, l'an dernier, à la comédie, nous pourrions aborder un autre genre littéraire : l'histoire. Si consigner les événements vécus en commun semble une nécessité s'imposant à toute société humaine — et les grandes civilisations que connurent la vallée du Nil et le Proche-Orient nous ont laissé, selon des modalités diverses d'ailleurs, des Annales et des récits que l'on peut qualifier d'historiques —, c'est en Grèce qu'est née l'« histoire » telle que nous continuons à la pratiquer : c'est-à-dire un exposé critique des faits, aussi objectif que possible, sans exclure toutefois une réflexion, suggérant à la limite une interprétation du passé.

Il a été ainsi demandé à Nicolas Grimal, qui a dirigé l'Institut français d'Archéologie orientale pendant une décennie et qui vient d'être élu à la chaire prestigieuse d'égyptologie du Collège de France, de nous donner un aperçu sur ce qu'il faut entendre par « histoire » pour les grandes civilisations de la Méditerranée orientale ; ainsi disposerons-nous d'un thème de référence pour mieux apprécier ce qui constitue l'originalité de la démarche initiée par les Grecs.

Celle-ci sera traitée par François Chamoux lui-même qui s'est chargé d'une réflexion sur le passage du mythe à l'histoire en Hellade ; à côté des époques homériques, il situera la *Théogonie* (la « naissance des dieux ») d'Hésiode et mentionnera l'intérêt des fragments substantiels des *Arimaspes* d'Aristée de Proconnèse ; poursuivant sa recherche jusqu'au ve siècle, il tentera de retrouver en Ionie les frémissements culturels préliminaires aux neuf livres de l'« Histoire » (l'« enquête ») d'Hérodote et aux huit livres de Thucydide.

Il ne pouvait être possible durant ces deux journées de présenter un tableau complet du développement du genre historique à travers l'Antiquité ; Hérodote ou Thucydide mériteraient, chacun à soi seul, une suite d'exposés. Nous ne pouvons citer le nom de Thucydide sans adresser des pensées amicales et ferventes à Jacqueline de Romilly. Plusieurs fois présente à nos colloques, elle n'a pu, cette année, être parmi nous ; je me fais votre interprète pour qu'elle accepte nos vœux très ardents.

L'époque hellénistique nous retiendra avec des exposés de Denis Knoepfler, professeur à l'Université de Neuchâtel, d'Éric Foulon de Clermont-Ferrand, de Mme Marie-Rose Guelfucci, professeur à l'Université de Nice, notre voisine avec qui nous nous plaisons, chaque année, à collaborer. Dans les colloques de Kérylos figure souvent Alexandrie. Nous regrettons que notre ami le recteur Jean Sirinelli n'ait pu venir nous faire profiter de sa science alexandrine et lui adressons tous nos vœux amicaux. Cette fois, c'est à la révolte juive de 117 de notre ère que nous nous arrêterons avec le professeur Paul Goukowsky de l'Université de Nancy II.

Quant à Rome, elle sera très présente avec les exposés des professeurs Robert Étienne, membre de l'Institut, Paul Jal, Mme Valérie Fromentin, Alain Michel et Jean-Pierre Callu de l'Institut, Jacques Gascou, traitant de César, Tite-Live, Denis d'Halicarnasse, Tacite, Suétone et des historiens du ve siècle de notre ère — un choix de noms et de thèmes très évocateurs.

Enfin, dans une perspective propre à l'Institut de France, à qui les problèmes du monde actuel sont loin d'être étrangers — ce que l'on ne souligne sans doute pas suffisamment — et qui, depuis plusieurs années déjà, s'est doté d'un service d'actions pédagogiques, la question suivante sera posée, le moment venu du bilan et des conclusions, par le professeur François Chamoux : « l'histoire ancienne a-t-elle encore une vertu pédagogique ? »

Enrichissante ne peut manquer d'être la confrontation de la documentation ici présentée, grands classiques mais aussi auteurs moins fréquemment visités ; très fructueux seront les entretiens directs entre historiens et philologues. Sans doute se dégageront des idées neuves sur l'historiographie antique, peut-être même, en profondeur, sur le rôle et les modalités de la *memoria* dans la rhétorique grecque et latine.

Il ne me reste plus qu'à vous souhaiter deux jours de débats heureux et à renouveler mes vœux d'accueil et mes remerciements pour les confrères et les collègues qui ont bien voulu répondre à notre invitation de se réunir dans le cadre merveilleux de la Villa Kérylos.

Jean LECLANT

L'HISTOIRE DANS LA TRADITION PHARAONIQUE

Par l'abondance, la richesse et l'ampleur de ses monuments, par son exceptionnelle durée et l'importance de son rôle dans l'histoire du Proche-Orient et du monde méditerranéen, la civilisation pharaonique paraît, au premier abord, toute tournée vers sa propre histoire. Tant il est vrai que l'Égypte est perçue dans l'Antiquité comme la référence essentielle, tant historique que culturelle, de la Méditerranée du Sud et du Proche-Orient.

Qui plus est, l'omniprésence de l'écrit dans une société qui paraît toute entière engagée dans un infini mouvement de récapitulation et d'enregistrement d'elle-même, laisse espérer des trésors d'archives et une réflexion historiographique, dont on imaginerait volontiers qu'elle fut l'instrument essentiel d'une stabilité politique et sociale de plusieurs millénaires.

Naturellement, la réalité est plus nuancée. Elle dépend également de ce que l'on entend par historiographie. La chose paraît claire dans notre civilisation, même si le terme est d'emploi relativement récent, puisqu'il remonte seulement au milieu du XIXe siècle. Il s'est fixé dans son sens technique d'ensemble d'œuvres d'historiographes, c'est-à-dire, comme l'écrit Voltaire dans le *Dictionnaire philosophique*, d'« homme(s) de lettres pensionné(s), et, comme on disait autrefois, appointé(s) pour écrire l'histoire », avant d'ajouter : « Il est bien difficile que l'historiographe d'un prince ne soit pas un menteur ; celui d'une république flatte moins, mais il ne dit pas toutes les vérités. » Comme toujours chez le Maître de Ferney, l'ironie permet d'asseoir la définition, précise et éclairante : « Peut-être le propre d'un historiographe est de rassembler les matériaux et on est historien quand on les met en œuvre. Le premier peut tout amasser, le second choisir et arranger. L'historiographe tient plus de l'annaliste simple. »

L'historiographie relève, dans le royaume de France, d'une entreprise d'État, créée officiellement par Charles IX. La même démarche a-t-elle existé chez les pharaons, et ceux-ci en avaient-ils le souci ou les moyens ?

Le fondement de l'historiographie est, naturellement, la conscience historique. Celle-ci s'exerce à plusieurs niveaux, selon le système de référence, autant de la société que de l'individu. Elle repose sur le sentiment de l'écoulement du temps, c'est-à-dire sur la capacité à intégrer les devenirs individuels dans un continuum humain qui les transcende. Cette intégration se fait nécessairement à l'intérieur du système propre d'une civilisation.

En d'autres termes, une culture fondée sur une vision cyclique du temps se trouve d'emblée disqualifiée pour notre propos. Car, le mythe de l'Âge d'or, supprimant la dimension temporelle, réduit l'histoire à un jeu cultuel, visant à la reconduction d'une chaîne de causalités préétablie.

Cette conception de l'histoire comme jeu cultuel a été magistralement appliquée dans les années soixante par Erik Hornung à l'Égypte pharaonique [1], même si cette dernière reconnaît la possibilité d'un déroulement temporel [2]. Le système théocratique né au IVe millénaire av. notre ère sur les rives du Nil n'a pas plus, en effet, pour objectif le retour à une ataraxie originelle que la recherche d'une catastrophe rédemptrice.

Il est conçu pour maintenir l'équilibre d'un univers dont il constitue le centre, après en avoir été le point de départ. Les cosmogonies égyptiennes s'accordent toutes, en effet, pour donner au monde la même origine : une émergence de vie hors du chaos primordial, qui s'organise géographiquement sur un principe centrifuge [3]. C'est dire que l'univers est soumis à une tension continue, nécessaire pour contenir le retour des forces du chaos, toujours promptes à revenir submerger le domaine que partagent les dieux et les hommes, comme le flot de la crue peut réduire à néant en une seule vague l'organisation de tout un pays qui dépend de lui.

Cette tension repose sur l'affrontement de forces antinomiques, et en même temps nécessaires les unes aux autres. Face aux fauteurs de troubles, l'institution pharaonique seule est apte à mettre en place les barrières adéquates, à maintenir l'équilibre qui garantit la création, à maîtriser donc ce que nous serions peut-être tentés d'appeler, un peu hâtivement, le bien et le mal [4].

Il s'ensuit une perception du monde et de l'histoire comme un enchaînement de causalités, voulu par la recherche de ce nécessaire équilibre. La grille interprétative ainsi plaquée génère une lecture des

1. E. HORNUNG, 1966, p. 9-29.
2. EAD., 1989, p. 45 sq.
3. Voir en dernier lieu S. BICKEL, 1994.
4. J. ASSMAN, 1990, plus particulièrement p. 201-236.

faits et des situations qui permet de les transcrire dans la cohérence du système.

Jusque-là, on pourrait dire que la différence qui sépare les pharaons du roi de France est minime. Après tout, Pellisson rédigeant les mémoires de Louis XIV n'est pas si éloigné de son lointain prédécesseur auprès de Ramsès II. Tous deux, en effet, donnent de la réalité une transcription adaptée aux besoins de l'idéologie. Avec toutefois une différence : la contrainte, pour le second, de faire entrer le vécu dans le schéma incontournable du mythe.

Car les anciens Égyptiens donnent au temps une dimension toute différente de celle que nous lui reconnaissons, nous. Si l'écoulement de celui-ci est pour eux perceptible à l'échelle des individus, comme en témoigne l'usage de chronologies relatives par générations, il n'en va pas de même des structures du système théocratique. Une chose est de constater la vie éphémère des êtres ici-bas, une autre de mesurer la pérennité de la structure de la société. Les destins individuels, qui auraient dû être, comme ils le sont dans nos sociétés, la marque douloureuse de la fuite du temps, se fondent, dans l'Égypte des pharaons, dans le mouvement continu de maintien de l'univers.

Pour les Égyptiens, la mort n'est pas une fin ! Bien au contraire, puisque, issu à la naissance d'un monde inorganisé autant que riche de vies potentielles, l'individu retrouve après la mort ces franges de la création dont il est issu, et qu'il contribue à maintenir organisées en continuant à tenir le rôle qui lui a été attribué dans l'univers.

Cette conception de l'homme nécessairement solidaire de l'ensemble de la création [5] a montré sa solidité tout au long de presque quatre millénaires. L'homme y trouvait, en même temps la confirmation du bien-fondé de sa présence sur terre et un réconfort face à l'inexorable perte de celle-ci. Les textes sapientiaux mettent volontiers l'accent sur ce confort et la douleur qu'il y a à le perdre. Il faut attendre l'époque de la montée de l'hellénisme en Égypte pour que, probablement sous l'influence d'auteurs comme Callimaque, Pétosiris, grand prêtre de Thot d'Hermopolis, teinte de scepticisme l'autobiographie qu'il fit graver dans sa tombe.

Cette fusion du passé, du présent et du futur en un possible recommencement n'est toutefois pas une négation du temps. Et il ne faudrait pas imaginer une histoire qui serait une projection totalement mythique dans la réalité, « das Ungeschichtliche in der Geschichte », pour reprendre les termes de K. Jaspers [6]. Bien avant, en effet, que Ptolémée II demandât à Manéthon, prêtre de Sébennytos,

5. Id., 1990, p. 58-91 ; Id., 1989.
6. K. Jaspers, 1955.

d'établir ce qui est la première « histoire » connue de l'Égypte pharaonique — histoire au sens grec du terme cette fois — les Égyptiens eux-mêmes avaient eu le souci de la continuité de leur propre devenir.

L'adéquation au modèle originel de la création et la perpétuation de celle-ci ne reposaient pas, comme on pourrait le croire, sur un immobilisme, une cristallisation refusant la diachronie. Le thème des temps originels et de leur perfection par rapport au temps présent est fréquent dans les sources [7]. Mais la référence n'est jamais nostalgique. Bien au contraire, elle valorise le contexte en le rapprochant de la perfection du modèle. En d'autres termes, c'est l'institution qui est atemporelle, et non ses titulaires. L'histoire trouve ainsi sa place. Certes dans un structure mentale particulière, mais dont la grille de lecture, n'est, à tout prendre, guère plus complexe que celle des idéologies contemporaines.

Même si les Égyptiens perçoivent le temps dans une dimensions mythique, ils ne s'en sont pas moins préoccupés de son écoulement et ont toujours eu une conscience aiguë de la distance qui les séparait de leurs origines. Ils ont, comme d'autres civilisations, établi un lien diachronique entre temps mythique et temps historique. Et ce en constituant des généalogies du pouvoir, dans l'intention de mettre en évidence la continuité entre le plan divin et l'action humaine.

Leur conception d'un équilibre de la création à renouveler quotidiennement les pousse à inclure tout élément nouveau, que celui-ci soit spatial ou temporel, dans le schéma originel, qui doit, de toute éternité en rendre compte. Ils développent ainsi l'image d'un monde en expansion dans tous les domaines. Le monde organisé va inclure des territoires nouveaux au fur et à mesure de leurs découverte, rejetant toujours plus loin au-delà de ses franges le chaos ; il va de même absorber religions et cultures, transformant chacune en fonction de ce qu'il peut assimiler. Ainsi se constitue une géographie à l'échelle du monde connu et une religion qui culmine, aux époques tardives, dans un syncrétisme d'érudits.

Les pharaons s'approprient l'histoire de la même manière. L'absence de repère temporel absolu extérieur à leur civilisation permet la création d'une chronologie relative, dont l'origine, en se fondant dans le mythe, abolit le temps divin, au profit du temps humain. Réduits à la même échelle par le jeu des générations, dieux et hommes finissent par se confondre dans la fonction royale, comme ils se résolvent les uns dans les autres dans l'au-delà.

Et pourtant. La séparation entre temps divin et temps humain est clairement établie. Nous possédons en effet plusieurs listes royales,

7. E. Hornung, 1989, p. 35 sq.

émanant de l'administration elle-même, et dont l'existence témoigne à elle seule d'un souci à proprement parler historiographique.

Les exemplaires qui nous en sont parvenus ne relèvent pas tous des mêmes intentions. Le document le plus complet est la liste établie par Manéthon, déjà évoquée plus haut, et qui nous est parvenue à la fois par les fragments de Joseph et les épitomés de Jules l'Africain, Eusèbe et Syncelle [8]. Ces Αἰγυπτίακα, commandées par un pouvoir certes non-égyptien, mais désireux de s'inscrire dans l'histoire du pays conquis, puisent leur matière dans les sources indigènes, dont les exemplaires connus nous montrent qu'elles obéissaient à une organisation analogue : une énumération de noms, dont chacun est accompagné d'un décompte d'années de règnes.

La liste qui se rapproche le plus du projet manéthonien lui est antérieure de plus d'un millénaire. Il s'agit du papyrus opistographe, aujourd'hui conservé au musée de Turin (N 1874) et couramment désigné sous le nom de « Canon royal de Turin » [9]. C'est sur ce document que Jean-François Champollion mit à l'épreuve ses lectures et jeta les bases de la chronologie égyptienne. Un rapide coup d'œil sur son début nous aidera à saisir ce délicat passage du mythe à l'histoire.

Arrêtons-nous un instant sur les deux premières colonnes du verso (fig. 1). Les onze premiers noms sont perdus, mais les parallèles manéthoniens, ainsi que Diodore, permettent de compléter cette première lignée, qui va de Ptah à Geb, douzième nom de la liste de Turin. Lui-même est suivi de Osiris, Seth, Horus, Thot, puis Maât.

On remarquera que, dans cette énumération, chaque souverain divin se voit attribuer un nombre d'années de règne, tout comme ce sera le cas des souverains humains dans la suite de la liste. Cette observation fonde à proprement parler l'existence de l'historiographie égyptienne. Peu importe que les premiers noms soient perdus. Les parallèles grecs nous confirment que le point de départ est Ptah (Héphaïstos), c'est-à-dire le démiurge lui-même. Le comput général établi par le canon royal constitue donc une chronologie absolue.

Seconde remarque face à ce début de liste. On notera que la dynastie divine se termine par le long règne de Thot (7726 ans), auquel succède logiquement [10] Maât, au règne apparemment plus court, puisqu'il se compte seulement par centaines d'années. Or,

8. La publication fondamentale reste celle de W. Helck, 1956. L'étude la plus récente est celle de M. Baud, 1999, qui donne un point bibliographique très à jour.

9. A. H. Gardiner, 1959, pl. I ; K. A. Kitchen, 1975-1990, II, p. 827 sq.

10. Pour Thot « apportant Maât » au dieu Rê : J. Assman, 1990, p. 178.

FIG. 1. — pTurin N 1874 v° I, 14-19.

Maât représente l'équilibre de l'univers, cet équilibre que le pharaon humain a pour tâche de maintenir à chaque instant.

La Maât établie sur terre, viennent dans la liste les *3ḫw šmsw ḥr*, terme difficile à traduire, que, faute de mieux, je rendrai par « esprits successeurs d'Horus », puis les « successeurs d'Horus ». Les sources grecques voient en eux les *Héroes*. Ils constituent la transition avec le monde humain que l'on retrouve dans la plupart des civilisations pré-chrétiennes.

Jetons encore un regard sur cette transition (fig. 2).

FIG. 2. — pTurin N 1874 v° II, 8-12.

Les subdivisions des « esprits successeurs d'Horus » (*3ḫw šmsw ḥr*) qui occupent les cinq dernières lignes de la colonne I et les neuf premières de la colonne II, n'apparaissent pas très clairement. On voit toutefois, sur cet extrait, qui transcrit les l. 8-12 de la colonne II, que leur règne se termine par une période de 13 420 et quelques années, « jusqu'aux successeurs d'Horus » (*nfryt-r šmsw ḥr*), nous dit la l. 9, tout en donnant à ces derniers une durée difficile à déterminer.

Ensuite vient un personnage, dont le nom apparaît successivement sur deux lignes, *Meni*, dans lequel on s'accorde à reconnaître le Menès de Manéthon et le Aha de l'archéologie, le roi que l'historiographie égyptienne retient comme fondateur de l'union politique du pays. Sa présence dans ce document marque donc la rencontre de l'historiographie et de l'histoire.

On remarquera que, au contraire de ses prédécesseurs, qui ne reçoivent aucune épithète, ce *Meni* est chaque fois accompagné de la formule qualifiant, dans la tradition phraséologique, le souverain vivant : « Puisse-t-il demeurer vivant, solide et en bonne santé ! » (*'nḫ wḏ3 snb*). Tout comme Thot, dont nous avons vu le nom apparaître tout à l'heure. Comme lui, en effet, il marque un tournant dans la lignée, ouvrant une nouvelle dynastie, cette fois-ci, celle des hommes. C'est probablement également la raison pour laquelle il apparaît deux fois successivement : la première fois comme homme prenant la succession du pouvoir — situation marquée par un déterminatif humain, qu'il est le seul à recevoir dans tout le Canon —, puis comme titulaire de la fonction divine, qui lui vaut le déterminatif divin, normalement attribué à ses prédécesseurs comme à ses successeurs.

D'autres listes royales sont connues, mais qui ne sont que des énumérations de lignées, compilées, probablement à partir de document comparables au Canon de Turin, en tout cas, à partir d'archives, dans un but souvent plus politique. Ce sont les « tables royales », dont les principales sont contemporaines du Canon de Turin : « table de Saqqara », retrouvée dans le tombeau de Tounroï et « table des Ancêtres » du temple funéraire de Séthi Ier en Abydos, auxquelles il convient d'ajouter des listes fragmentaires, qui nous sont parvenues sur *ostraca*. Également, naturellement, la « chambre des Ancêtres » de Karnak, qui jouxtait la partie occidentale de la salle des fêtes de Thoutmosis III, jusqu'à ce que Prisse d'Avennes la démonte en 1843 et la fasse parvenir au Louvre. On y voit le roi faisant offrande à ses ancêtres, comme Séthi Ier et son fils Ramsès II en Abydos, selon un rite qui se perpétue jusque dans les temples les plus tardifs. Ces listes permettaient de se rattacher à une tradition dynastique, au nom de laquelle les rois n'hésitaient à faire disparaître officiellement tel ou tel de leurs prédécesseurs. Une variante, avec les mêmes effets, était constitué par la représentation de théories de statues royales, menées en procession lors de grandes fêtes liturgiques. Les deux exemples les plus célèbres sont les scènes de la procession du dieu Min représentées par Ramsès II dans son temple des millions d'années du Ramesseum, et reproduites par Ramsès III à Medinet Habou.

Ce type de documents s'inscrit dans une tradition annalistique, dans laquelle ils rejoignent les recensements économiques, avec lesquels ils sont parfois croisés, comme sur la Pierre de Palerme. Ces annales, désignées du nom de la ville de Palerme dans le musée de laquelle le plus important des fragments connus se trouve depuis 1877, sont une copie, sans doute d'époque éthiopienne, d'un document élaboré à l'Ancien Empire, selon toute vraisemblance à la Ve dynastie. Plus d'une demi-douzaine de fragments qui s'y rattachent sont connus de par le monde. Cette grande plaque de pierre noire fournit les annales des rois, depuis Aha — le fondateur historique — au moins jusqu'au troisième roi de la Ve dynastie.

Un exemplaire d'un document analogue a récemment été redécouvert au musée du Caire et publié. Il s'agit d'une dalle réutilisée à la VIe dynastie comme couvercle de sarcophage pour le tombeau de la reine mère Ankhesenpepy à Saqqara sud et jadis dégagé par Gustave Jéquier. Il fournit en quelque sorte la suite de la pierre de Palerme [11].

Il n'est pas nécessaire de pousser plus avant cette énumération. Elle suffit à montrer l'existence dès les plus hautes époques, d'une historiographie, à laquelle les textes font constamment référence par la suite.

Le roi, en effet, consulte régulièrement les « annales », dont le nom même, *gnwt*, désigne la mémoire, conservée par écrit, des prédécesseurs et de leurs actes, et son rôle est de les « fixer », de les « établir » (*smn*) [12], de les « faire connaître » (*spẖr*) et de les « fixer » (*nẖb*) [13].

Il va y chercher une référence à son action, dans l'intention, non pas de mettre en avant un archétype pour le reproduire, mais, bien au contraire, afin d'établir que nul avant lui n'a réussi ce qu'il vient de réaliser. Mais il peut également y chercher ou y faire chercher la mémoire de faits ou de monuments dont il souhaite préserver le souvenir. C'est ainsi que le prince Khâemouaset, dauphin de Ramsès II que la longévité de son père empêchera de régner, consacra beaucoup d'énergie et de soins, du temps qu'il était grand prêtre de Ptah à

11. M. Baud, 1995 ; Id., 1997.
12. D. B. Redford, 1986, chap. 2, p. 65-96.
13. *Ibid.*, p. 80.

Memphis, à la restauration des monuments funéraires royaux de Saqqara. La tradition a conservé le souvenir de ce prince archéologue, qui poussa le culte du passé jusqu'à se faire enterrer à Saqqara, dans l'enceinte du Serapeum. Elle fit même de lui le héros d'un cycle romanesque, qui lui fut consacré vers le IIIe siècle av. J.-C., et dans lequel il entre en concurrence avec le dieu des archives et de la mémoire par excellence, Thot.

Comme nous l'avons vu avec le canon de Turin, la chronologie générale est rattachée à un point du temps, à partir duquel celui-ci est vectorisé. Cette référence, c'est la mise en ordre du monde par le démiurge Ptah. Nous avons vu qu'elle ne se situe pas, pour les Égyptiens, dans un temps mythique, mais à l'intérieur d'un comput précis, qui permet à chaque souverain régnant de se situer par rapport au point d'origine. Les événements de son règne trouvent ainsi leur juste place dans la réalisation continue de la création, que le roi est censé renouveler constamment (*wḥm mswt*). Ils servent aussi, à leur tour, de point d'ancrage à la chronologie relative des actes publics, qui se définissent par rapport aux années de règne du souverain.

Le temps existe donc bien, mais à condition de satisfaire également aux exigences de l'ordo canonique voulu par les actes dont la répétition garantit l'équilibre du monde.

On pourrait comparer cette superposition de plans au décalage calendérique que l'Égypte pharaonique a connu tout au long de son histoire. Entre le calendrier liturgique, figé sur une année de 365 jours, qui ne tient pas compte du décalage annuel d'un quart de journée, et le calendrier réel, qui, lui, tenait compte de ce décalage dans la vie courante. On pourrait développer cette image en disant qu'il en va de même pour la façon dont les sources rendent compte de l'histoire.

Car, à côté des sources annalistiques dont nous venons de parler, l'histoire officielle s'écrit aussi bien sur les papyrus que sur les murs des temples. Elle a recours autant à l'image qu'au texte, et ce sur tous les supports à sa disposition : parois et éléments d'architecture, stèles monumentales, socles et piliers de statues, etc.

Les actions du roi, mesure de l'histoire du pays, sont décrites dans des compositions littéraires, qui combinent tous les genres : hymnologie, récit, contes, prophéties, poésie, textes magiques et religieux, chroniques de règne, comme celle qui relate les fondations religieuses et économiques de Ramsès III sur le pHarris I. Également, bien sûr, et surtout annales : religieuses ou militaires, comme celles que Thoutmosis III fit graver sur les murs enserrant le sanctuaire de la barque sacrée d'Amon de Karnak, Sheshonq Ier sur le mur extérieur sud de la salle hypostyle de ce même temple, non loin des scènes et des textes gravés par Ramsès II dans la même intention, et bien d'autres, dans pratiquement tous les temples du pays au fil des siècles. Ces œuvres traitent également de faits militaires, politiques, économiques, cultuels et religieux. La liste serait longue.

Nous venons de passer rapidement en revue les moteurs et les principaux outils de l'historiographie officielle. Le poids du modèle théocratique permet-il une conscience historique individuelle, au sens hégélien de la conscience propre qu'un individu peut avoir de son moi historique, indépendamment de son milieu ?

Il est clair que l'appartenance à un système, dont nous avons vu qu'il se définissait essentiellement comme l'application d'un schéma cosmologique par le recours à une structure adéquate, ne laisse que peu de place à l'individu. Non pour se penser lui-même dans son devenir propre, mais pour extraire celui-ci d'un monde régi par des lois immuables. C'est ainsi que les documents privés font une large part au récit de parcours individuels, qui sont toujours inclus dans l'enchaînement de causalités que nous évoquions tout à l'heure. Celui-ci forme le tissu, que l'historien moderne tente de réinterpréter comme histoire en lui appliquant la grille de lecture qu'il estime adéquate.

C'est ainsi que l'on peut ranger, sans perdre de vue cette restriction, dans le genre historique des documents comme les textes autobiographiques.

Ceux-ci constituent une source très riche, car liée essentiellement au domaine funéraire, qui reste, aujourd'hui encore, l'un des mieux connus de notre discipline. Que ce soit sur les murs de leurs tombes ou sur des stèles, déposées dans leur dernière demeure ou comme ex-voto dans un temple ou sur un lieu de pèlerinage, les fonctionnaires racontent leur vie, ou, tout au moins, ce qui est susceptible, dans celle-ci, de leur valoir la considération des vivants comme l'accès au monde des morts.

C'est assez dire que ces textes sont pris dans un formulaire obligé, qui habille les vies qu'ils décrivent de couleurs stéréotypées, se contentant de mettre en valeur les hauts faits qui attirèrent la bienveillance des puissants. Dans ces textes, la veuve est toujours réconfortée, l'orphelin vêtu, le pauvre secouru, le gouverneur de la province — dans le meilleur des cas le vizir, voire le roi —, satisfaits du zèle déployé par un fonctionnaire modèle, bon père et bon mari. Ce dernier semble n'avoir qu'une seule aspiration : se fondre dans l'entourage des puissants et assurer à sa descendance le même sort enviable...

Ce sont donc, au mieux, des allusions que l'égyptologue saisira dans ces documents, qu'il comparera aux données prosopographiques qu'il peut extraire d'un matériel, lui aussi très abondant, provenant essentiellement des monuments funéraires et des temples. Mobiliers funéraires dispersés au cours des siècles par les pillages, statues laissées en ex-voto auprès d'un dieu, mentions dans les documents administratifs, économiques ou juridiques, citations d'auteurs anciens... Parfois, comme dans le cas des prêtres du temple d'Amon-Rê de Karnak, dont les maisons ont pu être partiellement dégagées à l'est du lac Sacré, ou des artisans de Deir al-Medîna, le chercheur a la chance d'apercevoir la vie derrière le masque.

Mais, la plupart du temps, la mosaïque ainsi reconstituée peu à peu permet de distinguer des personnages, aux contours de plus en plus nets au fur et à mesure que l'on se rapproche du pouvoir, quasi indistincts sinon. Leur implication dans l'histoire suit, naturellement, la même tendance.

Nous voici donc, pour finir, passés de l'historiographie au travail de l'historien d'aujourd'hui. Les anciens Égyptiens étaient parfaitement à leur aise dans le codage phraséologique qui leur servait à rendre compte de leur histoire. L'égyptologue l'est moins quand il se veut historien. Faut-il lui en faire grief ou bien considérer que les habitants des bords du Nil ont parfaitement réalisé leur objectif ? Donner d'eux-mêmes l'image qu'ils voulaient laisser, et qui les a fait qualifier de « plus religieux des hommes » par un Grec qui n'avait guère la possibilité de dépasser les apparences que lui brandissait sous le nez des prêtres polyglottes, lointains ancêtres des guides d'aujourd'hui.

RÉFÉRENCES

J. Assman, 1989 = *Maât, l'Égypte pharaonique et l'idée de justice sociale, Conférences, essais et leçons du Collège de France*, Juliard, Paris.

Id., 1990 = *Ma'at. Gerechtigkeit und Unsterblichkeit im Alten Ägypten*, Verlag C. H. Beck, Munich.

M. Baud, 1995 = M. Baud, V. Dobrev, « De nouvelles annales de l'Ancien Empire égyptien. Une " Pierre de Palerme " pour la VIe dynastie », *BIFAO* 95, p. 23-92.

Id., 1997 = M. Baud, V. Dobrev, « Le verso des Annales de la VIe dynastie. Pierre de Saqqara-Sud », *BIFAO* 97, p. 35-42.

Id., 1999 = « Ménès, la mémoire monarchique et la chronologie du IIIe millénaire », *Archéo-Nil* 9, p. 109-147.

S. Bickel, 1994 = *La cosmogonie égyptienne avant le Nouvel Empire* (Orbis Biblicus et Orientalis, 134), Éditions universitaires, Vandenhoeck-Ruprecht, Fribourg-Göttingen.

A. H. GARDINER, 1959 = *The Royal Canon of Turin*, Oxford.

W. HELCK, 1956 = *Untersuchungen zu Manetho und den ägyptischen Königslisten* (Untersuchungen zur Geschichte und Altertumskunde Ägyptens, 18), Leipzig-Berlin.

E. HORNUNG, 1966 = *Geschichte als Fest*, Darmstadt.

EAD., 1989 = *Geist der Pharaonenzeit*, Artemis Verlag, Zürich-Munich.

K. JASPERS, 1955 = *Vom Urpsrung und Ziel der Geschichte*, Francfort.

K. A. KITCHEN, 1975-1990 = *Ramesside Inscriptions. Historical and Biographical*, Oxford.

D. B. REDFORD, 1986 = *Pharaonic King-lists, Annals and Day-books. A Contribution to the Study of the Egyptian Sense of History*, (SSEA Publications, 4), Benben Publications Missisauga.

Nicolas GRIMAL

DU MYTHE A L'HISTOIRE

Lorsqu'au milieu du Ier siècle av. notre ère Diodore de Sicile entreprend de rédiger une histoire universelle, il a conscience que l'ampleur de son dessein dépasse largement tout ce que les historiens grecs ont tenté de réaliser avant lui [1]. Il souhaite présenter dans un récit continu toute l'histoire du monde habité, depuis les origines jusqu'à l'époque contemporaine, c'est-à-dire jusqu'à la guerre des Gaules, qu'il a choisie comme *terminus ad quem*. La période la plus ancienne, dit-il dans son introduction, a été généralement négligée par ses prédécesseurs [2] : c'est celle qui n'est connue que par des mythes, αἱ μυθολογίαι ou τὰ μυθολογούμενα. Malgré les difficultés que comporte cette étude, Diodore estime qu'elle a sa place dans sa *Bibliothèque historique* : il y accueille donc, non sans esprit critique, les plus anciens témoignages sur la haute antiquité, tels qu'on pouvait les lire chez les poètes et chez les mythographes. En effet, on ne disposait pas d'autres sources sur ces temps reculés que les épopées, longues ou courtes, qui avaient pris pour matière les exploits des héros, et d'autre part les compilations des mythographes, qui avaient réuni dans leurs traités à la fois les récits transmis par les poètes et les traditions entretenues dans les sanctuaires. Des érudits avaient organisé cette matière foisonnante, où les contradictions ne manquaient pas, et, la proposaient à un public friand d'histoires anciennes, riches de pittoresque et de merveilleux. L'époque hellénistique a vu fleurir ces recueils, dont Diodore, Plutarque et Pausanias se sont servis. Ainsi, par exemple, Denys de Mytilène (dit aussi Dionysios *Skytobrachion*) [3], dont Diodore s'est beaucoup inspiré, ou la *Bibliothèque* transmise sous le nom d'Apollodore d'Athènes [4]. On constate que le

1. *Bibliothèque historique* I, 3, 5-8. Cf. Diodore, I (CUF), Paris, 1993, *Introduction générale*, p. xvi.
2. *Bibliothèque historique* I, 3, 2.
3. *Fragmente der griechischen Historiker* 32 (IIe s. av. J.-C.).
4. La date en est incertaine (entre le Ier s. av. J.-C. et le IIe s. ap. J.-C.). Cf. M. Van Der Valk, dans *Revue des Études grecques* 71, 1958, p. 100 sq.

mythe reste bien présent dans la recherche historique jusqu'à l'époque impériale romaine.

Évitons soigneusement, à son sujet, de parler de légendes : le terme n'est pas adéquat, car il qualifie dans notre langue un récit purement fictif, auquel il n'est pas question d'ajouter foi. Or les Anciens n'ont cessé, jusqu'à l'avènement du christianisme, de croire à leurs mythes. Ces mythes étaient consubstantiellement liés à leurs cultes et à leurs rites qui, dans les cités grecques comme dans la société romaine, servent de base à tout l'édifice social. Les contradictions ou les incohérences de la mythologie ne choquaient guère : les traditions, comme les cultes auxquels elles étaient attachées, restaient vivaces dans les sanctuaires locaux, qui pullulaient, et l'on respectait en chaque endroit la version d'un mythe conservée sur place, même si d'autres versions couraient ailleurs. Ainsi en est-il, par exemple, de la naissance d'Apollon et d'Artémis, qu'une tradition très généralement acceptée plaçait dans l'île de Délos, conformément à l'*Hymne homérique* et à ceux de Callimaque. Pourtant une très importante inscription retrouvée à Xanthos, en Lycie, et publiée il y a quelques années [5], prouve que cette ville d'Anatolie revendiquait pour son sanctuaire de Létô, mère d'Apollon et d'Artémis, la gloire d'avoir accueilli la déesse qui y avait mis au monde les enfants divins. Et le dossier épigraphique, riche et détaillé, montre que d'autres cités du monde grec admettaient sans la discuter cette version aberrante du mythe. Contrairement à ce que l'on croit d'ordinaire, le rappel de ces vieux récits et des parentés mythiques, συγγενεῖαι [6], qui apparaissent dans des documents officiels ne sont pas de simples ornements rhétoriques, mais des arguments sérieux invoqués à l'appui de négociations d'importance, demandes d'aide financière, comme dans l'affaire de Xanthos, ou collation d'un privilège politique comme l'isopolitie que, d'après une inscription de Delphes, les Étoliens, au IIIe siècle, accordèrent à la cité anatolienne d'Héraclée du Latmos. L. Robert, qui avait étudié cette catégorie de documents, a démontré que le mythe d'Endymion dut être pris en considération par les Étoliens quand ils rédigèrent ce décret [7].

Ces quelques remarques n'ont pour objet que de mettre en garde contre une opposition sommaire, et en partie factice, entre mythe et histoire, l'un n'étant que légende, l'autre détenant la vérité. La réalité est plus complexe : le mythe fait partie de l'histoire, aux yeux des Anciens tout au moins, mais on reconnaît qu'il comporte tant d'élé-

5. J. Bousquet, *ibid.* 101,1988, p. 12-53.
6. Cf. O. Curty, *Les parentés légendaires entre cités grecques*, Genève, 1995.
7. *Bulletin de Correspondance hellénique* 102, 1978, p. 477 sq.

ments imaginaires que le substrat historique en est souvent occulté. En revanche la démarche de l'historien ne vise pas à plaire, mais à dégager la réalité des faits par la critique des témoignages, en les confrontant entre eux et en leur appliquant divers critères, comme la vraisemblance, la cohérence et la non-contradiction. Cette critique rationnelle se montre d'autant plus efficace que le passé qu'elle étudie est plus proche. A la limite, il s'agit du temps présent et l'historien se mue alors en mémorialiste : c'est le cas de Thucydide pour l'essentiel de son propos.

Ce grand esprit a parfaitement défini le problème au chapitre 22 du livre I de son ouvrage [8]. Parce qu'il est témoin de son temps, il est en mesure d'affirmer que les événements qu'il rapporte sont dépourvus de tout caractère mythique, ce qui pourra, lors d'une lecture publique, rendre son exposé moins séduisant, ἐς ἀκρόασιν ἴσως τὸ μὴ μυθῶδες αὐτῶν ἀτερπέστερον φαινεῖται. Mais cette vérité nue permet d'y voir clair, τὸ σαφὲς εἰπεῖν, et donc de tirer des leçons pour l'avenir. L'histoire devient alors un acquis définitif, κτῆμα ἐς αἰεί, et non une simple performance de rhéteur pour une audition d'un jour, ἀγώνισμα ἐς τὸ παραχρῆμα ἀκούειν.

Tout en revendiquant hautement pour l'histoire contemporaine la recherche exclusive de la vérité, Thucydide reconnaît que, pour les époques lointaines, τὰ παλαιά, la tâche est plus difficile, car il s'agit « de faits incontrôlables qui, avec le temps, sont passés pour la plupart dans le domaine du mythe et n'offrent aucune garantie » [9]. Dans ce domaine, les sources de la connaissance ne sont pas sûres : ce sont d'une part les poètes, qui aiment à embellir le passé, et d'autre part les auteurs de récits en prose, qu'il appelle des *logographes*, λογογράφοι, et qui, selon lui, ne songent qu'à séduire leur auditoire. La méfiance est donc de règle. Moyennant quoi, en raisonnant à partir des documents indiscutables, ἐκ τῶν ἀφανεστάτων σημείων, on doit parvenir à restituer approximativement l'histoire ancienne. Quand Thucydide lui-même s'y essaie, dans les quelques chapitres de son livre I qu'on appelle l'*Archéologie* [10], il n'hésite pas à mentionner Minos, Atrée, Tyndare, Agamemnon, Eurysthée et les Héraclides, héros qui n'étaient connus que par la tradition mythique. De même, il évalue les ressources démographiques de l'ancienne Grèce à partir du *Catalogue des vaisseaux*, qu'il considère pour une source digne de foi, dans la mesure où l'on tient compte de la tendance à grossir les choses qui est de règle chez les poètes. Ainsi le plus exigeant représentant de l'his-

8. Thucydide, I, 22, 4.
9. Id., I, 21, 1.
10. Id., I, 2-19.

toire objective ne peut éviter de tirer parti des mythes, quand ils sont la seule source d'information.

C'est évidemment le cas pour la période la plus ancienne, celle qui précède la guerre de Troie. Cet événement majeur se trouvait situé à une date qui, dans notre comput, correspond à la décennie 1193-1183 : c'est l'indication qu'avait recueillie Ératosthène, au IIIe siècle av. notre ère, et qui fut ensuite généralement acceptée. Mais c'est quatre-vingts ans plus tard, en 1103, que les Grecs faisaient commencer les temps historiques, avec ce qu'on appelait le retour des Héraclides, descendants d'Héraclès, dans le Péloponnèse dont Eurysthée les avait écartés [11]. A partir de cette date, la tradition fournissait des repères chronologiques variés : dynasties royales (comme à Sparte ou, plus tard, à Cyrène), règnes des tyrans (comme à Corinthe, à Sicyone, à Athènes ou à Samos), listes de magistrats éponymes ou de prêtres dans les sanctuaires, récits de fondation concernant les cités (en Ionie, en Grande-Grèce et ailleurs). Ces indications étaient parfois d'une précision surprenante : ainsi celles sur lesquelles Thucydide s'est appuyé pour établir, à l'année près, les dates de fondation des principales colonies grecques de Sicile [12], en les situant par rapport à celle de Syracuse, que les Modernes placent vers 733 a. C. Une chronologie aussi rigoureuse devait reposer sur les chroniques locales. Pour assurer des séquences chronologiques au moins relatives, on raisonnait volontiers par générations, de trente ou de quarante ans, suivant les cas, et on tenait compte des synchronismes, lorsque les mêmes personnages figuraient dans plusieurs textes différents. Au second siècle de notre ère, Pausanias procède encore de cette façon pour démontrer qu'une tradition mégarienne est incompatible avec la généalogie de Thésée, qu'il tient pour bien assurée (I, 41, 4-5). C'est un bon exemple du sentiment, très généralement répandu, qu'il n'y a pas hétérogénéité, mais bien continuité, dans l'esprit des Grecs, entre le mythe et l'histoire.

Que la narration des événements passés ait pris d'abord la forme poétique s'explique aisément : c'est auprès des princes des petites communautés grecques que le souci de rappeler leurs exploits et ceux de leurs ancêtres a pris naissance et a été entretenu. Des poètes de cour, comme on voit par l'exemple des aèdes homériques, s'acquittaient de cette tâche : le vers, soutenu par son rythme et par les accords de la lyre, se grave aisément dans la mémoire et charme les auditeurs.

11. Synthèse récente dans C. Baurain, *Les Grecs et la Méditerranée orientale* (coll. « Nouvelle Clio »), Paris, 1997, p. 130 sq.

12. Thucydide, VI, 3 sq.

La tradition épique, solidement établie, resta vivace au service des cités jusqu'à l'époque hellénistique. Pausanias nous en est témoin, qui cite volontiers comme garants des poètes post-classiques. Toutefois, vers la fin du VIe siècle, une évolution du goût se manifesta dans les mœurs et, parallèlement, dans la littérature : Plutarque l'a dit excellemment dans son *Dialogue sur les oracles de la Pythie* [13] (24 = *Mor*. 406e) : « L'usage bannit le superflu, la simplicité remplaçait le luxe... Le langage subit le même dépouillement : l'histoire descendit de la poésie comme d'un char, et c'est grâce à la prose, en allant à pied, qu'elle sépara la vérité de l'élément mythique. » Plutarque emploie, pour désigner cet élément, le même mot, τὸ μυθῶδης, qu'avait utilisé Thucydide, dont il reprend les vues.

Dépouillée des prestiges et des contraintes du vers, l'histoire se propose de rapporter les événements comme ils se sont passés, en se livrant à une *enquête*, ce qui est le sens premier du mot ἱστορία en grec. On ne se borne plus à transmettre la tradition : on la vérifie, on la dégage de ses ornements adventices, on la soumet à la critique rationnelle. Il n'est pas surprenant que cette évolution se soit produite parallèlement à celle qui a vu naître la spéculation philosophique et la science, au cours du VIe siècle, et dans le même milieu ethnique et social, celui de l'Ionie anatolienne, dont les cités prospères étaient un foyer de culture très ouvert sur l'extérieur, propre à faire surgir toutes les formes de curiosité.

Denys d'Halicarnasse, qui vivait à l'époque d'Auguste, nous a conservé, à l'occasion d'une étude sur Thucydide [14], une liste d'historiens antérieurs à Hérodote dont il définit comme suit les intentions : « Ils n'ont poursuivi qu'un seul but, transmettre à la connaissance de tous les faits qu'ils avaient recueillis dans la tradition, sans rien y ajouter et sans rien omettre. » Beaucoup de ces auteurs ne sont pour nous que des noms, rien n'ayant été conservé de leurs ouvrages. Ils avaient été mentionnés déjà par Cicéron dans le *De Oratore* [15], qui les jugeait ainsi : « Ils ne s'attachent nullement aux ornements du style et, pourvu qu'ils soient intelligibles, ils tiennent la brièveté pour le seul mérite de l'écrivain. » Ce n'était évidemment pas pour plaire au théoricien de l'*ubertas orationis*, qui préférait qu'on donnât à l'histoire « un ton plus relevé », *maiorem historiae sonum uocis*. Mais on saisit bien par là que ces auteurs, qui avaient rédigé en prose des généalogies, des annales ou des chroniques dont il ne reste rien, se considéraient comme des *témoins* (ce qui est le sens exact du mot grec

13. *De Pythiae orac*. 24 = *Mor*. 406e (trad. R. Flacelière, légèrement modifiée).
14. *De Thuc*. 5.
15. II, 53.

ἵστωρ)[16], non comme des littérateurs. Ils visaient à instruire, non à séduire leur auditoire. En ce sens, le jugement sévère que Thucydide portait sur les *logographes* et que j'ai cité plus haut, n'était pas équitable, à moins qu'il n'ait visé exclusivement Hérodote qui, lui, séduit autant qu'il enseigne. Nous y reviendrons.

Le seul de ces premiers historiens dont nous ayons conservé quelques fragments appréciables est Hécatée de Milet, qui vécut à la fin du VIe et au début du Ve siècle et qui joua un rôle dans la politique de son pays : il essaya vainement de mettre en garde ses compatriotes contre les dangers d'une révolte ouverte pour échapper à l'autorité du Grand Roi. Hérodote, qui le mentionne à cette occasion[17], l'appelle λογοποιός, *rédacteur d'histoires*, ce qui est exactement l'équivalent du terme employé par Thucydide pour ses prédécesseurs, λογογράφος. Il avait beaucoup lu et beaucoup voyagé : son œuvre est à la fois celle d'un historien, d'un ethnologue et d'un géographe, ce qui répond bien à la curiosité multiforme qui animait les Grecs de son temps, dans la tradition d'Ulysse, « avide de connaître les peuples, leurs cités et leurs mœurs », comme le dépeint le début de l'*Odyssée*[18]. Il se plaçait aussi dans la ligne du poète Aristéas de Proconnèse qui, au VIIe siècle av. notre ère, avait rapporté en quatre chants, dans son poème des *Arimaspes* (dont il subsiste quelques passages assez étendus), son voyage chez les Scythes, au nord de la mer Noire, puis dans les steppes de l'Asie centrale, à l'est de l'Oural, chez les Issédoniens[19]. C'est là qu'il avait recueilli des fables sur le peuple mythique des Arimaspes, Orientaux monophtalmes, perpétuellement en lutte contre ces monstres mi-lions, mi-aigles qu'on appelait les griffons : l'imagination des artistes s'est emparée de ce conte et l'a illustré sur les mosaïques et sur les bas-reliefs jusqu'à l'époque romaine. Hécatée hérita de ces récits fabuleux et de quelques autres, et il les soumit à une critique rationaliste : « Je rapporte, dit-il, ce que je crois être la vérité : car les discours des Grecs sont fort divers et, à mon avis, ridicules, γελοῖοι. »[20] Son principal ouvrage était une *Description de la terre* en deux livres, Europe et Asie, dont Hérodote s'est beaucoup servi. Il avait aussi composé quatre livres de *Généalogies*, remontant à l'époque héroïque, mais traitées à sa manière, dans une perspective rationaliste. Il écrivait naturellement en dialecte ionien, qui était sa langue et qui était à l'époque le dialecte le plus répandu sur les bords de la mer Égée.

16. P. Chantraine, *Dictionnaire étymologique de la langue grecque*, s. v. « οἶδα ».
17. Hérodote, V, 36.
18. *Odyssée* I, 3.
19. J. D. P. Bolton, *Aristeas of Proconnesus*, Oxford, 1962.
20. *Fragmente der griechischen Historiker* 264 F1.

C'est aussi en ionien, se conformant ainsi à l'usage, que les *Histoires* d'Hérodote d'Halicarnasse ont été rédigées, bien que sa cité natale, colonie de Trézène, ait été dorienne d'origine et de langue. Né à l'époque des guerres Médiques, entre 490 et 480, Hérodote est mort vers vers 424, au cours de la guerre du Péloponnèse. C'est dire qu'il est séparé de Thucydide par l'espace d'une génération, ce dernier étant né vers 460-455. Il n'est pas impossible que les deux hommes se soient rencontrés lors d'un des séjours qu'Hérodote fit à Athènes. En tout cas Thucydide a connu l'œuvre d'Hérodote et s'est déterminé par rapport à ce prédécesseur, dont la notoriété était grande, en élaborant son propre projet. La postérité a conféré à l'un et à l'autre une place de choix, comme ayant donné les modèles du genre historique. Un hermès double du musée de Naples [21] les associe en les opposant nuque à nuque, suivant un procédé bien connu. Faute de pouvoir ici consacrer à chacun l'étude particulière qui serait de mise, je me bornerai à évoquer quelques traits de l'œuvre d'Hérodote, en insistant sur ceux qui le différencient de Thucydide.

Hérodote (on a tendance à l'oublier) est l'exact contemporain de Périclès et de Sophocle. C'est un classique, mais non un Attique. Homme des marches orientales de l'hellénisme, il a du monde une vue plus large que les Athéniens, qui considèrent les choses en fonction des traditions et des intérêts de leur cité. Citoyen d'une ville dorienne installée en Carie, dans un site magnifique, où la vieille population carienne côtoyait les descendants des colons grecs, il fut, dans ses jeunes années, sujet du Grand Roi, au nom de qui les tyrans d'Halicarnasse, la reine Artémise et son fils Lygdamis, exerçaient le pouvoir, tout comme, au siècle suivant, le fit Mausole avec son épouse Artémise. La famille d'Hérodote eut à souffrir, après la seconde guerre Médique, des luttes qui libérèrent Halicarnasse de la tutelle perse : son oncle (ou cousin) Panyassis, poète épique de renom [22], y perdit la vie. Quittant sa ville natale au milieu du ve siècle, Hérodote voyagea beaucoup. Il parcourut l'Empire achéménide, jusqu'en Mésopotamie et sans doute en Iran, et l'Ionie anatolienne. Il fit un séjour de plusieurs mois en Égypte et se rendit aussi en Libye, où il visita Cyrène. Il navigua en mer Noire jusqu'à Olbia, à l'embouchure du Dniepr (le Borysthène des Anciens), et prit contact avec les Scythes. Il

21. Naples, Museo Nazionale, inv. 6239. Cf. G. M. A. Richter, R. R. R. Smith, *The Portraits of the Greeks*, Oxford, 1984, p. 132, fig. 94 (Hérodote) ; p. 222, fig. 176 (Thucydide). Les deux portraits sont inscrits.

22. Récente étude sur ce poète : M. Grimaldi, dans *Rendiconti dell'Accademia di Napoli*, n. s., 67, 1997-1998, p. 11-53. Édition commentée des fragments : V. J. Matthews, *Panyassis of Halicarnassos*, Leyde, 1974. Cf. *Poet. Epic. Graec. Frag.*, A. Bernabé éd., I, Leipzig, 1987, p. 171-187.

séjourna plusieurs fois à Athènes, où il reçut de grands honneurs en 445/4 : Sophocle lui dédia une ode. Il alla voir les grands sanctuaires, Delphes et son oracle, dont il fait grand cas, et Olympie, où une tradition rapporte qu'il fit des lectures publiques de ses *Histoires*. Enfin il se retira en Grande Grèce, dans la colonie panhellénique de Thourioi récemment fondée avec l'aide des Athéniens (en 444/3), près de l'ancienne Sybaris ; il y reçut le droit de cité et c'est là qu'il mourut. Peu de Grecs ont acquis une connaissance personnelle aussi étendue du monde antique. L'ampleur de ses vues reflète la richesse et la variété de son information.

Dans les neuf livres de ses *Histoires* qu'on plaça plus tard sous le patronage des neuf Muses, il se propose de traiter un grand sujet, l'histoire des guerres Médiques. Dans ce conflit, dont le souvenir était tout frais dans les mémoires, tout le monde avait compris qu'il en allait de la survie de l'hellénisme. S'y opposaient deux mondes : la Grèce des cités, attachée à l'autonomie de ses petits États, et la monarchie autocratique des souverains achéménides. C'étaient deux conceptions de la société fondamentalement différentes, qui avaient développé deux formes de civilisation, l'une et l'autre très brillantes, mais antagonistes dans leur esprit. Avec un tel projet, Hérodote prenait magistralement ses distances avec les *logographes*, ses prédécesseurs, auteurs de généalogies ou de chroniques traitant de telle ou telle cité : d'un coup, il crée la grande histoire, celle qui s'attache aux problèmes majeurs pour la vie et le destin des peuples. On remarquera en passant que la guerre du Péloponnèse, que Thucydide tient pour « le plus grand bouleversement qu'ait connu la Grèce », κίνησις μεγίστη τοῖς Ἕλλησιν [23], n'a jamais été qu'une longue et sanglante rivalité entre deux cités grecques assistées de leurs alliés respectifs, rivalité dont les enjeux, comme on le vit en effet, n'engageaient nullement l'avenir de l'hellénisme. Illusion d'optique dont les Modernes ne se sont pas toujours préservés.

Pour rendre intelligible cet affrontement de deux mondes, Hérodote remonte dans le temps bien plus haut que la révolte de l'Ionie, qui, au début du ve siècle, fut à l'origine des guerres Médiques. Il retrace à grands traits les étapes de la constitution de l'Empire achéménide et, auparavant, de la monarchie lydienne des Mermnades qui l'a précédé en Anatolie. Ce faisant, il use d'une grande liberté dans la composition de son ouvrage et s'autorise, pour instruire son lecteur, des digressions plus ou moins étendues portant sur les divers pays avec lesquels les Perses sont entrés en relations et qu'ils ont soumis. Ces développements foisonnants nous apprennent beaucoup sur les

23. Thucydide I, 1, 2. Cf. I, 23, 1-3.

Scythes, les Thraces, les Libyens et surtout sur l'Égypte, à laquelle le livre II est consacré tout entier [24]. Parallèlement, Hérodote nous renseigne sur l'histoire des cités grecques, Sparte, Corinthe, Athènes, Sicyone, Cyrène et bien d'autres encore. Sans lui, nous saurions bien peu de choses sur l'hellénisme archaïque, qui fut si fécond et si divers, comme l'archéologie en apporte le témoignage.

Dans sa recherche, Hérodote puise à toutes les sources du savoir : chroniques écrites ou traditions orales, documents d'archives, inscriptions (en particulier les dédicaces), recueils d'oracles, monuments qu'il a vus dans les sanctuaires. C'était montrer la voie vers une conception globale de l'histoire, telle qu'on la pratique volontiers aujourd'hui. A travers les siècles, il a eu bien des imitateurs, mais peu ont été capables de rivaliser avec lui. On l'a longtemps considéré comme un aimable conteur, quelque peu naïf et crédule. C'était une vue erronée : l'aisance et l'agrément du style, le sens du pittoresque, la désinvolture de la composition masquaient le sérieux de l'information et la fermeté du jugement. Certes Hérodote est attentif aux données de la tradition, même quand elles lui paraissent étranges : ses voyages lui ont appris la diversité des coutumes et la bizarrerie occasionnelle des comportements humains. Mais sa raison reste en éveil et il met en œuvre, dans ses enquêtes, le double moyen de contrôle que lui fournissent la vérification personnelle, ὄψις, et la réflexion, γνώμη. « Je suis tenu, dit-il, de rapporter ce qui se raconte, mais je ne suis nullement tenu d'y ajouter foi. » [25] Six siècles plus tard, Pausanias reprendra la formule presque textuellement [26]. Il n'est pas rare qu'Hérodote propose plusieurs versions différentes d'un même fait et se refuse à conclure, laissant à son lecteur le soin d'en décider : bel exemple d'honnêteté intellectuelle et de scrupule.

Il promène sur le monde et sur les hommes un regard plein de curiosité et de sympathie. Il s'efforce de rendre justice à chacun, sans dissimuler ses préférences. Elles vont à la liberté plutôt qu'au despotisme ; il n'en trace pas moins des portraits attachants et nuancés des souverains barbares, Crésus, Cyrus, Darius, Xerxès même, ainsi que des tyrans de Corinthe, de Sicyone, d'Athènes et de Samos. Dans l'évolution des affaires, il fait une large part aux passions des hommes, conformément à la tradition de l'épopée. Mais qui oserait dire aujourd'hui que le rôle des individus est dénué d'importance ? Nous avons appris à nos dépens qu'il peut infléchir le cours des choses. Ce

24. Comparaison d'Hérodote, II, avec Diodore, I, dans *Cahiers de la Villa Kérylos* 5, 1995, p. 37 sq.

25. Hérodote, VII, 152, 3.

26. Pausanias, *Périégèse* I, 41, 4 et VI, 3, 8.

sens aigu de l'humain donne à l'œuvre d'Hérodote une vie et une séduction exceptionnelles. Les anecdotes savoureuses sont généralement pleines de sens ; les dialogues animent l'exposé ; les discours, quand ils interviennent, ont un tour naturel qui échappe à toute rhétorique : témoin, au livre V, le discours très habile, modèle de *captatio beneuolentiae*, par lequel Aristagoras de Milet cherche à entraîner le roi de Sparte Cléomène à la conquête de l'Empire perse [27]. Quel contraste avec le procédé artificiel des harangues, ancêtres des *contiones* chères aux rhéteurs, que tant d'historiens grecs et latins ont introduites dans leurs ouvrages à l'imitation de Thucydide ! [28]

On n'oublie pas les personnages d'Hérodote, si vrais dans leur simplicité nue : même le roi Candaule, dont la fantaisie singulière a toujours frappé les imaginations [29]. Ils ont donné naissance à la biographie historique, genre qui a fleuri pendant toute l'Antiquité et qui, de nos jours, connaît une faveur nouvelle. Hérodote s'intéresse aux femmes, dont l'influence comptait beaucoup dans les monarchies orientales, mais aussi, plus discrètement, dans la société grecque. Artémise, reine de Carie, ou Phérétime, reine grecque de Cyrène, sont des figures hautes en couleur. Par contraste, Thucydide nous peint une société sans femmes, uniquement occupée à la guerre ; quant aux hommes, il nous les montre excellemment en action, mais ne se soucie guère d'en esquisser le portrait. Si nous n'avions pas les *Vies* de Plutarque, l'image que nous avons de Périclès, d'Alcibiade ou de Nicias serait aussi pâle que celles de Brasidas ou de Phormion. En revanche Hérodote, qui sait la valeur évocatrice d'un détail piquant ou d'un geste familier, est un grand peintre.

Dernier point sur lequel je voudrais insister. Comme tous les Grecs de son temps, ou peu s'en faut, Hérodote est un esprit sincèrement religieux. Il sait que dans l'histoire, au-delà des calculs des hommes, la part du hasard reste prépondérante : nul ne peut être assuré du résultat de ses efforts. Les dieux seuls savent ce que réserve la destinée : ils peuvent nous en avertir par des oracles, que l'homme ne sait pas toujours interpréter. Hérodote en mentionne 93, dont 53 viennent de Delphes [30], et il s'interroge chaque fois sur leur véracité. Ce sens du sacré est à l'opposé du scepticisme avéré de Thucydide, qui donne si peu de place au sentiment religieux et aux cultes, sinon pour en souligner l'aspect superstitieux, et qui n'accorde aux oracles aucun

27. Hérodote, V, 49.

28. Critique justifiée de l'abus des discours dans le genre historique : Diodore de Sicile, XX, l. Cf. aussi Polybe, XII, 25 (contre Timée).

29. Hérodote, I, 7 sq.

30. R. Crahay, *La littérature oraculaire chez Hérodote*, Paris, 1956.

crédit [31]. Or dans la société grecque, tout nous indique que le rôle social de la religion était fondamental et qu'il n'y avait aucune distinction entre le civique et le sacré. Il est clair qu'Hérodote reflète plus fidèlement que Thucydide le sentiment public de leur époque. Thucydide appartient au petit nombre des esprits forts, qui sont en marge de la cité. C'est sans doute une des raisons de son prestige auprès des historiens positivistes de notre temps.

Il serait passionnant de poursuivre ce parallèle entre deux grands esprits et deux ouvrages fondamentaux, l'un d'un intellectualisme dépouillé, l'autre vivant, chaleureux, coloré. Le modèle de cette comparaison nous a été donné par Mme de Romilly [32]. J'aurais voulu qu'elle pût venir nous parler de Thucydide, comme elle seule sait le faire : nous lui envoyons, avec nos regrets, un message de respectueuse amitié. Qu'il me suffise aujourd'hui de vous avoir montré qu'Hérodote n'est pas seulement, comme le disait un rhéteur proto-byzantin, « le rossignol inspiré d'Halicarnasse » [33], mais aussi à très juste titre, comme l'appelait Cicéron, le père de l'Histoire [34].

François CHAMOUX

31. Thucydide, V, 26, 3.

32. *Hérodote et Thucydide*, dans *Historiens grecs* I (Bibliothèque de la Pléiade), Paris,1964, p. ix-xxvii.

33. *Anthologie palatine* II, 377 sq. (épigramme de Christodoros, rhéteur venu de Coptos en Haute-Égypte, pour admirer les monuments de Constantinople).

34. Cicéron, *De Legibus* I, 1, 5.

TROIS HISTORIENS HELLÉNISTIQUES : DOURIS DE SAMOS, HIÉRONYMOS DE CARDIA, PHILOCHORE D'ATHÈNES

Aucune époque de l'Antiquité n'a montré plus de goût pour l'histoire que le monde hellénistique. Comme le rappelait naguère François Chamoux [1], il n'y eut jamais davantage d'historiens que durant ces trois siècles-là, puisque leur nombre a pu s'élever, estime-t-on, à quelque six cents auteurs, toutes catégories confondues (et à la faveur d'une découverte épigraphique ou papyrologique, de nouveaux noms viennent s'ajouter encore à ce recensement provisoire [2]). Est-il raisonnable, dans ces conditions, de n'en retenir que trois (soit le 0,5 %, si je calcule bien) ? Disons tout d'abord que le choix est drastiquement simplifié par la sélection impitoyable — et largement arbitraire, bien entendu — que le temps a opérée, dès l'époque impériale romaine, parmi les innombrables représentants de ce genre littéraire. En fait, seuls quelques dizaines de noms émergent réellement après le précoce naufrage dont fut victime l'historiographie hellénistique. D'autre part, Dieu merci, ce n'est pas à moi seul qu'incombe la tâche de traiter ici de ce chapitre de l'historiographie antique. En spécialiste reconnu qu'il est de Polybe, M. Éric Foulon présentera l'œuvre historique la plus importante, sans conteste possible, que l'on ait conservée pour cette époque [3]. De son côté, Mme Marie-Rose Guelfucci montrera que l'écriture de l'histoire ne s'arrête pas, dans le monde grec, avec le Mégalopolitain, puisque Diodore de Sicile est encore pleinement un historien hellénistique et nullement

---

1. *La civilisation hellénistique*, Paris, 1981 (Les grandes civilisations), p. 455. Cf. aussi Cl. Préaux, *Le monde hellénistique*, I, Paris 1978 (La Nouvelle Clio), p. 215 : « L'époque hellénistique exalte le passé, tant celui des Barbares que celui des Grecs. »

2. C'est ainsi qu'une inscription métrique d'Halicarnasse tout récemment publiée (S. Isager, *Zeitschrift für Papyrologie und Epigraphik* 123, 1998, p. 1-29 ; cf. *Bulletin épigraphique* de la *REG* 112, 1999, p. 675 n° 490) a fait connaître deux compatriotes et émules d'Hérodote au IVe ou IIIe siècle av. J.-C.

3. « Polybe et l'histoire universelle », *infra* p. 45-82.

indigne de ses devanciers [4]. On comprend sans doute mieux maintenant que mon choix se soit porté sur des auteurs de la haute époque hellénistique ; et si, en fin de compte, j'ai retenu les noms de Douris, de Hiéronymos et de Philochore de préférence à d'autres, c'est que ces trois auteurs m'ont paru représentatifs de quelques-unes au moins des tendances qui marquent l'âge postclassique ; c'est aussi, bien sûr, parce qu'en dépit des très sévères mutilations qu'ont subies leurs écrits, il en reste tout de même assez de « fragments » [5] pour que l'on puisse tenter une analyse et esquisser un jugement.

Les différences qui séparent nos trois historiens, on va le voir dans un instant, ne sont pas négligeables. Soulignons pourtant d'emblée entre eux un point commun qui me semble essentiel et qui est, en tout cas, objectif : leur appartenance à une même génération venue au monde vers 360-340, sous le règne de Philippe II de Macédoine. Ce sont donc encore des hommes du IVᵉ siècle, se rattachant par leur origine et leur jeunesse à la Grèce d'avant Alexandre et ses conquêtes. Aussi auraient-ils été fort surpris, je pense, de se voir qualifier d'historiens hellénistiques, eux qui étaient des Hellènes de pure souche, tandis que l'adjectif hellénistique, de création d'ailleurs moderne on le sait, caractérise une civilisation de mélange ethnique, sinon de métissage, les termes de *hellénizein*, *hellénistès*, s'appliquant fondamentalement à des étrangers qui ont adopté le mode de vie hellénique et d'abord la langue grecque [6]. Rien de moins « hellénistique », à cet égard, que notre trio d'historiens. L'un d'eux, Philochore l'Athénien, est même un citoyen de la plus prestigieuse des cités de l'Hellade, et c'est un homme tourné vers le passé glorieux de sa cité bien plutôt que vers les horizons nouveaux qu'a fait découvrir l'empire universel d'Alexandre. Quant à Douris, il vient de Samos, c'est-à-dire de l'un des foyers les plus brillants de la civilisation grecque archaïque et classique. La patrie de Hiéronymos peut, de prime abord, paraître plus exotique, puisque Cardia est un établissement colonial de la Chersonnèse de Thrace ; il s'agit cependant d'une vieille cité ionienne, étroitement liée avec Athènes depuis le VIᵉ siècle

4. « De Polybe à Diodore », *infra* p. 45-82.

5. Les « fragments » de nos trois historiens — c'est-à-dire les citations et les emprunts conservés par les auteurs postérieurs — ont été recueillis par F. Jacoby, *Die Fragmente der griechischen Historiker* (abrégé *FGrHist*, suivi d'un chiffre pour chaque historien), en l'occurrence dans les volumes IIA (n° 76 = Douris), IIB (n° 154 = Hiéronymos) et IIIb (n° 328 = Philochore). — Pour cette notion de « fragment d'historien », voir les intéressantes réflexions de D. Lenfant, dans *Ktema* 24, 1999, p. 103-121 (à propos d'Hérodote et de Ctésias), avec une riche bibliographie.

6. Cf. F. Chamoux, *op. cit.* (n. 1), p. 19. Pour le contexte religieux et politique qui a vu naître cette terminologie, voir par exemple Éd. Will, Cl. Orrieux, *Joudaïsmos-Hellènismos. Essai sur le judaïsme judéen à l'époque hellénistique*, Nancy, 1986, p. 9 sqq.

au moins : rien à voir, par conséquent, avec une fondation royale hellénistique de l'Anatolie profonde ou de la Syrie ! Mais il est vrai que cette cité, où une part de la population devait être d'origine thrace, fut, dès le début du IVe siècle, plus ouverte à l'influence macédonienne que les États de Grèce propre [7]. Nos trois auteurs sont donc tout sauf des apatrides, comme le monde hellénistique devait en connaître un bon nombre jusque dans les hautes sphères du pouvoir monarchique. Même le soldat et grand voyageur que fut Hiéronymos était si attaché à sa petite patrie de Cardia qu'après la destruction et l'abandon de celle-ci au profit de Lysimacheia il en voulut toujours, nous révèle Pausanias dans sa *Description de la Grèce* [8], au fondateur de cette nouvelle capitale, le puissant roi Lysimaque. Mais si nos trois historiens sont, par là, en quelque sorte préhellénistiques, on peut dire aussi que leur longue existence a fait d'eux des témoins privilégiés de ce nouveau monde en formation et qu'ils sont devenus avec le temps des figures éminemment représentatives de la civilisation hellénistique, encore qu'à un degré variable et de manière en tout cas différente.

C'est **Hiéronymos de Cardia** qui paraît s'être le plus rapidement et le plus complètement adapté aux nouvelles réalités politiques, mêlé qu'il fut de très près, dès après la mort d'Alexandre le Grand, aux guerres des diadoques, d'abord aux côtés de son compatriote l'énergique et rusé Eumène de Cardia (dont il était peut-être le neveu), puis — après la mort de celui-ci — dans le camp d'Antigone le Borgne et de son fils Démétrios Poliorcète, remplissant diverses missions de confiance, continuant à servir les Antigonides sous le règne du petit-fils du fondateur de cette dynastie, le roi Antigone Gonatas, pour ne mourir que vers 260 à un âge très avancé, plus de cent ans si l'on en croit la tradition [9]. Quoique moins directement inféodé à l'un ou à l'autre des diadoques, beaucoup plus critique en tout cas vis-à-vis de la monarchie macédonienne, **Douris de Samos** n'en connut pas moins une existence passablement agitée sur le plan politique. Assurément, s'il séjourna assez longuement à Athènes dans sa jeunesse, sans doute

7. L'histoire de cette ville est examinée notamment par B. Isaak, *The Greek Settlements in Thrace until the Macedonian Conquest*, Leyde, 1989, p. 166 sqq.

8. Pausanias, I, 9, 8 = *FGrHist* 154 F 9.

9. Voir l'étude récemment consacrée à cet historien par J. Hornblower, *Hieronymos of Cardia*, Oxford, 1981, p. 4. Si le texte tardif qui, citant le témoignage de l'historien Agatharchide, range Hiéronymos parmi les *makrobioi* (*FGrHist* 154 T 2), ne jouit pas d'une bien grande autorité en lui-même, on ne saurait néanmoins douter que cette tradition est, en l'occurrence, fondamentalement correcte, puisque, né au plus tard vers 350, il mourut nécessairement après Pyrrhos (272), dont il avait raconté la fin à Argos.

un peu avant 300 [10], ce fut principalement pour y parfaire sa formation intellectuelle, puisque, en compagnie de l'un de ses frères, Lynkeus (ou Lyncée) — qui sera un émule de Ménandre dans un genre un peu différent —, il y suivit les leçons de Théophraste, le savant successeur d'Aristote à la tête du Lycée. Mais ce séjour de plusieurs années fut également pour Douris une expérience politique de grande importance, car il put voir de près ce peuple athénien longtemps redoutable pour les autres Grecs et pour les Samiens très particulièrement : ceux-ci, en effet, venaient seulement de se libérer, après un long exil qui prit fin en 322, d'une pesante domination athénienne sur leur île, sans parler d'événements plus anciens, mais que Douris, on le verra, ne voulait pas oublier. Or, les Athéniens autrefois si fiers de leur démocratie se trouvaient alors en assez piteuse situation, sujets qu'ils étaient devenus de la Macédoine, même si l'un des leurs, Démétrios de Phalère — philosophe un peu mégalomane que notre historien devait plus tard brocarder sans pitié [11] — dirigeait le gouvernement de la cité au nom de Cassandre. Douris fut certes témoin de la chute de ce régime oligarchique. Mais ce par quoi on le remplaça ne lui inspira guère plus de sympathie, car il vit les nouveaux dirigeants athéniens s'abaisser à faire voter par le peuple des honneurs démesurés aux libérateurs d'Athènes, les rois Antigone et Démétrios, qui, il est vrai, avaient sauvé la cité du pire mais lui imposèrent aussi, après 304 surtout, une tutelle à peine moins lourde que la précédente [12]. C'est à peu près vers ce moment que Douris revint dans sa patrie et c'est alors seulement, au vu de récentes recherches sur l'histoire et l'épigraphie samiennes [13], qu'il convient de placer l'épisode le plus singulier de la carrière de notre historien, à savoir la tyrannie que, selon Athénée dans ses *Deipnosophistes* [14], il exerça à Samos après son père Kaios (ce

10. Telle est la date proposée par R. B. Kebric, *In the Shadow of Macedon : Duris of Samos*, Wiesbaden, 1977 (*Historia*, Einzelschriften 29), p. 4 sqq. et 25 sq., en relation avec la conjoncture politique et la biographie de Théophraste. Mais P. Pédech, *Trois historiens méconnus. Théopompe, Duris, Phylarque*, Paris, 1989, p. 262 sq., estime « impossible de dire à quel moment Duris fréquenta son école ».

11. Ce portrait de Démétrios de Phalère chez Douris (*FGrHist* 76 F 14) nous est connu à la fois par Athénée, XII, 50, 535E-536A, et par Élien, *Histoires variées* IX, 9 (trad. fr. par A. Lukinovich et A.-Fr. Morand, Paris, 1991).

12. Pour ces événements, voir maintenant Chr. Habicht. *Athènes hellénistique. Histoire de la cité d'Alexandre le Grand à Marc Antoine,* Paris, 2000 (trad. fr., par M. et D. Knoepfler, de l'original allemand paru en 1995), ch. 2 et 3.

13. Bon état de la question chez G. Shipley, *A History of Samos, 800-188 B. C.*, Oxford, 1987, p. 177 sqq.

14. Athénée, VIII, 18, 337D (= *FGrHist* 76 T 2).

nom est désormais assuré et il ne faut plus parler de Skaios [15]), cela à partir de 294 environ. La chronologie ne manque pas d'être significative : en effet, il paraît clair aujourd'hui que si Douris put rester seul au pouvoir une dizaine d'années durant, c'est qu'il avait l'appui du roi Lysimaque, maître de l'Ionie de 301 à 281. Or, on vient de le voir, le roi de Thrace était la bête noire de Hiéronymos, ce qui impliquait une vision sans doute différente de l'histoire de ces années tumultueuses. On ne sait rien de la vie de Douris après le tournant que marqua, en 281, la bataille de Couroupédion, fatale à Lysimaque et à son royaume. Un séjour en Occident — où son père et peut-être lui même avaient vécu autrefois en exil — est d'autant moins improbable que Douris devait s'intéresser de très près à la figure d'Agathocle, le célèbre tyran de Syracuse, qui était décédé quelques années plus tôt, en 289 ou 288. La date de la mort de Douris est, de même, totalement inconnue : survécut-il assez longtemps à Lysimaque pour connaître l'épopée de Pyrrhos en Italie et en Sicile ? Cela n'est nullement assuré par les « fragments » qui subsistent de son œuvre, à la différence de ce qu'enseignent ceux du *makrobios* Hiéronymos.

En regard de ces vies riches en retournements de fortune, en expériences politiques et en voyages d'un bout à l'autre de la Méditerranée, l'existence du troisième de nos auteurs, **Philochore d'Athènes**, peut sembler bien terne, puisqu'on ne sache pas qu'il ait jamais dépassé les frontières de son Attique natale, se contentant d'exercer à domicile diverses prêtrises et se livrant avant tout à l'étude. Mais cela ne signifie pas que ce « citoyen tranquille » ait vécu hors du temps et qu'il soit demeuré insensible aux vicissitudes de toutes sortes qui affectèrent sa cité à partir de la défaite de 322 et jusqu'en 287 au moins. A cette date, certes, on put croire qu'Athènes avait recouvré définitivement sa liberté. Mais la Macédoine ne tarda guère à se faire à nouveau menaçante, et l'on devine que le patriote qu'il était adhéra de tout cœur à la politique d'opposition, puis de résistance, que menèrent les Athéniens sous la conduite de Chrémonidès et de son frère Glaukon. Une chose, en tout cas, est certaine : c'est qu'une fois Athènes tombée au pouvoir du roi Antigone Gonatas, en l'an 262, Philochore fut victime de l'épuration voulue par ce souverain, qui le fit condamner à mort peu de temps après pour complicité avec Ptolémée Philadelphe [16]. Ainsi, même cet historien de cabinet, cet homme animé par une piété sincère et la volonté de maintenir vivants les culte ancestraux, fut comme rattrapé par l'histoire de son temps.

15. Comme le fait encore P. Pédech, *op. cit.* (n. 10), p. 260. En faveur de Kaios (= Gaius ?) se sont clairement prononcés, en revanche, les auteurs du *Lexicon of Greek Personal Names*, I (1987), *s. v.*

16. Voir Chr. Habicht, *op. cit.* (n. 12), p. 134 sq.

Si nos trois auteurs ont donc, de toute évidence, été entraînés, bon gré mal gré, dans le même flux d'événements aux conséquences souvent très lourdes pour leur cité respective et pour eux-mêmes, on ne saurait méconnaître ce qui les distingue au point de vue de leur formation, de leurs intérêts, de leur style, en un mot de leur personnalité littéraire, à défaut de pouvoir prétendre les connaître de façon plus intime. Essayons de caractériser succinctement la contribution de chacun d'eux à l'historiographie grecque.

Douris est sans doute la figure la plus complexe de ce trio, celle aussi qui a suscité le plus de réserves ou d'incompréhension. Ce n'est pas pour rien si, dans le titre d'un essai paru en 1989 [17], Paul Pédech le qualifie d'*historien méconnu* en rangeant sous cette même appellation son devancier du IVe siècle, le grand Théopompe de Chios, et son successeur du siècle suivant, Phylarque (Athénien de naissance ou du moins d'adoption). L'abondance de sa production et, surtout, la variété et l'intérêt des sujets abordés garantissent pourtant qu'il ne fut pas un écrivain médiocre. Passons rapidement sur ses œuvres mineures, des traités portant sur la littérature, sur les arts plastiques et sur la musique [18]. Si le contenu de ces opuscules nous échappe largement, ils mettent néanmoins en évidence un trait fort significatif du génie de leur auteur, à savoir son goût pour toutes les formes d'art : il serait surprenant, après cela, que l'historien Douris fût complètement dépourvu de préoccupations esthétiques et se souciât de la composition littéraire comme d'une guigne ! C'est un autre aspect de sa personnalité, moins original sans doute mais tout aussi important, que révèlent les *Chroniques samiennes* (Σαμίων ὧροι), car cet ouvrage d'une certaine envergure, consacré à l'histoire de Samos depuis les origines jusqu'au IVe siècle (peut-être jusqu'à l'époque d'Alexandre), nous montre un Douris extrêmement attaché à sa patrie, au point de tomber parfois dans la partialité la plus outrancière : ainsi en faisant le récit des relations tendues entre Samos et Priène (on sait que, plus tard, son témoignage n'en fut pas moins pris en considération, avec celui d'autres historiens, lors d'un arbitrage territorial entre Samos et Priène que nous a conservé une inscription de cette dernière ville [19]). Très vive était également, on l'a déjà laissé entendre, son hostilité à

17. *Op. cit.* (n. 10), p. 257 sqq.

18. Liste de ces ouvrages chez P. Pédech, *ibid.*, p. 265-273, sur la base de F. Jacoby, *FGrHist* 76 F 72-96.

19. Fr. Hiller von Gaertringen, *Inschriften von Priene*, Berlin, 1906, 37, l. 109 sqq. (= *FGrHist* 76 F 25). Cf. A. Chaniotis, *Historie und Historiker in den griechischen Inschriften*, Heidelberg, 1988, p. 129 sq., et, pour le document de Priène, Sh. L. Ager, *Interstate Arbitrations in the Greek World, 337-90 B. C.*, Berkeley, 1996, p. 196 sqq., n° 74.

l'égard d'Athènes, et cela bien qu'il prétendît descendre d'Alcibiade (qui avait eu effectivement des accointances samiennes !) [20]. Certes, les Athéniens n'avaient pas toujours fait preuve — c'est le moins que l'on puisse dire — d'une conduite exemplaire vis-à-vis des Samiens. Relevant, dans sa *Vie de Périclès*, que « Douris accuse les Athéniens et Périclès d'une cruauté dont ni Thucydide, ni Éphore, ni Aristote n'ont fait mention », Plutarque porte un jugement sévère sur ce défaut de l'historien samien, allant jusqu'à le discréditer complètement, car, ajoute-t-il, « Douris, qui n'a pas l'habitude, même lorsqu'il n'est pas aveuglé par une passion personnelle, de s'en tenir à l'exacte vérité dans ses récits (κρατεῖν τὴν διήγησιν ἐπὶ τῆς ἀληθείας), semble avoir ici, plus que jamais, exagéré les malheurs de sa patrie pour dénigrer les Athéniens » [21]. Mais à supposer que Plutarque fût parfaitement fondé à juger ainsi l'auteur des *Chroniques samiennes*, il resterait encore à déterminer dans quelle mesure ce verdict doit s'appliquer aux deux grands ouvrages où, sans être entièrement absent, l'amour de la patrie ne devait jouer qu'un rôle mineur. La question se pose assurément dans le cas de la *Vie d'Agathocle* (τὰ περὶ Ἀγαθοκλέα), car Douris avait abordé là, vers la fin de sa carrière selon toute apparence [22], un sujet terriblement controversé : grâce à Diodore, en effet, on sait que l'historiographie antique relative au tyran et roi de Syracuse était des plus contrastées. Parmi les défenseurs inconditionnels de son action, jusque dans les pires excès auxquels il put se livrer, se rangeaient les historiens locaux Antandros et Kallias, le premier étant du reste le propre frère de l'homme d'État syracusain. A l'inverse, Timée de Tauroménion sera, selon le mot de Pédech [23], « un détracteur passionné » du personnage, et plus d'un historien postérieur — à commencer par Trogue-Pompée et son abréviateur Justin (XXXII-XXXIII) — adoptera cette attitude résolument négative. Dans quel camp faut-il placer Douris ? On répondrait plus aisément à cette question si l'on avait conservé tout ou partie de la préface où l'auteur avait vraisemblablement indiqué les raisons mêmes qui l'engagèrent à tenter une entreprise aussi risquée. A défaut, les quelque dix « fragments » conservés [24] semblent montrer que Douris

20. Au dire de Plutarque, *Alcibiade* 32, 2 (= *FGrHist* 76 T 2).

21. *Périclès* 28, 3 (= *FGrHist* 76 F 67) ; trad. R. Flacelière, vol III (1964) des *Vies parallèles* dans la CUF.

22. Vu qu'Agathocle mourut en 289 seulement. Mais on ignore les motifs précis qui amenèrent Douris à s'intéresser à ce tyran de Syracuse : voir chez P. Pédech, *op. cit.* (n. 10), p. 291 sqq., la critique des hypothèses que R. B. Kebric a formulées à ce sujet : *op. cit.* (n. 10), p. 68 sq.

23. *Op. cit.*, p. 290.

24. *FGrHist* 76 F 16-21 et 56-59.

tenait la balance assez égale entre l'éloge et le blâme. Il paraît clair en tout cas qu'il n'a pas voulu faire œuvre de moraliste : ce qui l'a attiré vers un tel sujet, c'est bien plutôt le caractère éminemment dramatique de cette destinée hors du commun, tout à fait conforme à son penchant bien connu pour le pathétique. Au livre XIX, après avoir fait le récit détaillé de la prise du pouvoir par Agathocle à Syracuse, coup d'État qui fit plusieurs milliers de victimes, Diodore précise qu'il ne s'étendra pas sur les violences dont les femmes et filles des opposants eurent à pâtir, cette conduite criminelle n'étant que trop aisée à imaginer. Et de déclarer alors : « nous devons supprimer ici les effets tragiques surajoutés (τὴν ἐπίθετον... τραγωιδίαν), qui sont habituels aux historiens » [25] (XIX, 8, 4). Que Douris, entre autres, soit visé ici ne semble guère douteux. Mais il ne faudrait pas en conclure que Diodore n'a fait qu'un mince usage de cet auteur un peu trop porté à la dramatisation, en arguant du fait qu'il ne le cite pratiquement jamais dans ce qui nous reste des nombreux chapitres consacrés à l'histoire de la Sicile dans les livres XIX-XX (mais son nom apparaît en XXI, 6). Car les preuves existent qu'il l'utilisa plus d'une fois en toute discrétion : ainsi dans un passage mettant en scène cet adversaire d'Agathocle que fut le spartiate Cléonymos, qui, à Tarente, rapporte Diodore (XX, 103, 3), exigea comme otages deux cents jeunes filles des plus illustres familles de la cité. Une citation de Douris chez Athénée [26] prouve en effet, sans conteste possible, que c'est à l'historien de Samos que Diodore devait la connaissance de cet épisode à la fois dramatique et piquant (on notera au passage le rôle, collectif ou individuel, joué par les femmes dans la plupart des ouvrages de Douris : s'il n'est pas encore un historien des femmes, c'est, peut-on dire un peu crûment, le premier « historien à femmes » (quel contraste, en tout cas, avec des auteurs comme Thucydide ou Xénophon, où la gent féminine est pratiquement absente). Mais revenons à la *Bibliothèque historique*. De fait, et à en juger notamment par l'étude que Mme Sebastiana N. Consolo-Langher vient de consacrer aux historiens d'Agathocle [27], la critique actuelle est, dans l'ensemble, fortement encline à considérer l'exposé, somme toute équilibré, de Douris comme la source majeure de Diodore pour les affaires siciliennes à l'époque de ce monarque. Ne serait-ce donc que par là, l'historien samien a pesé bien plus fortement qu'on ne le pense

25. Traduction (légèrement modifiée) de Fr. Bizières, éditrice du livre XIX (1975) dans la CUF.

26. Athénée, XIII, 84, 605 D-E (= *FGrHist* 76 F 18). Cf. S. N. Consolo-Langher, *op. cit.* (n. 27), p. 171 sqq.

27. *Storiografia e potere, Duride, Timeo, Callia e il debattito su Agatocle*, Pise, 2000, avec un ample exposé sur Douris et son influence (p. 55-129).

communément sur notre propre vision d'un chapitre important de l'histoire du monde grec.

Reste à examiner l'ouvrage intitulé *Makedonika*, qui, à n'en pas douter, était l'*opus magorum* de cet auteur, sans être pour autant — il s'en faut de beaucoup — le plus facile à cerner. Ici encore, certes, Diodore est un témoin précieux, puisque c'est à lui que l'on doit de savoir que cette histoire du monde grec avait pour point de départ l'année 370/69, qui correspond à la disparition de trois figures marquantes : le roi Amyntas III de Macédoine, père notamment de Perdikkas III et de Philippe II, le tyran Jason de Phères et le roi de Sparte Agésilas [28]. On ignore en revanche jusqu'où exactement Douris avait mené son récit. Une citation relative à la mort de Lysimaque [29] prouve cependant qu'il allait au moins jusqu'à la bataille de Couroupédion en 281. Mais il y a plus gênant : c'est que les citations conservées ne sont ni assez nombreuses ni assez substantielles (sauf exception) pour permettre de comprendre comment s'organisait exactement la matière de ce vaste ouvrage en plus de vingt livres (peut-être vingt-quatre [30]). Tout au plus peut-on admettre que chaque livre embrassait une durée de quatre à cinq ans, ce qui implique un récit assez détaillé, puisque celui de Diodore couvre la même période en un peu moins de huit livres (XV à XXII). D'autre part, il est certain que Douris attachait une importance primordiale à la personne de Philippe de Macédoine, dont le règne avait marqué un tournant dans les rapports entre Grecs et Macédoniens. L'épopée d'Alexandre n'était évidemment pas négligée, ni non plus l'histoire mouvementée des diadoques, comme en témoigne plus d'un « fragment ». D'une manière générale, l'information de Douris paraît avoir été sérieuse, puisant aux meilleures sources livresques disponibles, que l'on a essayé d'inventorier autant que faire se peut en pareil cas [31]. L'ennui, c'est que les citations portent le plus souvent sur des questions mineures, qui n'autorisent guère à porter un jugement sur la valeur de ces *Makedonika* et les talents de composition de leur auteur. Du récit

28. Diodore, XV, 60, 10 = *FGrHist* 76 T 5. Cf. Cl. Vial, édit. et trad. du livre XV (1977) de la *Bibliothèque historique* dans la CUF, *ad loc.*

29. Chez Pline, *Histoires Naturelles* VIII, 143 (= *FGrHist* 76 F 55). Il est probable que Douris n'allait pas au-delà de ce tournant. En tout cas, Chr. Habicht, *Untersuchungen zur politischen Geschichte Athens im 3. Jhdt vor Chr.*, Munich, 1979, p. 89, exclut que l'historien de Samos puisse être la source du récit de l'invasion galate chez Pausanias (voir *infra* p. 39 et n. 54), car, lui et Démocharès, « haben ihre Werke mit früheren Ereignissen beschlossen ».

30. C'est le nombre que retient P. Pédech, *op. cit.* (n. 10), p. 336 sq. et n. 48, plutôt que 26 ou même 28.

31. Ainsi R. B. Kebric dans sa monographie de 1977, *op. cit.* (n. 10), et plus récemment P. Pédech, *op. cit.* (n. 10), p. 338 sqq.

que Douris donnait de la bataille de Chéronée en 338, par exemple, on ne connaît que des bribes transmises par Plutarque [32], et qui se rapportent à un point de topographie assez secondaire, alors que notre historien, intéressé comme il l'était par les figures de Philippe et de Démosthène, avait dû narrer avec force détails cette rencontre décisive, sans omettre d'en indiquer les diverses conséquences pour les belligérants. Aussi Douris pourrait-il bien se trouver à l'origine de la tradition selon laquelle, au lendemain de la bataille, la ville d'Oropos (dont Diodore ne dit rien à cette occasion) fut donnée à Athènes par le vainqueur, information certes fautive sous la forme qu'elle a prise chez Pausanias [33] (et tous les Modernes à sa suite), puisqu'en réalité, comme on le montre ailleurs, c'est Alexandre qui, trois ans plus tard (après la destruction de Thèbes), fit ce cadeau inespéré aux Athéniens ; mais l'erreur s'explique sans peine par une confusion assez naturelle — que Douris lui-même, toutefois, n'a guère pu commettre — entre la libération d'Oropos en 338 et sa cession en 335 seulement [34]. Et c'est également une lecture un peu superficielle de Douris (ou d'une source intermédiaire) qui, croirais-je volontiers, a fait croire au Périégète qu'Oropos, depuis ce temps, demeura sans discontinuer sous la domination athénienne (I, 34, 1), ce que Douris — à la lumière des événements qui affectèrent la cité en question entre 322 et 287 — devait exprimer de façon bien différente.

Mais trêves de considérations historiques. Ce qu'il importe de noter encore à propos de cette œuvre qu'on ne saurait, on le voit, qualifier d'insignifiante, c'est d'abord combien son auteur paraît avoir été attentif à ce phénomène nouveau — mais qui, au témoignage de Douris, avait eu des précédents à Samos même avec les honneurs cultuels votés à Lysandre de Sparte [35] — qu'était la divinisation, ou disons mieux l'héroïsation, des rois successeurs d'Alexandre dans et par les cités grecques [36] : car sans lui on ne connaîtrait pas l'*Ithyphallos* ou péan ithyphallique, par lequel Athènes célébra vers 290 le roi Démétrios Poliorcète, compagnon de

32. Plutarque, *Démosthène* 19, 3 (= *FGrHist* 76F 38).

33. Pausanias, I, 34 ; cf. aussi Pseudo-Démade, *Dôdékaetia* (*orat.* III), 9, et une scholie à Démosthène, *Couronne* (XVIII), 99 (= M.R. Dilts, *Scholia Demosthenica*, I, p. 221).

34. Voir D. Knoepfler, *Décrets érétriens de proxénie et de citoyenneté*, Lausanne, 2001, p. 367 sqq., en particulier p. 379 pour le rôle probable de Douris dans la transmission des données relatives à l'histoire d'Oropos.

35. Comme l'atteste Plutarque, *Lysandre* 18, 5-6 (= *FGrHist* 76 F 71). Cf. Chr. Habicht, *Gottmenschentum und griechische Städte*, Munich, 1956 (1971^2), p. 3-6 ; J.-Fr. Bommelaer, *Lysandre de Sparte, histoire et traditions*, Paris, 1981, p. 16 sq.

36. Athénée, VI, 63, 253D-F (= *FGrHist* 76 F 13) ; cf. Chr. Habicht, *op. cit.* (n. 35), p. 214 sq. ; Id., *op. cit.* (n. 12), p. 108 sq.

Déméter. Belle occasion à coup sûr, pour l'historien samien, de s'en prendre aussi bien à la flagornerie sans limite des Athéniens d'alors qu'à l'infatuation inouïe de ce monarque pour soi-même, sans parler de son luxe vestimentaire et, plus globalement, de sa luxure. Tous ces traits se retrouvent dans la biographie du personnage par Plutarque, de sorte qu'on ne saurait plus guère douter que cet auteur a utilisé Douris de façon assez suivie, comme il l'a fait du reste dans un certain nombre d'autres de ses *Vies* [37]. Enfin, il faut dire un mot — qui aurait pu, ou dû, être le premier de cette brève évocation — sur le fameux passage [38], tiré vraisemblablement de la préface et en tout cas du livre I des *Makedonika*, où Douris fait la critique de deux de ses plus illustres devanciers, Théopompe de Chios et Éphore de Cumes, à qui ils reproche d'avoir manqué, dans le style, de cette capacité d'imiter (*mimèsis*) qui est source de plaisir (*hèdonè*). Je ne m'attarderai pas à énumérer les diverses interprétations auxquelles ce jugement a donné lieu : Paul Pédech a fait ce travail avec beaucoup de conscience pour aboutir à la conclusion raisonnable qu'il n'y a pas à chercher là une critique de l'école d'Isocrate et de ses procédés — même si les deux historiens en question furent incontestablement les disciples de cet écrivain —, critique qui aurait été élaborée dans le sillage de la théorie de la *mimèsis* telle que la définit Aristote dans la *Poétique*, quels qu'aient été les liens de Douris avec l'école péripatéticienne à travers l'enseignement de Théophraste [39]. Plus simplement, la *mimèsis* prônée par Douris est la représentation la plus concrète et vivante possible de la réalité, et c'est cette peinture colorée, contrastée, dramatisée, qui doit, dans son esprit, faire naître le plaisir esthétique. On reconnaît là l'influence indéniable des arts plastiques, dont précisément Douris était un amateur et un connaisseur au témoignage de ses *opera minora* (il est remarquable, en particulier, qu'il soit l'auteur d'un traité de peinture, περὶ ζωγραφίας, dont rien, malheureusement, n'est conservé).

A tort ou à raison, **Hiéronymos** nous apparaît comme un historien bien différent de Douris. D'abord, c'est — autant qu'on sache — l'homme d'un seul ouvrage, où il a narré une longue suite d'événements auxquels il fut directement ou indirectement mêlé. Est-ce à dire

37. Celles de *Démosthène* et de *Phocion* en particulier, comme on l'admet très communément. En revanche, ce sont les *Chroniques samiennes* du même Douris qui ont servi à Plutarque pour ses vies de *Lysandre*, d'*Alcibiade* et de *Périclès*.

38. Cité par Photius, *Bibliothèque*, 176, p. 121a 41, à propos de Théopompe (= *FGrHist* 76 F 1) ; il n'y a malheureusement pas de résumé des *Makedonika* chez le patriarche byzantin.

39. P. Pédech, *op. cit.* (n. 10), p. 369 sqq. Voir aussi, maintenant, S. N. Consolo-Langher, *op. cit.* (n. 26), p. 78 sqq., avec une abondante bibliographie.

que l'on ait affaire à un simple mémorialiste ? Indubitablement, Hiéronymos se rattache de près à la tradition des historiens compagnons d'Alexandre, les Callisthène, Néarque, Ptolémée et Aristobule, à qui Paul Pédech consacrait il y une quinzaine d'années un autre essai bienvenu [40]. On peut même dire qu'il a été d'une certaine manière leur continuateur, puisque son histoire à lui était celle des diadoques, puis des épigones, avec un titre se référant peut-être explicitement à ce point de départ (τὰ ἐπ' 'Αλεξάνδρωι πραχθέντα, selon la *Souda* [41]). Mais il s'en distingue aussi par plusieurs traits. D'abord, Hiéronymos ne paraît pas avoir cherché à occuper une place en vue dans son récit, même s'il est certain qu'il n'a point passé sous silence les missions parfois très importantes qui lui furent confiées par ses maîtres successifs. D'autre part et surtout, il ne s'est pas borné à retracer un seul épisode historique — si considérable qu'il pût être — comme le firent les historiens d'Alexandre. Embrassant près d'un demi-siècle d'histoire, il a été amené à relater une foule événements sans rapport direct avec sa propre destinée ou même avec la geste des Antigonides. C'est ainsi qu'il a tenu, malgré l'éloignement de ce nouveau théâtre d'opérations, à faire le récit des guerres de Pyrrhos contre les Romains. Mieux, il a été le premier auteur — au témoignage très digne de foi de Denys d'Halicarnasse [42] — à écrire un développement sur les antiquités de Rome, frayant la voie par là à Timée de Tauroménion, puis à Polybe [43] et à Denys lui-même. Cela prouve que cet historien-soldat ne s'est pas contenté de coucher par écrit ses souvenirs de bataille, mais qu'il a dû s'informer, et jusqu'à un âge très avancé, auprès d'autres témoins et dans d'autres ouvrages. Bref, Hiéronymos a fait œuvre d'historien, même si nous ne savons pas grand-chose de ses ambitions et de ses principes, qu'il évoquait peut-être dans une préface dont rien n'est conservé. Il est cependant

40. *Historiens compagnons d'Alexandre*, Paris, 1984. Sur l'autre branche de la tradition historiographique (vulgate), voir notamment N. G. L. Hammond, *The Historians of Alexander the Great. The So-called Vulgate Authors, Diodorus, Justin and Curtius*, Cambridge, 1983. [Pour Hiéronymos et Alexandre, cf. p. 44 *in fine*].

41. *S. v.* « 'Ιερώνυμος » (I, 2, p. 618, 25 n° 201 éd. Adler = *FGrHist* 154 T 1). Mais J. Hornblower, *op. cit.* (n. 9), p. 76 sqq., estime probable, sur la base d'autres témoignages (cf. *infra* n. 50), que le terme de *Diadochoi* et/ou celui de *Epigonoi* figurait dans le titre de l'ouvrage.

42. Denys d'Halicarnasse. *Antiquités romaines* I, 5, 4 (= *FGrHist* 154 F 13) : πρώτου μέν, κἀμε εἰδέναι, τὴν Ρωμαϊκὴν ἀρχαιολογίαν ἐπιδράμοντος 'Ιερωνύμου τοῦ Καρδιανοῦ συγγραφέως.

43. Par là, Hiéronymos peut véritablement être compté au nombre des prédécesseurs de Polybe, même si ce dernier ne le mentionne jamais dans ce qui reste de ses *Histoires* : cf. P. Derow, « Historical Explanation. Polybius and his Predecessors », dans *Greek Historiography,* S. Hornblower éd., Oxford, 1994, p. 73-90.

permis de supposer, comme on l'a fait assez communément, que c'est la publication, après 280, des *Makedonika* de Douris qui l'incita à reprendre une partie de la matière traitée par son devancier afin de donner une autre appréciation des hommes qu'il avait fréquentés — ainsi pour Eumène dans un sens positif, mais sans doute en sens inverse pour Lysimaque — et un autre point de vue sur les événements qu'il avait vécus en direct. Pour juger de sa méthode, on est ramené à un petit nombre de citations, moins d'une vingtaine (si l'on fait abstraction des *testimonia*, simples mentions de l'œuvre et de son auteur) dans le recueil de F. Jacoby [44]. Que peut-on tirer de ce modeste corpus de base ? En fait, Hiéronymos est plus souvent allégué par les auteurs postérieurs pour telle précision qu'il fournissait (ainsi à plusieurs reprises pour l'âge atteint par tel souverain, ou pour une particularité naturelle observée *de visu* [45]) que pour ses prises de position ou ses jugements. On ne paraît pas lui avoir reproché souvent de véritables omissions. Il n'y a guère que Flavius Josèphe qui lui fasse grief d'un silence : en effet, bien qu'il eût connu la Syrie pour l'avoir administrée au nom d'Antigone le Borgne, Hiéronymos n'aurait pas dit un mot du peuple juif dans son *Histoire* [46]. Mais il lui est arrivé, estimaient d'autres auteurs, d'avoir déformé la vérité en raison de son attachement excessif à la cause des Antigonides : c'est notamment Pausanias qui laisse planer le doute sur son objectivité, l'accusant par exemple d'avoir, par haine des autres rois (I, 9, 8 : πρὸς ἀπέχθειαν τῶν βασιλέων πλὴν Ἀντιγόνου), noirci la mémoire de Lysimaque en prétendant que, lors de son incursion en Épire, ce monarque n'avait pas craint de mettre au pillage les tombes royales épirotes. Relevons cependant que la preuve n'est pas faite, loin de là, que le récit de Hiéronymos ait été ici entaché de mensonge [47]. Certes, si l'on en croit le Périégète dans un autre passage, Hiéronymos ne disait rien qui pût déplaire à ses maîtres : mais « écrire pour le plaisir d'Antigone » (I, 13, 9 : τὰ ἐς ἡδονὴν Ἀντιγόνου γράφειν), est une chose ; c'en est une autre que de pousser la partialité jusqu'à calomnier sciemment l'adversaire de son protecteur. En tout cas, rien ne

44. *FGrHist* 154 T 1-12 et F 1-19 (le tout reproduit chez J. Hornblower, *op. cit.* [n. 9], p. 256 sqq., avec un nouveau commentaire en p. 238 sqq.).

45. Voir par exemple les citations de Hiéronymos chez le Pseudo-Lucien, *Macrobioi* 11 et 13 (= *FGrHist* 154 F 4, 7-8 et 10).

46. Flavius Josèphe, *Contre Apion* I, 213-214 (= *FGrHist* 154 F 6). De fait, Hiéronymos avait accompagné Antigone le Borgne dans son expédition contre les Nabatéens en 312/1 (cf. Diodore, XIX, 100, 1-3).

47. Outre F. Jacoby, *ad FGrHist* 154 F 9, cf. notamment Fr. Chamoux, *Pausanias. Description de la Grèce. Livre I : L'Attique,* Paris, 1992, p. 168 : « est-ce une raison pour que Lysimaque ait reculé devant un sacrilège ? »

permet de révoquer en doute la version de Hiéronymos dans son récit de la mort de Pyrrhos, autre épisode où Pausanias oppose la version donnée par l'historien de Cardia — sans d'ailleurs la repousser formellement — à une version, ou disons mieux, interprétation différente des événements ayant conduit à la mort du roi d'Épire [48]. Comme il est naturel, c'est à Hiéronymos que l'on avait volontiers recours pour tout ce qui touche à l'histoire militaire de cette période : il ressort, par exemple, de trois passages de la *Vie de Pyrrhos* par Plutarque [49] que l'historien hellénistique fournissait les données les plus dignes de foi quant aux pertes subies par les deux camps lors des batailles d'Héraclée et d'Ausculum ou quant aux ouvrages de défense mis en place par les Lacédémoniens contre le même Pyrrhos. D'une manière générale, les mesures de distance [50] et autres données chiffrées paraissent avoir été non seulement fréquentes dans son œuvre mais, le plus souvent, d'une grande exactitude.

Voilà donc les principaux traits qui caractérisaient les *Histoires* de Hiéronymos : ils permettent assurément de se faire une idée point trop inexacte de sa manière de faire. Mais autorisent-ils à lui attribuer des passages qui offrent des traits plus ou moins analogues sans être des emprunts avoués à son ouvrage ? C'est là, on l'imagine, un problème fort délicat, que je ne ferai guère que signaler. La question se pose en particulier pour les livres XVIII à XX de Diodore, qui portent sur la période 322 à 300 (on sait que les livres suivants ne nous sont parvenus qu'en lambeaux). Il paraît clair que Diodore, qui relate plusieurs épisodes de la carrière de Hiéronymos de Cardia (présenté par lui, très explicitement, comme l'auteur des *Histoires des diadoques* [51]), en a fait un usage assez abondant. Mais y a-t-il eu emprunt direct ou indirect, systématique ou occasionnel ? Les spécialistes sont divisés sur la question. Je renvoie là-dessus aux excellentes observations de Paul Goukowsky, qui, dans son édition du

48. Pausanias, I, 13, 9 (*FGrHist* 154 F 15) : διάφορα δὲ ὅμως ἐστι καὶ ταῦτα ὧν Ἱερώνυμος ὁ Καρδιανὸς ἔγγραψεν. Et de relever que, « quand on vit à la cour d'un roi, il faut nécessairement écrire l'histoire pour l'agrément de celui-ci » (trad. J. Pouilloux dans l'édition de la CUF).

49. Plutarque, *Pyrrhos* 17, 7 ; 21, 7 ; 27, 8 (= *FGrHist* 154 F 11, 12 et 14). Voir R. Flacelière, *Plutarque, Vies,* VI (1971), p. 9 : « Je suis convaincu, comme P. Lévêque, que l'*Histoire* consacrée par Hiéronymos de Cardia aux successeurs d'Alexandre [...] a été la source principale que Plutarque a utilisée d'un bout à l'autre de cette biographie. »

50. Ainsi dans les citations que fait Strabon des *Histoires* de Hiéronymos en VIII,6, 21, IX, 5, 22 et X, 4, 3 (= *FgrHist* 154 F 16-18).

51. Diodore, XVIII, 42, 1 (= *FGrHist.* 154 T 3) : ὁ τὰς τῶν Διαδόχων Ἱστορίας γεγραφώς. Cf. aussi XVIII, 50, 4 (= T 4) et, de façon moins précise, XIX, 44, 3 et 100, 1 (= T 5-6).

livre XVIII [52], fait preuve à cet égard d'une prudence exemplaire. Dans sa monographie à peine plus récente sur Hiéronymos, Jane Hornblower s'est montrée, quant à elle, plus optimiste [53], notamment en ce qui concerne ce livre XVIII, où, effectivement, les parallèles fournis par la *Vie d'Eumène* de Plutarque laissent deviner chez ces deux auteurs (en dépit de divergences bien réelles aussi) l'utilisation d'une source commune, qui a de bonnes chances de ne faire qu'un avec l'ouvrage de Hiéronymos, évidemment bien informé sur les faits et gestes de son compatriote. En dehors de Diodore et des *Vies* de Plutarque (celles de *Démétrios* et de *Pyrrhos*), un problème un peu semblable se pose à propos de Pausanias, qui pourrait avoir dû, bon gré mal gré, faire de Hiéronymos un usage plus fréquent que ne le laisseraient croire ses fortes réserves sur la partialité, apparente ou réelle, de son devancier. De fait, un connaisseur aussi averti de l'historiographie et de l'histoire hellénistiques que Christian Habicht [54] n'hésite plus guère, aujourd'hui, à faire de Hiéronymos la source directe à laquelle le Périégète a emprunté les informations précises (et notamment toutes les données chiffrées) qui confèrent une valeur documentaire exceptionnelle à son double récit de la guerre menée par les Grecs contre les Galates en 279/8 (I, 4 et X, 19, 5 sqq.). Mais c'est précisément un cas où l'on voit qu'emprunt ne signifie pas copie servile, car il ne fait aucun doute non plus que c'est Pausanias qui a inséré dans la narration de base tous les éléments hérodotéens par le moyen desquels il a voulu faire de cet épisode l'exact réplique des événements glorieux de 480 avant J.-C., avec tout ce que cela impliquait de déformation historique, plus ou moins délibérée, quant au rôle joué par Athènes dans la défense de la civilisation grecque contre ces nouveaux barbares. A coup sûr, le récit de Hiéronymos ne faisait point la part aussi belle aux Athéniens, tout en reproduisant vraisemblablement une épigramme qui honorait un des leurs : car cette inscription citée dans la *Périégèse*, Pausanias n'avait pu la copier

52. Dans la CUF (1978), p. IX sqq., notamment XII : « on ne saurait en effet admettre aveuglément aucune des théories avancées — celle en particulier qui prévaut chez les historiens modernes et voit en Hiéronymos de Cardia la principale source de Diodore pour l'histoire des diadoques. »

53. *Op. cit.* (n. 9), p. 18 sqq.

54. *Op. cit.* (n. 29) p. 89, n. 9, dans le sillage de M. Segre, puis, de manière plus tranchée, dans son *Pausanias' Guide of Ancient Greece*, Berkeley, 1985 (1998²), p. 85 ; cf. aussi Id., *op. cit.* (n. 12), p. 151. G. Nachtergael, *Les Galates en Grèce et les Sôtéria de Delphes*, Bruxelles, 1978, ne se prononçait pas nettement sur ce point, tout en envisageant que la source de la *Périégèse* fût ici Hiéronymos. Position un peu semblable chez J. Hornblower, *op. cit.* (n. 9), p. 72 sqq., qui doute que Pausanias ait pu avoir une connaissance directe de l'historien de Cardia (ce que conteste Habicht), mais reconnaît que, dans son récit, « some features do suggest Hieronymus » (p. 73).

lui-même à Athènes, détruite qu'elle avait été entre-temps lors de la prise de la ville par Sylla [55]. C'est dire que si l'historien de Cardia n'oubliait jamais de donner le beau rôle au roi son maître, il n'allait cependant pas jusqu'à passer sous silence l'action héroïque de ses alliés (en l'occurrence les Athéniens et les peuples de la Grèce centrale) ; et, encore une fois, on n'a pas la preuve qu'il ait été gravement injuste même à l'égard des adversaires déclarés de la dynastie antigonide.

Cette mention d'Athènes nous invite à nous tourner maintenant vers le troisième personnage du triptyque, l'Athénien **Philochore**, si différent — au moins par son existence casanière — de ses deux contemporains. Au cours de sa longue vie, cet auteur eut le temps d'écrire un grand nombre d'ouvrages : la tradition lui en attribue au moins une vingtaine [56]. Plusieurs de ces monographies étaient consacrées à des sujets religieux, ce qui n'étonne pas de la part d'un homme qui fut en 306 *mantis*, ou devin officiel, de l'État et chargé à ce titre d'interpréter les présages : ainsi un traité sur les *Mystères d'Éleusis*, sur les *Sacrifices*, les *Purifications*, etc. D'autres avaient pour sujets l'œuvre des grands tragiques athéniens, Sophocle et Euripide notamment, qui, depuis l'époque de Lycurgue, faisaient figure de monuments nationaux Mais la plupart des travaux de Philochore présentaient un caractère plus nettement historique, portant par exemple *Sur la fondation de Salamine*, ce morceau insulaire du territoire de l'Attique, ou *Sur Délos*, l'île sacrée qui, depuis 314, avait cessé — au grand dam sans doute d'un patriote comme Philochore — d'être sous la domination d'Athènes, avant d'y retomber à nouveau, mais passablement plus tard (en 168/7) par la volonté de Rome. Cet historien se signale aussi par la rédaction d'une espèce de corpus épigraphique intitulé *Inscriptions attiques* (Ἀττικὰ ἐπιγράμματα), qui est bien dans l'air du temps, puisque c'est à cette époque aussi que le prince macédonien Cratère publia son assez célèbre *Recueil de décrets* (Συναγωγὴ τῶν ψηφισμάτων), dont l'érudition antique fit un large usage [57]. L'œuvre majeure de Philochore fut toutefois son *Atthis* — si

55. Épigramme pour Kydias (Pausanias, X, 21, 5-6). Voir maintenant F. Chamoux, « Les épigrammes dans Pausanias », dans *Éditer, traduire, commenter Pausanias en l'an 2000*, D. Knoepfler et M. Piérart éd., Neuchâtel-Genève, 2001, p. 79 sqq., en particulier 85.

56. Voir les « fragments » réunis et commentés par F. Jacoby, *FGrHist* 328, en particulier F 72-91 pour les témoignages sur ces *opuscula*, avec le commentaire paru en 1954 (IIIb [*Supplement*] : *A Commentary on the Ancient Historians of Athens*, p. 225 sqq. — avec une liste des œuvres en p. 242 — et 350 sqq.).

57. Sur ce recueil — pour lequel on dispose d'une vingtaine de « fragments » (*FGrHist* 342) —, voir par exemple A. Lesky, *Geschichte der griechischen Literatur*,

tel est bien le titre originel de l'ouvrage [58] — où il embrassait toute l'histoire d'Athènes depuis les temps mythiques jusqu'à la période de la guerre de Chrémonidès, au terme de laquelle l'auteur devait disparaître [59], comme on vient de le rappeler. Loin d'être nouvelle, une telle entreprise avait des antécédents remontant à la fin du ve siècle, date du premier atthidographe, l'historien Hellanicos de Mytilène — un étranger donc. Au IVe siècle, ce domaine de recherches était devenu le fief exclusif d'Athéniens de souche, comme Androtion et Phanodémos, qui avaient été parallèlement très actifs dans la vie publique de la cité. Ce lien étroit entre écriture de l'histoire nationale et activité politico-religieuse, de tendance plutôt conservatrice, a été bien marqué par Felix Jacoby, à qui l'on doit une étude essentielle sur ce sujet [60] en marge de son grand recueil des fragments historiographiques grecs. C'est très consciemment que Philochore s'est placé dans cette tradition, désireux qu'il était de compléter et surtout de continuer l'œuvre de ses devanciers immédiats (en particulier Androtion). Cela suffit à rendre compte d'un déséquilibre qui pourrait paraître surprenant dans la répartition de la matière. En effet, sur les dix-sept livres que comptait l'*Atthis* de Philochore, six seulement était consacrés à l'histoire la plus ancienne, des origines à la mainmise macédonienne. Les onze autres traitaient de la période en quelque sorte contemporaine, en gros depuis la mort de Philippe ou celle d'Alexandre. Mais une mauvaise chance a voulu que l'essentiel des citations, d'ampleur parfois considérable, qui sont conservées de cette œuvre, se rapportent au ve et au IVe siècle, c'est-à-dire à une phase relativement bien connue de l'histoire athénienne, tandis que les fragments relatifs à l'histoire hellénistique sont extrêmement réduits. A vrai dire, il ne s'agit pas là tout à fait d'un hasard : c'est bien plutôt la conséquence de l'usage qui fut fait de l'œuvre de Philochore, alléguée surtout par les lexicographes et les grammairiens qui, à l'époque impériale, commentaient le corpus des orateurs attiques. La publication du commentaire de Didymes sur Démosthène il y a un siècle [61] n'a fait que

Berne-Munich, 1971^3, p. 753, que l'on peut consulter également avec profit sur les trois historiens présentés ici.

58. Tel est en tout cas le titre usuel chez les auteurs à qui l'on doit le plus grand nombre de citations de l'*Atthis* (Harpocration, Athénée, Plutarque, etc.).

59. C'est du moins à cet événement que l'on s'accorde à rapporter le témoignage de la *Souda, s. v.* « Φιλόχωρος » (= *FGrHist* 328 T1) qui, évoquant la fin de Philochore, mentionne un roi Antigone par lequel il aurait été « piégé » (ἐνεδρευθείς), après avoir été accusé, à tort ou à raison, d'avoir penché pour la royauté de Ptolémée (διεβλήθη προσκεκλικέναι τῆι Πτολεμαίου βασιλείαι).

60. *Atthis. The Local Chronicles of Ancient Athens,* Oxford, 1949, en particulier p. 71 sqq.

61. H. Diels, W. Schubart, *Didymos' Kommentar zu Demosthenes,* Berlin, 1900.

creuser cet écart et aviver les regrets des spécialistes de l'histoire hellénistique, car si le papyrus de Berlin contient d'importants fragments de Philochore, qui témoignent de son information très sûre en matière de chronologie notamment, cet enrichissement n'a profité qu'à la période démosthénienne, si l'on peut dire, de l'histoire d'Athènes : il n'y a rien là sur les années troublées et mal connues du début du IIIe siècle, par exemple sur la tyrannie de Lacharès ou la seconde mainmise de Démétrios Poliorcète, époque dont Philochore avait été pourtant le témoin attentif. Quelques bribes du livre VII concernant l'affaire d'Harpale et la guerre lamiaque en 324-322 et une demi-douzaine de « fragments » du livre VIII relatifs aux événements de 307-306 [62] sont à peu près tout ce qui subsiste d'un récit sans doute aussi riche et détaillé qu'il l'était pour la période antérieure à Chéronée. Et cette perte nous prive également d'un jugement, que l'on devine parfois sévère et en tout cas critique, sur bien des aspects de la politique suivie alors par les Athéniens.

Philochore est le dernier des atthidographes : avec lui disparaît une forme d'histoire qui avait ses racines dans l'exaltation du passé athénien telle qu'elle se manifestait par exemple lors des cérémonies en l'honneur des morts à la guerre dans les fameux *épitaphioi logoi*, ces discours funèbres dont on a conservé, de Périclès à Hypéride, quelques beaux spécimens. Ce n'est évidemment pas une simple coïncidence si ce genre historiographique très particulier prend fin au moment où Athènes, en 262, perd son indépendance pour longtemps et sa suprématie pour toujours. Est-ce à dire que Philochore soit mort sans laisser aux historiens postérieurs la moindre part d'héritage. En dépit de l'apparence, rien ne serait plus faux que de le penser. Car si l'histoire locale athénienne, avec ses traits spécifiques, notamment politiques, appartient désormais au passé, l'histoire locale tout court, en revanche, connaît un essor sans précédent à l'époque hellénistique : il n'est pas de cité tant soit peu renommée, pas de peuple, hellénique aussi bien que barbare (au sens grec du terme, bien entendu), qui ne trouve alors son ou ses historien(s), comme en témoigne une large section du recueil de Jacoby où défilent tous ces auteurs de monographies locales et régionales, la plupart à peine connus par une mention. Sur un plan plus général, on peut dire que Philochore est le père de l'érudition hellénistique [63], champ d'activité où il a eu de brillants émules. Contentons-nous de relever ici le vaste domaine de la chronographie, fondement de toute enquête historique : le dernier atthi-

62. *FGrHist* 328 F 62-67 et 163-166.

63. Comme l'a bien marqué Jacoby lui-même, *op. cit.* (n. 60), p. 108 : « The state of facts is perfectly clear. We might reduce it to the formula (to be accepted *cum grano salis*) that the scholar Philochoros found successors, but the historian did not. »

dographe n'a-t-il pas été un modèle dans ce type de recherches, lui qui s'appliquait à ranger chaque événement sous le nom d'un archonte éponyme d'Athènes, ἐπὶ ἄρχοντος τοῦ δεῖνος, en allant bien souvent jusqu'à préciser cette date par l'indication du mois, voire du quantième quand il le jugeait possible et utile ? Or, on le sait, les travaux de chronologie ont fleuri au IIIe et IIe siècle av. notre ère. Conservée par une célèbre inscription [64], la *Chronique de Paros*, d'inspiration nettement athénienne, fut rédigée en 264/3, très peu avant la date probable de la mort de Philochore. A cette époque également remonte l'œuvre chronographique du grand Ératosthène de Cyrène, continuée et finalement supplantée un siècle plus tard par la *Chronique* d'Apollodore d'Athènes, cet érudit d'envergure en qui l'Athénien Philochore trouva finalement un digne successeur dans sa patrie même [65].

Une ultime question mérite d'être posée à propos de nos trois historiens, maintenant surtout que leurs mérites intellectuels ont été rappelés et illustrés de diverse façon. Pourquoi ont-ils payé un si lourd tribut à l'érosion du temps, au point qu'aucun de leurs ouvrages ne nous soit parvenus autrement que sous la forme de citations éparses, sans que l'on en ait même un résumé dans la *Bibliothèque* de Photius ? C'est qu'ils ont dû, assez vite, cesser d'être lus et copiés. On devine au moins en partie les raisons de cette désaffection. Un auteur comme Denys d'Halicarnasse nous y aide, qui, dans un de ses traités de rhétorique, insiste sur l'importance extrême que revêt l'art de l'agencement des mots, la *synthèsis.* Or, il s'agit d'une exigence que beaucoup d'auteurs ont, selon lui, complètement négligées ; « Voilà pourquoi, ajoute-t-il, nous avons hérité d'ouvrages que personne n'a la patience de lire jusqu'au bout, ceux par exemple de Phylarque, de Douris, de Polybe, de Psaon, de Démétrios de Callatis, de Hiéronymos » [66], etc. Deux de nos auteurs figurent dans cette liste de réprouvés. Il est certain pourtant que Douris et Hiéronymos — pour ne parler que d'eux — étaient encore pratiqués au IIe siècle de notre ère, comme le prouve leur utilisation par Plutarque, puis par Arrien, Pausanias, Athénée et d'autres encore. Mais sans doute étaient-ils déjà plus consultés que véritablement lus, et cela surtout du fait que leurs œuvres avaient le tort, aux yeux des lettrés de ce temps, de n'être pas rédigées en langue attique (on sait combien l'usage de la *koinè*

---

64. *IG* XII, 5, 444 (F. Jacoby, *Das Marmor Parium*, Berlin, 1904 = *FGrFist* 239). Trad. fr. d'une série d'extraits chez J.-M. Bertrand, *Inscriptions historiques grecques*, Paris, 1992, p. 17 sqq., n° 1.

65. F. Jacoby, *Apollodors Chronik. Eine Sammlung der Fragmente*, Berlin, 1902. Cf. Chr. Habicht, *op. cit.* (n. 12), p. 137 sq.

66. *La composition stylistique* ou *Synthèsis* (VI) 4, 15 (trad. G. Aujac et M. Lebel, dans les *Opuscules rhétoriques*, t. III [1981] de la CUF).

nuisit à la conservation de beaucoup d'excellents auteurs). Toutefois, ce qui leur fut fatal — et qui faillit entraîner la perte complète de Polybe lui-même —, c'est un manque d'intérêt plus général pour cette histoire des diadoques, trop compliquée et désormais trop lointaine ; de cela, on le sait, Pausanias témoigne bien, lui qui, justement, fit effort pour rassembler au début de la *Périégèse* les principaux éléments de cette histoire en passe de tomber dans l'oubli le plus total, car, écrit-il, « ce qui se rapporte à Attale et à Ptolémée était d'une époque assez reculée pour que la tradition orale n'en garde aucune trace et les gens de la cour des rois, qui avaient pour tâche d'écrire leur histoire, n'ont pas intéressé non plus nos prédécesseurs » [67]. C'est précisément à son zèle, comme aussi à la curiosité érudite de quelques-uns de ses contemporains, que l'on doit de connaître un peu plus que les noms de ces grands historiens de la haute époque hellénistique, *homines in historia diligentes*, pour reprendre le mot de Cicéron [68] appliqué à l'un d'entre eux.

Denis KNOEPFLER

67. Pausanias, I, 4, 1 (trad. J. Pouilloux dans l'éd. de la CUF).

68. Cicéron, *Lettres à Atticus* VI, 1, 18 (= *FGrHist* 76 T 6) : *Duris Samius, homo in historia diligens.*

Note additionnelle. Tout récemment, R. Billows, « Polybius and Alexander Historiography », dans *Alexandre the Great in Fact and Fiction*, A. B. Bosworth et E. J. Baynham éd., Oxford, s. d., p. 286-306, a suggéré pour l'œuvre de Hiéronymos contenait un assez long préambule sur Alexandre et qu'à ce titre elle avait été utilisée, comme les *Makedonika* de Douris, par l'historien de Mégalépolis.

POLYBE ET L'HISTOIRE UNIVERSELLE [1]

Les histoires universelles apparaissent au IVe siècle av. J.-C., en même temps que naissent l'esprit encyclopédique dans le domaine philosophique et le sentiment de l'unité du monde dans le domaine politique [2]. Dorénavant, même si la monographie demeure florissante, il devient discutable de faire simplement l'histoire d'une cité ou d'un peuple, voire même d'un groupe de cités ou d'un groupe de peuples, dans la mesure où ce ne sont que des parties du tout, dans la mesure où ces histoires particulières ne prennent un sens que si elles sont resituées dans leur contexte : l'histoire de l'οἰκουνένη, du monde habité, c'est-à-dire l'histoire universelle. Polybe de Mégalopolis est, au IIe siècle av. J.-C., l'auteur d'une de ces histoires universelles, œuvres monumentales qui n'ont été transmises que par lambeaux. Dans son cas, des quarante gros livres qui composaient ses *Histoires*, seuls les cinq premiers ont été transmis presque intégralement, les trente-cinq derniers ayant été transmis à l'état de fragments plus ou moins abondants.

Les dimensions de l'histoire universelle polybienne étaient tout à fait considérables. L'auteur en est conscient, lui qui prétend « avoir formé l'entreprise presque, et pour ainsi dire, la plus importante en histoire » [3]. Les livres en étaient nombreux (βίϐλους τετταράκοντα, III, 32, 2) et volumineux (διὰ τὸ πλῆθος καὶ τὸ μέγεθος τῶν βίϐλων,

---

1. Pour les livres I à XVI, c'est l'édition de la CUF qui sera suivie : livre I, P. Pédech, 1969 ; livre II, P. Pédech, 1970 ; livre III, J. de Foucault, 1971, en cours de révision et correction, pour une réédition, par É. Foulon avec la collaboration de M. Molin ; livre IV, J. de Foucault, 1972 ; livre V, P. Pédech, 1977 ; livre VI, R. Weil, 1977 ; livres VII-VIII-IX, R. Weil, 1982 ; livres X, É. Foulon, et XI, R. Weil, 1990 ; livre XII, P. Pédech, 1961 ; livres XIII-XIV-XV-XVI, É. Foulon et R. Weil, 1995. Pour les livres XVIII et suivants, le texte sera celui de T. Büttner-Wobst (Leipzig, Teubner, 1882-1904) et la traduction sera, la plupart du temps, celle de D. Roussel (Paris, Gallimard, Pléiade, 1970).

2. Cette évolution des mentalités n'est pas sans rapport avec la conquête de la Grèce par Philippe II de Macédoine, puis la conquête du monde par Alexandre III.

3. V, 31, 6 : σχεδὸν ὡς εἰπεῖν μεγίστῃ τῶν προγεγονότων ἐπιϐολῇ κεχρήμεθα τῆς ἱστορίας...

ibid.). Or, si l'on sait qu'elle comptait quarante livres et que la division en quarante livres est le fait de l'auteur, on ne sait guère quelle était la taille moyenne d'un livre. Si l'on calcule en chapitres, il faut avoir conscience que cette subdivision, en revanche, n'est pas le fait de l'auteur, ni des éditeurs anciens, mais des éditeurs modernes. En outre, le calcul ne peut se faire qu'à partir des cinq premiers livres qui sont les seuls à avoir été presque intégralement conservés. Avec respectivement 88, 71, 118, 87 et 111 chapitres, on parvient à une moyenne de 95 chapitres par livre. Il va de soi, étant donné la faiblesse de l'échantillonnage et les disparités entre livres (avec par exemple 71 chapitres pour le livre II, mais 118 chapitres pour le livre III) qu'un tel résultat n'a rien d'absolu et que ce n'est qu'un ordre de grandeur. Maintenant, si l'on calcule en pages, 95 chapitres correspondent à 90 pages en moyenne dans le Polybe de la Bibliothèque de la Pléiade, chez Gallimard ; donc 40 livres — ou 3800 chapitres — correspondraient en gros à 3600 pages, ce qui représenterait en tout trois volumes de la taille de l'unique volume existant, puisqu'il compte, indépendamment de l'introduction et des notes, 1201 pages de texte. On a donc conservé en gros un tiers de l'œuvre du Mégalopolitain. Dans la Collection des Universités de France, aux Belles Lettres, 95 chapitres correspondent en moyenne à 120 pages doubles (texte avec traduction en regard) ; donc 40 livres correspondraient à 40 volumes et en gros 4800 pages doubles ; or l'édition de Polybe, qui compte actuellement dix volumes et 1063 pages doubles, comptera, une fois achevée, 4 volumes de plus et près de 500 pages doubles de plus, soit en tout 14 volumes et près de 1600 pages doubles. On parvient à la même conclusion que précédemment, à savoir que l'on a perdu en gros les deux tiers de l'œuvre de Polybe.

Les vestiges des *Histoires* sont donc, somme toute, quand même significatifs et l'on est en droit d'interroger cette œuvre, même si elle est fragmentaire, en procédant au questionnement suivant : premièrement, il s'agit de comprendre pourquoi Polybe, dans sa vocation d'historien, a fait le choix non de l'histoire particulière ou monographie, mais de l'histoire universelle et il s'agit de reconnaître comment il conçoit l'histoire universelle, quel objectif il vise, éventuellement quelles limites il fixe à une entreprise qui, en soi, n'en a pas, est un gouffre béant ; deuxièmement, il s'agit d'étudier l'architecture des *Histoires*, c'est-à-dire comment il traite et organise l'espace et le temps dans son œuvre, comment il répartit les diverses zones et les diverses époques.

*
* *

I. L'histoire universelle : pourquoi et comment ?

1. Les raisons du choix : éloge de l'histoire universelle et critique des monographies

Polybe prétend implicitement être l'auteur de la seconde histoire universelle véritable, puisqu'il ne reconnaît explicitement comme devancier qu'Éphore de Cymè (IVe s.), auteur d'un ouvrage en trente livres couvrant l'histoire des Grecs et des Barbares, du retour des Héraclides jusqu'à la prise de Périnthe en 340 par Philippe II de Macédoine : Éphore est, selon Polybe, « le premier et le seul qui ait entrepris d'écrire une histoire universelle » [4]. En revanche, il dénie le titre d'auteur d'histoire universelle à Théopompe de Chios (IVe s.), car il n'a traité, dans une première partie, que de l'histoire de la Grèce, mais, chose plus grave, il n'a traité, dans une deuxième partie, que de l'histoire de Philippe II, intégrant l'histoire de la Grèce, c'est-à-dire de nombreux peuples et cités à celle d'un individu, le roi de Macédoine, ce qui est une démarche pour le moins réductrice et même anti-universaliste (VIII, 11, 3-4) ; de même aussi, il dénie le titre à Timée de Tauroménion (fin IVe-début IIIe s.), car, même si la matière est abondante, il a traité principalement de la Sicile et de l'Italie (XII, 23, 7) ; de même encore, il dénie le titre à plusieurs autres historiens qu'il ne prend pas la peine de nommer car ils ne le méritent pas (V, 33, 1) [5]. Théopompe, Timée et les autres ne sont que des auteurs d'histoires partielles ou monographies.

Polybe serait même l'auteur de la seconde et dernière histoire universelle véritable puisque, selon lui, personne parmi les historiens contemporains n'a entrepris de composer d'histoire universelle (τῇ τῶν καθόλου πραγμάτων συντάξει, I, 4, 2), mais que la plupart traitent « de guerres particulières ainsi que de quelques événements concomitants » [6], et qu'aucun d'entre eux n'a cherché à vérifier « l'organisation globale et universelle des faits passés, c'est-à-dire quand, d'où ils

4. V, 33, 2 : τὸν πρῶτον καὶ μόνον ἐπιϐεϐλημένον τὰ καθόλου γράφειν...

5. Ils ont, par exemple, entrepris l'histoire des guerres puniques et prétendent qu'ils font de l'histoire universelle (τὰ καθόλου γράφειν), parce que les événements sont nombreux et importants, à la fois en Sicile, en Libye, en Ibérie et en Italie, que les conflits sont durables ; mais en réalité ils omettent la Grèce et le monde barbare (V, 33, 3-4).

6. I, 4, 3 : τοὺς μὲν κατὰ μέρος πολέμους καί τινας τῶν ἅμα τούτοις πράξεων...

ont pris naissance et comment ils se sont déroulés » [7]. Seule l'histoire universelle est à même de répondre aux questions πότε, quand, πόθεν, d'où, πῶς, comment, qui sont la condition de l'explication historique, qui permettent d'insérer les faits dans la continuité des séries causales et dans la simultanéité des relations avec d'autres faits. Seule l'histoire universelle permet d'avoir la connaissance du tout. Elle l'emporte largement sur les histoires particulières, autant que la compréhension et la connaissance l'emportent sur la simple lecture (III, 32, 10).

Polybe critique volontiers les histoires particulières ou monographies, en particulier dès l'Introduction de son œuvre (I, 4). Il leur reproche principalement de ne pas procurer une vue d'ensemble de l'histoire. Et, pour mieux se faire entendre, il transpose de l'histoire à la géographie, comparant l'étude des monographies à la visite des villes les plus fameuses ou à la lecture de leur description ou à la contemplation de leur tableau : même multipliées à l'infini, visites, lectures, contemplations ne permettent pas d'avoir une vue de l'ensemble du monde (I, 4, 6) ; d'une autre manière, mais cette fois très crue, il transpose de l'histoire proprement dite à l'histoire naturelle, comparant l'étude des monographies à l'examen des membres dispersés qui ne permet pas d'avoir une vue de l'ensemble du corps, ni *a fortiori* du corps dans toute sa vitalité et toute sa beauté (I, 4, 7-8) [8] : il est possible de se faire une idée du tout d'après les parties, mais non d'en avoir la science et la conscience exactes [9]. Il en va de même des histoires particulières qui ne contribuent guère à la connaissance sûre et certaine de l'histoire universelle [10].

Polybe reprend et précise cette critique, en donnant des exemples tirés de l'histoire elle-même (VIII, 2). Les monographies ne permettent pas d'avoir une vue de l'organisation des faits dans leur ensemble (τὴν τῶν ὅλων οἰκονομίαν, VIII, 2, 2) [11] : si l'on lit une histoire de Sicile ou une histoire d'Ibérie, il n'est pas possible d'avoir conscience de l'importance des événements et l'on passe à côté de l'essentiel à savoir comprendre « de quelle façon et grâce à quelle forme de gouvernement (τίνι τρόπῳ καὶ τίνι γένει πολιτείας, VIII, 2, 3) la Fortune a

7. *Ibid.* : τὴν δὲ καθόλου καὶ συλλήβδην οἰκονομίαν τῶν γεγονότων, πότε καὶ πόθεν ὡρμήθη καὶ πῶς ἔσχε τὴν συντέλειαν...

8. L'image est récurrente : cf. *infra*, p. 55, où l'histoire universelle est présentée comme un tout organique (σωματοειδῆ, I, 3, 4).

9. Polybe oppose ἔννοιαν à ἐπιστήμην καὶ γνώμην ἀτρεκῆ (I, 4, 9).

10. Polybe oppose τὴν τῶν ὅλων ἱστορίαν à τὴν τῶν ὅλων ἐμπειρίαν καὶ πίστιν (I, 4, 10).

11. On retrouve de même à IX, 44, 2 la formule τὴν τῶν ὅλων οἰκονομίαν. C'est, selon Polybe, « le plus beau spectacle qui soit », τὸ κάλλιστον θέαμα τῶν γεγονότων.

accompli de notre temps son œuvre la plus extraordinaire » [12], c'est-à-dire « soumettre à l'autorité d'une domination unique [celle de Rome] toutes les parties connues du monde, fait auquel on ne trouve pas de précédent » [13]. Les monographies permettent de savoir jusqu'à un certain point comment les Romains se sont emparés de la Sicile ou de l'Ibérie, mais non comment ils sont parvenus à l'empire universel (τῆς ἁπάντων ἡγεμονίας, VIII, 2, 6), ce que seule permet de saisir l'histoire universelle (τῆς καθόλου τῶν πράξεων ἱστορίας, *ibid.*) [14].

Polybe argumente donc ainsi contre ceux qui par la composition de monographies (διὰ τῆς τῶν κατὰ μέρος συντάξεως, VIII, 2, 11) estiment faire connaître l'histoire universelle et commune (τῆς καθολικῆς καὶ κοινῆς ἱστορίας, *ibid.*). Mais il mène une autre critique en règle (III, 32). Premièrement, les histoires particulières ont l'inconvénient d'être nombreuses, plus nombreuses que les livres d'une histoire universelle : elles sont plus difficiles à acquérir, étant donné qu'elles sont éparses, et elles reviennent très cher ; et elles sont moins faciles à lire, parce qu'elles partent dans tous les sens, ne suivent pas un seul et même fil. Deuxièmement, elles ne sont d'aucune utilité : d'une part, elles se contredisent les unes les autres ; d'autre part, elles laissent de côté « les synchronismes » (τὰς καταλλήλους τῶν πράξεων, III, 32, 5), elles ne considèrent ni n'appréhendent les événements à la lumière de rapprochements (ἐκ παραθέσεως, *ibid.*) avec les autres, mais les examinent séparément et donc ne les interprètent pas correctement ; d'autre part, elles passent à côté de ce qu'il y a de plus important, de ce qui est proprement indispensable, en s'intéressant aux événements en soi, indépendamment de leurs effets, de leur contexte, c'est-à-dire des circonstances concomitantes, et par-dessus tout de leurs causes. Polybe, remontant justement de cause en cause, donne comme exemple la série suivante (III, 32, 7) : la guerre de Persée trouve son origine dans la guerre d'Antiochos, qui trouve son origine dans celle de Philippe, qui trouve son origine dans celle d'Hannibal, qui trouve son origine dans celle de Sicile. Ainsi toutes ces guerres qui

12. VIII, 2, 3 : ... τὸ παραδοξότατον καθ' ἡμᾶς ἔργον ἡ τύχη συνετέλεσεν. Cette idée se trouve exprimée de même à I, 1, 5 ; 4, 5 ; VI, 2, 7.

13. VIII, 2, 4 : πάντα τὰ γνωριζόμενα μέρη τῆς οἰκουμένης ὑπὸ μίαν ἀρχὴν καὶ δυναστείαν ἀγαγεῖν, ὃ πρότερον οὐχ εὑρίσκεται γεγονός. Cette idée se trouve exprimée presque dans les mêmes termes à I, 1, 5 ; VI, 2, 3 ; XXXIX, 8, 7. Cf. p. 5 avec n. 18.

14. De même, seule l'histoire universelle permet de prendre conscience de la grandeur de leurs exploits et de la valeur de leurs institutions : qu'ils se soient emparés ici de la Sicile, là de l'Ibérie, isolément, ce n'est guère étonnant, mais qu'ils se soient battus sur tous les fronts en même temps, non seulement en Sicile et en Ibérie, mais ailleurs sur d'autres fronts et en Italie même, c'est un exploit étonnant (*ibid.*).

découlent les unes des autres tendent vers une même fin (ce que seuls sont susceptibles de montrer les auteurs d'histoire universelle τῶν γραφόντων καθόλου, III, 32, 8). Ainsi une guerre, comme celle de Philippe ou celle de Persée par exemple, ne saurait se comprendre en soi, indépendamment de la guerre qu'elle a générée et de celle qui l'a générée ; de même le récit d'une bataille rangée ne permet pas de connaître clairement et nettement l'économie et l'ordonnancement de la guerre tout entière.

Enfin Polybe, à plusieurs reprises [15], poursuit de ses sarcasmes les auteurs de monographies qui sont contraints par la pauvreté de leur matière de mentionner ce qui ne mériterait pas de l'être, de grossir ce qui n'est que détail, de faire du remplissage pour le moins superflu, d'enrichir leurs insignifiantes et oiseuses descriptions et narrations, etc. Ils faussent donc la vue d'ensemble en introduisant des disproportions graves [16].

C'est ainsi que Polybe a été amené à écrire une histoire universelle. A l'heure du bilan, dans la Conclusion de son œuvre, il rappelle volontiers qu'il a parcouru « l'histoire commune au monde entier » (τὰς κοινὰς τῆς οἰκουμένης πράξεις, XXXIX, 8, 6). De fait, sa motivation est double : premièrement, montrer au lecteur en une seule *synopsis*, en une seule vue synthétique (ὑπὸ μίαν σύνοψιν, I, 4, 1), comment la Fortune a contraint presque tous les événements du monde à s'incliner dans une seule direction, à pencher tous vers un seul et même but [17] et comment elle s'y est prise, comment elle a procédé pour réaliser le déroulement universel des événements (πρὸς τὴν τῶν ὅλων πραγμάτων συντέλειαν, *ibid.*) ; deuxièmement, combler la lacune laissée par les autres historiens contemporains qui n'ont pas eu le courage de faire de l'histoire universelle (I, 4, 2-4).

2. Quelle histoire universelle ? L'histoire universelle pragmatique

Polybe entreprend donc de faire, à la différence de ses devanciers, non une histoire (οὔ τινας πράξεις), comme celle des Grecs ou des

15. Cf. en particulier VII, 7, 6-7 et XXIX, 12, 1-6.

16. Seule l'histoire universelle est à même de rétablir les proportions, en redonnant à chaque fait la place qui est la sienne : τὸν καθήκοντα λόγον ἑκάστοις (XXIX, 12, 6).

17. Cf. *supra* p. 49 avec n. 13 : cette fin unique c'est la domination du monde par Rome.

Perses, mais simultanément (ὁμοῦ) l'histoire des parties connues du monde habité (τὰς ἐν τοῖς γνωριζομένοις μέρεσι τῆς οἰκουμένης, II, 37, 4) ; son objectif est de rapporter non quelques faits (οὔ τινα), mais les faits qui se sont produits chez tous les hommes (τὰ δὲ παρὰ πᾶσι γεγονότα), c'est-à-dire une histoire universelle (V, 31, 6).

Il a conscience de l'originalité (τὸ παράδοξον, I, 1, 4 et 2, 1 ou τὸ ἴδιον, I, 4, 1) et de la grandeur (τὸ μέγα, I, 1, 4) de son projet. Non seulement il est le seul auteur qui entreprenne une histoire d'une telle envergure, mais en outre il ne fait pas bêtement l'histoire de toutes les parties du monde dans tous les temps. Il prend soin, d'emblée, dans l'Introduction, de centrer son histoire universelle autour d'une problématique, ce qui lui confère une unité et éveille l'intérêt : « comment et par quelle sorte de constitution le monde habité presque tout entier fut vaincu et tomba en moins de cinquante-trois ans sous une seule autorité, celle des Romains, fait auquel on ne trouve pas de précédent ? » (I, 1, 5) [18]. Le sujet est derechef énoncé dans la προέκθεσις, l'exposé préliminaire du livre III. L'auteur insiste sur l'unité de son sujet : « Une unique action, un spectacle unique constituent la totalité du sujet sur lequel nous avons entrepris d'écrire, à savoir comment, quand et pourquoi toutes les parties connues de la terre habitée sont tombées au pouvoir des Romains » (III, 1, 4) [19]. Si les *Histoires* n'ont pas de limites dans l'espace (l'ensemble de l'œkoumène), en revanche

18. I, 1, 5 : ... γνῶναι πῶς καὶ τίνι γένει πολιτείας ἐπικρατηθέντα σχεδὸν ἅπαντα τὰ κατὰ τὴν οἰκουμένην ἐν οὐχ ὅλοις πεντήκοντα καὶ τρισὶν ἔτεσιν ὑπὸ μίαν ἀρχὴν ἔπεσε τὴν Ῥωμαίων ; ὃ πρότερον οὐχ εὑρίσκεται γεγονός. Polybe s'est cité lui-même presque mot à mot au livre VI et dans la Conclusion : selon lui, la tâche la plus belle et la plus utile est de « comprendre (et reconnaître) comment, par quelle sorte de constitution le monde habité presque tout entier fut vaincu et tomba en moins de cinquante-trois ans sous une seule autorité, celle de Rome, fait auquel on ne trouve pas de précédent » (... γνῶναι καὶ μαθεῖν πῶς καὶ τίνι γένει πολιτείας ἐπικρατηθέντα σχεδὸν πάντα τὰ κατὰ τὴν οἰκουμένην ἐν οὐδ' ὅλοις πεντήκοντα καὶ τρισὶν ἔτεσιν ὑπὸ μίαν ἀρχὴν τὴν Ῥωμαίων ἔπεσεν, ὃ πρότερον οὐχ εὑρίσκεται γεγονός, VI, 2, 3 ; ... γνῶναι πῶς καὶ τίνι γένει πολιτείας ἐπικρατηθέντα σχεδὸν ἅπαντα τὰ κατὰ τὴν οἰκουμένην ὑπὸ μίαν ἀρχὴν ἔπεσε τῶν Ῥωμαίων, ὃ πρότερον οὐχ εὑρίσκεται γεγονός, XXXIX, 8, 7).

19. III, 1, 4 : Ὄντος γὰρ ἑνὸς ἔργου καὶ θεάματος ἑνὸς τοῦ σύμπαντος, ὑπὲρ τούτου γράφειν ἐπικεχειρήκαμεν, τοῦ πῶς καὶ πότε καὶ διὰ τί πάντα τὰ γνωριζόμενα μέρη τῆς οἰκουμένης ὑπὸ τὴν Ῥωμαίων δυναστείαν ἐγένετο. Polybe, qui prévoit des objections, compare immédiatement l'empire des Romains à tous les précédents et conclut en faveur des Romains : « en soumettant non pas quelques parties mais presque la totalité du monde habité (οὔ τινα μέρη, σχεδὸν δὲ πᾶσαν πεποιημένοι τὴν οἰκουμένην ὑπήκοον αὑτοῖς), ils ont laissé une puissance si étendue qu'il est impossible à nos contemporains de lui résister et à nos descendants de la dépasser » (I, 2, 7). Le passage est corrompu dans la tradition manuscrite et a été diversement restitué, mais le sens global ne fait guère de doute.

elles en ont dans le temps (cinquante-trois années), à tel point que l'on est en droit de se demander s'il s'agit vraiment d'une histoire universelle, censée couvrir non seulement la totalité des parties du monde, mais la totalité des générations et des temps. Pourtant, il n'y a pas de doute à avoir : l'histoire polybienne est vraiment une histoire universelle, mais une histoire universelle pragmatique, car Polybe prétend faire de l'« histoire pragmatique » [20].

Il ne s'agit pas de procéder à une exégèse [21] de l'« histoire pragmatique » ou du « genre pragmatique », mais de comprendre ce qu'elle ou il implique. Polybe distingue trois genres d'histoires qui sont les suivants (IX, 1, 4) : 1. ὁ γενεαλογικὸς τρόπος, « le genre généalogique » ; 2. ὁ περὶ τὰς ἀποικίας καὶ κτίσεις καὶ συγγενείας, « celui qui concerne les émigrations, les fondations, les parentés » ; 3. ὁ περὶ τὰς πράξεις τῶν ἐθνῶν καὶ πόλεων καὶ δυναστῶν, « celui qui concerne les actions des peuples, des cités et des princes ». En écho à cette typologie, on trouve aussi pour les deux premiers les formulations suivantes (IX, 2, 1) : τά τε περὶ τὰς γενεαλογίας καὶ μύθους, « ce qui concerne les généalogies et les mythes », καὶ περὶ τὰς ἀποικίας, ἔτι δὲ συγγενείας καὶ κτίσεις, « ce qui concerne les émigrations et, en outre, les parentés et les fondations » ; et on trouve encore pour le troisième la formulation suivante (IX, 2, 4) : ὁ πραγματικὸς τρόπος, « le genre pragmatique ».

Ces trois genres correspondent à un ordre chronologique. Le premier traite des généalogies des dieux et des héros ou demi-dieux et, par conséquent, de leurs exploits : c'est la mythologie. Le second traite de la colonisation, période intermédiaire qui participe pour

20. C'est ce que montrent en particulier les six textes suivants : 1. « à partir de mon livre, il sera possible... également d'évaluer combien et à quel point le genre de l'histoire pragmatique (ὁ τῆς πραγματικῆς ἱστορίας τρόπος) est fait par nature pour ceux qui aiment l'étude » (I, 2, 8) ; 2. « il faut considérer comme la meilleure éducation à la vie vraie la science tirée de l'histoire pragmatique (ἐκ τῆς πραγματικῆς ἱστορίας) » (I, 35, 9) ; 3. nous devons éviter telle ou telle digression géographique, entre autres motifs, « parce que nous ne voulons ni interrompre à chaque instant notre narration, ni détourner du sujet pragmatique (ἀπὸ τῆς πραγματικῆς ὑποθέσεως) ceux qui en aiment la lecture » (III, 57, 4) ; 4. du cycle des régimes, « seul ce que nous estimons convenir à l'histoire pragmatique (πρὸς τὴν πραγματικὴν ἱστορίαν) et au sens commun, nous essaierons de l'exposer sommairement » (VI, 5, 2) ; 5. « j'ai choisi le genre pragmatique (ὁ δὲ πραγματικὸς τρόπος) » (IX, 2, 4) ; 6. de la Fortune (τύχη) et du Destin (εἱμαρμένη), « je veux maintenant donner des explications à ce sujet pour autant que le genre de l'histoire pragmatique (ὁ τῆς πραγματικῆς ἱστορίας τρόπος) les reçoive » (XXXVI, 17, 1).

21. Pour un état de la question de la Renaissance jusqu'au XXe siècle, cf. P. Pédech, *La méthode historique de Polybe*, Paris, 1964, p. 22-26.

moitié de la mythologie, pour moitié de l'histoire [22]. Le troisième est l'histoireproprement dite, celle des « actions » (πράξεις), des « faits » (πράγματα), d'où son nom d'histoire « pragmatique » ; c'est l'histoire récente et contemporaine.

Polybe, en tant qu'historien rationaliste, fait exclusivement de l'histoire pragmatique, parce que seule elle procède suivant une méthode scientifique à partir de documents écrits et de témoignages oraux, et prohibe le merveilleux mythologique propre aux généalogies et même aux colonisations. En outre, les deux premiers genres condamnent l'historien à plagier, recopier honteusement et vainement ses prédécesseurs, tandis que le troisième lui permet de faire une œuvre vraiment originale et fort utile [23]. L'histoire pragmatique est la seule à proposer un quadruple profit, tant intellectuel que moral, politique et militaire [24]. Elle a l'avantage de proposer des

22. Et Polybe mentionne ici Éphore comme auteur particulièrement représentatif de ce genre (IX, 1, 4). De même Timée s'est acquis sa réputation en particulier « à partir de ses discussions concernant les émigrations, les fondations et les parentés » (περὶ τὰς ἀποικίας καὶ κτίσεις καὶ συγγενείας, XII, 26d, 2).

23. Polybe justifie son choix par les deux raisons négatives suivantes. Les deux premiers genres proposent des sujets rebattus : « puisque beaucoup (πολλῶν) d'auteurs ont de beaucoup (πολλαχῶς) de manières énuméré » (IX, 2, 1) ces thèmes relatifs à la mythologie et à la colonisation, il n'y a moyen de renouveler ni le fond ni la forme. Dès lors l'historien se trouve dans une impasse : « celui qui traite de ces questions aujourd'hui doit ou présenter le travail d'autrui (τὰ ἀλλότρια) comme étant de lui (ὡς ἴδια), chose la plus honteuse au monde, ou, s'il ne le veut pas, faire un travail évidemment inutile (προδήλως ματαιοπονεῖν), étant donné que de son propre aveu il compose et réfléchit sur des questions que ses prédécesseurs ont suffisamment révélées et transmises à la postérité » (IX, 2, 2). En résumé, Polybe a « laissé ces questions de côté pour ces motifs et pour plusieurs autres » (IX, 2, 3).

Et Polybe justifie son choix par les deux raisons positives suivantes. Le troisième genre propose des sujets renouvelés quant au fond et quant à la forme. Si le Mégalopolitain a retenu le genre pragmatique, c'est « premièrement parce qu'il se renouvelle (καινοποιεῖσθαι) constamment et demande une narration renouvelée (καινῆς), du fait qu'il n'était pas à la portée des Anciens de nous raconter les actions ultérieures » (IX, 2, 4). Et le troisième genre propose des sujets utiles. Si le Mégalopolitain a retenu le genre pragmatique, c'est « deuxièmement parce qu'il était le plus profitable (ὠφελιμώτατον) de tous même auparavant, mais en particulier aujourd'hui, du fait que les sciences et les techniques ont tellement progressé de notre temps que ceux qui aiment l'étude peuvent traiter pour ainsi dire méthodiquement tout événement issu de la conjoncture » (IX, 2, 5). Outre cette belle profession de foi en l'avancée du savoir et du savoir-faire humains, il faut retenir l'idée d'utile sous-jacente, à laquelle l'auteur revient une autre fois : « c'est pourquoi, nous, comme nous visons non pas tant le plaisir des lecteurs à venir que le profit (ὠφελείας) de ceux qui appliquent leur attention, nous avons été conduit vers cette partie de l'histoire, en laissant les autres de côté » (IX, 2, 6).

24. Un profit militaire : « les stratagèmes tirés de l'histoire » (I, 57, 5). Un profit politique et moral : « le savoir tiré de l'histoire est l'éducation et la formation le plus

exemplesindividuels ou collectifs récents à imiter ou à ne pas imiter [25]. Et elle permet grâce à un passé récent d'avoir prise sur l'avenir proche : « si nous transposons les situations identiques dans les temps où nous vivons, nous en tirons des renseignements et des anticipations qui permettent de prévoir l'avenir, et tantôt de prendre des précautions, tantôt, en imitant le passé, de faire face avec plus de fermeté aux événements futurs » (XII, 25b, 3) [26]. En fait, elle vise « l'homme d'État » (τὸν... πολιτικόν, IX, 1, 4), l'élite intellectuelle, morale, sociale, des chefs politiques et militaires des peuples, des cités, des royaumes, qu'elle contribue ainsi à former.

En somme, l'histoire pragmatique est la partie de l'histoire la plus importante par le sujet qu'elle traite et la plus intéressante du fait qu'elle ne cesse de se renouveler. C'est même l'histoire véritable, l'histoire par excellence, qui s'adresse à l'élite, avec les visées et les méthodes les plus nobles. Polybe fait donc logiquement de l'histoire universelle pragmatique.

---

vraies pour l'action politique, et la mémoire des vicissitudes d'autrui est le maître le plus évident et exceptionnel qui donne de pouvoir supporter noblement les revirements de la Fortune » (I, 1, 2), ce dont la carrière et la destinée de Polybe lui-même seraient un excellent exemple ; le sort de Regulus est l'occasion d'exprimer la même idée (I, 35, 9) ; de même, les historiens des guerres médiques et des guerres celtes (invasions des Perses en Grèce, des Galates jusqu'à Delphes), « en nous en transmettant la mémoire, n'ont pas été d'une petite mais d'une grande utilité, je crois, dans les luttes pour la liberté commune des Grecs » (II, 35, 7). Un profit politique, moral et intellectuel : à propos du livre VI consacré à la constitution romaine, « un exposé sur ce sujet est non seulement à sa place dans un traité d'histoire, mais aussi d'une grande utilité pour les hommes d'étude comme pour les hommes d'action dans la réforme ou l'établissement des institutions » (III, 118, 12).

25. Pour les exemples individuels : à propos de Philippe V dont le caractère se dégrade, « cela me semble un exemple très frappant pour ceux des hommes d'action qui veulent aussi un tant soit peu tirer une leçon de l'histoire » (VII, 11, 2) ; Achaïos, par sa destinée, « représente un exemple qui n'est pas inutile pour la postérité » (VIII, 21, 10) ; s'agissant des hommes exemplaires, « il est naturel que le livre qui traite d'eux soit utile à l'édification des lecteurs » (X, 21, 4). Quant aux exemples collectifs : à propos de la cité d'Abydos résistant à Philippe V, « de même que nous faisons l'éloge, à titre individuel, des héros dans notre livre, de la même manière il faut aussi faire mention, à titre collectif, de l'héroïsme de toutes les cités qui, par tradition et par principe, ont coutume d'agir noblement » (XVI, 22a, 7).

26. A propos des trois partis grecs anti-romains, « il serait utile d'examiner les choix des hommes politiques dans chaque État et de savoir lesquels paraîtront avoir agi selon la raison, lesquels avoir manqué à leur devoir, afin que leurs successeurs, comme si des exemples étaient donnés, puissent dans des circonstances identiques vraiment poursuivre ce qui mérite d'être choisi et fuir ce qui mérite d'être fui, et à la fin de leur vie ne pas détourner leur regard de ce qu'il sied de faire ni discréditer les actions de leur existence passée » (XXX, 6, 3-4).

3. Limitation, puis extension du sujet

Si l'histoire universelle pragmatique n'a pas de limites spatiales, si elle fait l'histoire de toutes les parties du monde, en revanche elle a des limites temporelles, elle ne fait pas l'histoire de toutes les générations ni de tous les temps. Polybe se limite à l'histoire de cinquante-trois années, en gros l'histoire de deux générations, la sienne propre et celle de son maître Philopœmen ou de son père Lycortas. Les cinquante-trois ans vont de 220 à 168, le temps qu'il a fallu à Rome pour soumettre le monde [27], temps qui « renferme des événements plus nombreux et plus importants que personne n'en a jamais embrassé dans le passé, en autant d'années » [28].

L'ἀρχή ou point de départ

Polybe justifie d'emblée, dans l'Introduction des *Histoires*, son point de départ, la 140e olympiade (220-216), par l'importance historique de cette date : en Grèce, c'est le début de la guerre dite des Alliés, menée par Philippe V de Macédoine et ses alliés (Achéens et autres) contre les Étoliens ; en Asie, c'est le début de la guerre de Cœlé-Syrie qui met aux prises Antiochos III et Ptolémée IV ; en Italie et en Libye (c'est-à-dire l'Afrique), c'est la guerre dite d'Hannibal ou deuxième guerre punique (I, 3, 1-2). En outre, Polybe précise que ces événements font suite à ceux qui terminent l'ouvrage d'Aratos de Sicyone [29].

Selon Polybe, c'est à cette date que tout bascule, que l'on passe d'une histoire du monde en quelque sorte compartimentée et dispersée à un tout organique (σωματοειδῆ, I, 3, 4) : jusqu'alors les entreprises de conquête ainsi que les théâtres d'opération étaient séparés ; il n'y avait unité ni de conception, ni d'exécution, ni de lieu ; mais à partir de cette date les histoires d'Italie et de Libye s'entremêlent (συμπλέκεσθαι, *ibid.*) avec celles d'Asie et de Grèce ; et l'ensemble tend

27. Et même en moins de 53 ans. Polybe y revient à maintes reprises : I, 1, 5 ; III, 1, 4-9 ; VI, 2, 3 ; VIII, 2, 3. Cf. de même III, 3, 9 ; XXXIX, 8, 7. Polybe ne suggère-t-il pas un parallèle avec une autre pentécontaétie, celle d'Athènes et donc un parallèle entre la puissance athénienne du ve siècle et la puissance romaine du iie siècle ?

28. III, 1, 9-10 : ... χρόνον δὲ τὸν μεταξὺ τῆς ἀρχῆς καὶ τοῦ τέλους ἔτη πεντήκοντα τρία, περιέχεσθαι δ' ἐν τούτῳ τηλικαύτας καὶ τοιαύτας πράξεις, ὅσας οὐδεὶς τῶν προγεγονότων καιρῶν ἐν ἴσῳ περιέλαβε διαστήματι.

29. I, 3, 2 : Ταῦτα δ' ἐστὶ συνεχῆ τοῖς τελευταίοις τῆς 'Αράτου Σικυωνίου συντάξεως. Polybe se présente, pour l'histoire de la Grèce, en continuateur d'Aratos de Sicyone, dont les *Mémoires* s'étendaient jusqu'à cette date justement.

vers une seule fin ; car les Romains, une fois vainqueurs des Carthaginois, conscients d'avoir franchi l'étape la plus importante sur la voie de la domination universelle, ont alors l'audace de passer pour la première fois avec des armées en Grèce et en Asie (I, 3, 4-6).

Polybe fixe même très précisément le lieu et la date de la συμπλοκή, entrelacement, intrication, à la conférence de Naupacte, en 217, qui met fin à la guerre des Alliés (V, 105, 4-8) : « C'est à cette occasion et lors de cette conférence que s'entremêlèrent pour la première fois l'histoire de Grèce, celle d'Italie et en outre celle de Libye. » [30] A la suite de Trasimène (printemps 217), Philippe, les Achéens et les autres alliés font la paix avec les Étoliens à Naupacte (été 217) pour avoir les mains libres du côté de l'Italie. Dans un premier temps, Philippe et les Grecs dirigent des regards concupiscents vers l'Occident, cherchant à s'emparer de l'Italie ; dans un second temps, les Insulaires et les Anatoliens, en conflit avec les souverains hellénistiques, dirigent des regards suppliants vers l'Occident, cherchant le secours de Carthage ou Rome. De même, les Romains, dans la situation qui est la leur, menacés par Philippe, ne cessent de regarder en direction de l'Orient, cherchant une alliance avec les Grecs. Ainsi, Polybe considère son contrat comme rempli : suivant sa promesse initiale (I, 1, 5), il a montré « quand, comment et pour quelles causes l'histoire de la Grèce s'est mêlée à celle de l'Italie et celle de la Libye » (V, 105, 9) [31].

Mais cette histoire universelle proprement dite, entreprise à partir de 220, ne commence en fait qu'au livre III. Polybe préfère consacrer les deux premiers livres à une Introduction qui permette au lecteur de mieux connaître Rome et Carthage : c'est la προκατασκευή (I, 3, 10). C'est ce que Polybe rappelle dans la Conclusion des *Histoires* : il a pris la suite de Timée, reprenant les choses là où il les avait laissées [32], parcouru sommairement (ἐπιδραμόντες δὲ κεφαλαιωδῶς, XXXIX, 8, 5) l'histoire d'Italie, de Sicile, de Libye (ce sont les livres I et II) et, une fois parvenu à la fin de la 139e olympiade (au cours de laquelle Hannibal prend le commandement en Ibérie, Cléomène

30. V, 105, 4 : Τὰς μὲν οὖν Ἑλληνικὰς καὶ τὰς Ἰταλικάς, ἔτι δὲ τὰς Λιβυκὰς πράξεις οὗτος ὁ καιρὸς καὶ τοῦτο τὸ διαβούλιον συνέπλεξε πρῶτον.

31. V, 105, 9 : ... πότε καὶ πῶς καὶ δι' ἃς αἰτίας αἱ κατὰ τὴν Ἑλλάδα πράξεις συνεπλάκησαν ταῖς Ἰταλικαῖς καὶ Λιβυκαῖς...

32. Polybe se présente, pour l'histoire de l'Occident, en continuateur de Timée dont les *Histoires* s'étendaient jusqu'à cette date justement : « ce livre-ci (le livre I) continue les événements par où Timée a fini » (αὕτη [= ἡ βίβλος] δ' ἐστὶν συνεχὴς μὲν τοῖς ἀφ' ὧν Τίμαιος ἀπέλιπεν, I, 5, 1) ; comme Polybe commence avec la 129e olympiade (264 à 260), cela suppose que Timée poussait jusqu'à la 128e olympiade (268 à 264).

vaincu quitte Sparte pour l'exil, Philippe V devient roi de Macédoine, Antiochos III roi de Syrie, Ptolémée IV roi d'Égypte) [33], il prend un nouveau point de départ (πάλιν ἀπὸ τούτων τῶν καιρῶν ἀρχόμενοι, XXXIX, 8, 6) avec le début de la 140ᵉ olympiade.

Le livre I prend pour point de départ la 129ᵉ olympiade (264-260), c'est-à-dire le premier passage des Romains hors d'Italie et le début de la guerre dite de Sicile ou première guerre punique. Mais pourquoi et comment les Romains ont-ils été amenés à passer en Sicile, en 264 ? Polybe est obligé de remonter de cause en cause et son point de départ risque de se diluer, de devenir inconsistant et insaisissable. C'est pourquoi, il se fixe un *terminus*, un point de départ chronologique connu et reconnu de tout le monde, condition indispensable pour être suivi du lecteur et trouver crédit auprès de lui. Cette date, point de départ absolu, année zéro en quelque sorte, c'est la prise de Rome par les Gaulois, à savoir 387/386, date à partir de laquelle Rome, tel le phénix, va renaître de ses cendres [34].

De là, en redescendant, il retrace brièvement les étapes de la conquête de l'Italie par les Romains (I, 6), puis l'affaire des Mamertins qui provoque le passage des Romains en Sicile (I, 7 à 12). Il résume alors brièvement (I, 13) sa προκατασκευή qui va comporter successivement au livre I la guerre de Sicile ou première guerre punique (I, 16 à 64) et la guerre de Libye ou guerre des Mercenaires (I, 65 à 88) ; au livre II, simultanément les opérations d'Hamilcar et de son gendre Hasdrubal en Ibérie (II, 1 et 13 et 36), le passage des Romains en Illyrie (II, 2-12), les guerres des Romains contre les Gaulois (II, 14-35), la guerre dite de Cléomène, en Grèce (II, 37-71). Polybe rapporte sommairement ces événements, à titre de προκατασκευή, d'introduction aux événements dont il fera à proprement parler l'historique, à partir du livre III. Néanmoins, il se réserve le droit de traiter plus longuement de la première guerre punique étant donné son ampleur, sa durée, son importance historique. Pour les guerres gauloises, il remonte de même à la prise de Rome par les Gaulois, à savoir 387/386 (II, 18 sq.). Quant à la guerre de Cléomène — guerre des Lacédémoniens et des Étoliens contre les Macédoniens et les Achéens —, il croit bon de faire un historique de la Confédération achéenne, sa propre patrie, première puissance en Grèce de son temps, évoque quelques événements glorieux des vᵉ et ivᵉ siècles (II, 38-40), puis retrace les étapes de sa renaissance (II, 41-44) à partir de la 124ᵉ olympiade (284-280).

33. A rapprocher de II, 70-71 (cf. p. 58 avec n. 35) ; et de IV, 2 (cf. p. 59 avec n. 40).

34. De même qu'en 216, au lendemain de Cannes, Rome va renaître de ses cendres.

Une autre justification du découpage des événements et du choix de la 140e olympiade comme point de départ, c'est le changement presque simultané de souverains dans les royaumes hellénistiques au cours de la 139e olympiade (II, 70-71) : en Macédoine, le régent Antigonos Dôsôn meurt de maladie, Philippe V lui succède en 221 ; en Égypte, Ptolémée III meurt de maladie, son fils Ptolémée IV lui succède en 221 ; en Syrie, Séleucos III périt assassiné, son frère Antiochos III lui succède en 223 [35].

Polybe, comme tous les historiens, a fait l'éloge de son sujet (à I, 1), mais il va même jusqu'à faire l'éloge de son point de départ (à IV, 2), ce qui est tout à fait original et montre combien cette ἀρχή lui tient à cœur et combien il en est fier. Il estime effectivement que c'est une « excellente base de départ » (καλλίστην ὑπόστασιν, IV, 2, 1) et ce pour trois raisons. Premièrement, il prend ainsi la suite de l'histoire d'Aratos [36], le héros qui est à l'origine de la grandeur de la Confédération achéenne. Deuxièmement, il fait ainsi l'histoire des deux dernières générations, la sienne et celle de son maître Philopœmen ou de son père Lycortas [37], c'est-à-dire qu'il fait de l'histoire contemporaine, la seule qui soit fiable et valable, étant donné qu'il en a lui-même été le témoin ou qu'il en a eu connaissance par des témoins directs [38] ; s'il remontait au-delà, s'en remettant aux témoins indirects, à l'ouï-dire en quelque sorte (ὡς ἀκοὴν ἐξ ἀκοῆς γράφειν, IV, 2, 3), il n'aurait aucune certitude dans ses explications ni dans ses jugements [39]. Troisièmement, à cette date, la Fortune a renouvelé la face du monde : Philippe V, fils de Démétrios II, devient roi de Macédoine (221) ; Achéos, maître de l'Anatolie, obtient la prérogative et la puissance royales (*ca* 220) ; Antiochos III devient roi de Syrie (223) ; Ariarathe IV devient roi de Cappadoce (*ca* 220) ; Ptolémée IV devient roi d'Égypte (221) ; Lycurgue devient roi de Lacédémone (*ca* 220) ; Hannibal prend la tête de l'Ibérie (220). Un tel renouvellement du personnel à la tête des États est naturellement le point de départ de

35. A rapprocher de XXXIX, 8, 6 (cf. p. 57 avec n. 33) et IV, 2 (cf. p. 59 avec n. 40). En outre, Polybe fait un parallèle avec la 124e olympiade (284-280) qui a vu la mort de Ptolémée Ier, Séleucos Ier et Lysimaque (II, 71, 5-6).

36. IV, 2, 1 : ... τὴν Ἀράτου σύνταξιν ἐπὶ τούτους καταστρέφειν τοὺς καιρούς, οἷς συνάπτοντες τὴν διήγησιν τὸν ἀκόλουθον ὑπὲρ τῶν Ἑλλήνων ἀποδιδόναι προῃρήμεθα τὸν λόγον. Il s'agit des *Mémoires* d'Aratos qui s'étendaient donc jusqu'à la 139e olympiade. Cf. I, 3, 2 et *supra* p. 55 avec n. 29. C'est une tradition chez les historiens grecs que de continuer un devancier : ainsi Xénophon prétendait-il poursuivre Thucydide.

37. IV, 2, 2 : ... τοὺς μὲν καθ' ἡμᾶς... τοὺς δὲ κατὰ τοὺς πατέρας ἡμῶν...

38. *Ibid.* : ... ἐξ οὗ συμβαίνει τοῖς μὲν (χρόνοις) αὐτοὺς ἡμᾶς παραγεγονέναι, τὰ δὲ παρὰ τῶν ἑορακότων ἀκηκοέναι.

39. IV, 2, 2 : ... ἀσφαλεῖς ἔχειν οὔτε τὰς διαλήψεις οὔτε τὰς ἀποφάσεις.

nouveaux événements, renouvelle l'histoire [40] : c'est ainsi qu'éclatent effectivement la deuxième guerre punique, la guerre de Cœlé-Syrie, la guerre des Alliés.

Le τέλος ou point d'aboutissement

Polybe a abondamment explicité et justifié le point de départ des *Histoires*, mais non le point d'aboutissement. L'inégalité de traitement est criante : le Mégalopolitain prête une importance extrême au point de départ, avouant implicitement la quasi-insignifiance du point d'aboutissement. C'est que l'une des tâches essentielles de l'historien consiste à remonter dans le temps et à chercher une ἀρχή qui donne son sens à l'histoire, alors que le τέλος, lui, est tout trouvé dans la mesure où il est fourni d'emblée par l'actualité. Polybe ne revient au τέλος que dans la προέκθεσις, l'exposé préliminaire du livre III : il rappelle le point de départ, l'année 220, c'est-à-dire le début des guerres susdites (guerre d'Hannibal, guerre des Alliés, guerre de Cœlé-Syrie), mais précise cette fois la date du dénouement (καταστροφήν), le point d'aboutissement (συντέλειαν) des *Histoires*, c'est-à-dire l'année 168, marquée par la fin de la guerre dite de Persée et donc la chute de la maison de Macédoine (III, 1, 9), qui marque implicitement, selon lui, le terme de la conquête, de la soumission du monde. Alors que l'ἀρχή est un absolu qui demeure inchangé de la première à la deuxième version des *Histoires*, le τέλος est arbitraire, de l'ordre du conventionnel, du relatif : il évolue, fluctue et, dans la dernière mouture des *Histoires*, est fixé par Polybe à la prise de Carthage et la bataille de l'Isthme entre Achéens et Romains (146), avec la réorganisation qui s'ensuit pour les Grecs (XXXIX, 8, 6).

Le programme initial

Polybe, dans la προέκθεσις du livre III, se vante d'avoir su circonscrire son sujet : « le point de départ de cette histoire étant connu, la durée délimitée et l'aboutissement unanimement reconnu... » (III, 1, 5), et d'avoir su donner une idée de l'ensemble de son entreprise et, à partir de là, du détail de son entreprise ; mais estimant que ce n'est pas suffisant, il présente en outre le sommaire de son ouvrage pour permettre au lecteur de se faire une meilleure idée

40. IV, 2, 10 : Οὕτως δὲ τοιαύτης περὶ πάσας τὰς δυναστείας καινοποιίας οὔσης ἔμελλε πραγμάτων ἔσεσθαι καινῶν ἀρχή. A rapprocher de XXXIX, 8, 6 (cf. p. 57 avec n. 33) et II, 70-71 (cf. p. 58 avec n. 35).

des *Histoires* et dans l'ensemble et dans le détail (III, 2 et 3)[41]. Il énumère donc les événements, mais sans suivre un ordre chronologique strict ni renvoyer à des numéros de livres (il appartient donc au lecteur de suppléer) :

— début de la deuxième guerre punique (III) ;
— ἑξῆς δὲ τούτοις, guerre des Alliés (IV et V) ;
— μετὰ ταῦτα, alliance de Philippe V et d'Hannibal (VII) ;
— δέ, guerre de Cœlé-Syrie (V) ;
— δέ, guerre de Prusias et des Rhodiens contre les Byzantins (IV et V) ;
— στήσαντες δ' ἐπὶ τούτων, interruption du cours des *Histoires* et étude de la constitution romaine pour montrer, ᾧ κατὰ συνεχές, comment elle a permis à Rome μὴ μόνον, de dominer l'Italie, la Sicile, ἔτι δέ, de s'emparer de l'Ibérie, de la Gaule, ἀλλὰ τὸ τελευταῖον, de finalement vaincre Carthage et de conquérir et soumettre l'univers (VI) ;
— ἅμα δὲ τούτοις, ruine de la puissance d'Hiéron de Syracuse (VII et VIII) ;
— οἷς ἐπισυνάψομεν, troubles d'Égypte et partage des possessions de Ptolémée entre Antiochos et Philippe (XIV et XV) ;
— μετὰ δὲ ταῦτα, suite et fin de la deuxième guerre punique (VII, VIII, IX, X, XI, XIII, XIV et XV) ;
— δέ, guerre d'Attale et des Rhodiens contre Philippe (XVI et XVII), ἔτι δέ, guerre des Romains contre Philippe ou deuxième guerre macédonienne (XVII et XVIII) ;
— τούτῳ συνάπτοντες τὸ συνεχές, guerre des Étoliens et d'Antiochos contre les Achéens et les Romains, πρῶτον μέν, δεύτερον δέ, défaites successives d'Antiochos III, τρίτον δέ, guerre des Romains contre les Galates, domination des Romains en Anatolie, anéantissement des Galates (XIX, XX et XXI) ;
— μετὰ δὲ ταῦτα, défaites des Étoliens et des Céphalléniens (XXI) ;
— δέ, guerre d'Eumène contre Prusias et les Galates (XXII), ὁμοίως δὲ καί, guerre d'Eumène et Ariarathe contre Pharnace (XXIII, XXIV et XXV) ;
— οἷς ἑξῆς, union du Péloponnèse (XXIII), ἔτι δέ, expansion de Rhodes (XXV)) ;
— ἐπὶ πᾶσιν, expédition d'Antiochos IV en Égypte (XXVIII et XXIX), καί, guerre de Persée, καί, ruine du royaume de Macédoine (XXVII, XXVIII et XXIX).

41. III, 1, 5 : ... τὸ περὶ τῶν μεγίστων ἐν αὐτῷ μερῶν, ὅσα μεταξὺ κεῖται τῆς ἀρχῆς καὶ τοῦ τέλους, κεφαλαιωδῶς ἐπιμνησθῆναι καὶ προεκθέσθαι. Et III, 5, 9 : ... τὰς ἐπιφανεστάτας τῶν πράξεων ἐπὶ κεφαλαίου διεληλύθαμεν...

Le programme final

Polybe pourrait alors prétendre qu'il est au terme de son ouvrage : il a montré « comment les Romains ont traité chacun de ces conflits de manière à soumettre le monde » [42], comment Rome est devenue maîtresse du monde. En principe, il devrait s'interrompre et finir ici les *Histoires*. Il reconnaît d'ailleurs que c'était là son propos initial [43] : la période de cinquante-trois ans s'interrompait ici, l'expansion et le progrès de la puissance romaine étaient à cette date achevés [44]. Mais il croit bon de poursuivre son œuvre et d'amplifier son entreprise (III, 4-5) : l'histoire a poursuivi sa marche inexorable et il a le devoir de montrer quelle a été l'attitude des vainqueurs, celle des vaincus, comment les Romains ont usé de leurs succès, quels ont été les sentiments des peuples soumis, comment il faut juger la domination romaine, s'il faut la louer et l'envier ou la blâmer. C'est ainsi que Polybe fera vraiment œuvre utile. Il va donc faire connaître la situation de chaque peuple sous la domination romaine et les troubles et les bouleversements survenus ensuite. Il énumère alors les événements, mais sans suivre un ordre chronologique strict ni renvoyer à des numéros de livres (il appartient donc au lecteur de suppléer) :

— μέν, guerre des Romains contre les Celtibères et les Vaccéens (XXXV), δέ, guerre des Carthaginois contre Massinissa (XXXV) ;
— μέν, guerre d'Attale contre Prusias, δέ, guerre d'Attale et Ariarathe V contre Démétrios et Oropherne, δέ, guerre d'Attale et Ptolémée VI contre Démétrios (XXXI à XXXIII) ;
— retour des otages grecs en Grèce (XXXV) ;
— μετ' οὐ πολύ, troisième guerre punique (XXXVI, XXXVII et XXXVIII) ;
— οἷς κατάλληλα, ruine de la Grèce (XXXVIII et XXXIX).

A ce propos, Polybe reconnaît avoir été amené à écrire, pour ainsi dire, une nouvelle histoire en prenant un nouveau point de départ (οἷον ἀρχὴν ποιησάμενος ἄλλην γράφειν, III, 4, 13). Effectivement, d'après les événements énumérés, il a poursuivi l'histoire de l'œkoumène de 168/167 à 146. Sa motivation, outre l'aspect didactique,

42. III, 3, 9 : ... πῶς ἕκαστα χειρίσαντες Ῥωμαῖοι πᾶσαν ἐποιήσαντο τὴν οἰκουμένην ὑπήκοον αὑτοῖς.

43. III, 4, 1 : ... κατὰ τὴν ἐξ ἀρχῆς πρόθεσιν, ce qui renvoie à I, 1, 5 sq.

44. III, 4, 2 : ὅ τε γὰρ χρόνος ὁ πεντεκονταкαιτριετὴς εἰς ταῦτα ἔληγεν ἥ τε αὔξησις καὶ προκοπὴ τῆς Ῥωμαίων δυναστείας ἐτετελείωτο.

réside dans l'importance incroyable des événements et dans le fait qu'il a lui-même été le spectateur, voire l'auxiliaire ou même l'auteur des actions qui se sont alors déroulées [45].

II. Traitement et organisation de la matière historique dans les *Histoires*

Polybe prétend « avoir formé l'entreprise presque, et pour ainsi dire, la plus importante en histoire » [46]. Étant donné l'ampleur de la matière, il lui faut pourvoir avec un soin extrême « au traitement et à l'organisation (καὶ χειρισμοῦ καὶ οἰκονομίας), afin que la composition de l'ouvrage soit claire et nette à la fois dans le détail et dans l'ensemble » (V, 31, 7). La division des *Histoires* en livres est déjà en soi un balisage commode, mais elle ne suffit pas, car les livres sont nombreux (40) et volumineux (διὰ τὸ πλῆθος καὶ τὸ μέγεθος τῶν βίβλων, III, 32, 2).

1. Méthode suivie

Polybe prétend que les autres historiens procèdent ἀτάκτως, de manière désordonnée, irrégulière, tandis qu'il procède, lui, τεταγμένως, avec ordre et régularité (XXXVIII, 6, 3). Et il profite de l'occasion pour résumer brièvement sa méthode qui consiste à structurer les *Histoires* selon deux axes, l'un spatial, l'autre temporel : « nous avons distingué toutes les parties les plus importantes du monde et les séries d'événements qui s'y sont déroulés » (πάντας διῃρημένοι τοὺς ἐπιφανεστάτους τόπους τῆς οἰκουμένης καὶ τὰς ἐν τούτοις πράξεις, XXXVIII, 6, 5) ; « nous abordons [les parties du monde] toujours d'une seule et même manière, selon l'ordre dans lequel nous les avons distinguées » (μίαν καὶ τὴν αὐτὴν ἔφοδον ἀεὶ ποιούμενοι κατὰ τὴν τάξιν τῆς διαλήψεως, *ibid.*) et « nous racontons de manière déterminée, année par année, les séries d'événements qui s'y sont produits en parallèle » (καθ' ἕκαστον ἔτος ὡρισμένως ἐξηγού-

45. III, 4, 13 : ... διὰ τὸ μέγεθος τῶν ἐν αὐτῇ πράξεων καὶ τὸ παράδοξον τῶν συμβαινόντων, τὸ δὲ μέγιστον διὰ τὸ τῶν πλείστων μὴ μόνον αὐτόπτης, ἀλλ' ὧν μὲν συνεργός, ὧν δὲ καὶ χειριστὴς γεγονέναι...

46. V, 31, 6 : σχεδὸν ὡς εἰπεῖν μεγίστῃ τῶν προγεγονότων ἐπιβολῇ κεχρήμεθα τῆς ἱστορίας... Cf. *supra* p. 45.

μενοι τὰς καταλλήλους πράξεις ἐνεστηκυίας, *ibid.*). Il précise dans la Conclusion de son œuvre : « nous regroupons les événements par olympiades, que nous divisons en années, et nous confrontons ceux qui se sont produits en parallèle » (περιγράφοντες κατ' ὀλυμπιάδας καὶ διαιροῦντες κατ' ἔτος καὶ συγκρίνοντες ἐκ παραβολῆς τὰς καταλλήλους, XXXIX, 8, 7)[47]. Il permet ainsi au lecteur non seulement de suivre la marche de l'histoire universelle, mais aussi de recomposer lui-même la narration continue de telle histoire particulière (τὸν συνεχῆ λόγον, XXXVIII, 6, 6), en se reportant toujours aisément au point où elle a été interrompue (τὰς μεσολαβηθείσας ἀεὶ τῶν πράξεων, *ibid.*).

2. Points de repère

Et de fait l'auteur a le souci de baliser chronologiquement les *Histoires*, de procurer des points de repère au lecteur pour qu'il sache sans cesse où il en est, ce qui est la condition d'une « connaissance scientifique satisfaisante » (ἱκανήν... ἐμπειρίαν, V, 31, 3). Polybe déclare donc « rappeler au passage, au début et à la fin de chaque événement (ἐκ τοῦ τὰς ἑκάστων ἀρχὰς καὶ συντελείας παρυπομιμνήσκειν, *ibid.*), à quelle date de l'olympiade en cours et de l'histoire grecque il s'est produit (καθ' ὁποίους ἐγίνοντο καιροὺς τῆς ὀλυμπιάδος καὶ τῶν Ἑλληνικῶν πράξεων, *ibid.*) ». Le repérage chronologique est donc double pour plus de sécurité et moins d'incertitude ; et il vise les

47. Il y a des exceptions, comme par exemple l'histoire de l'Égypte à XIV, 12, 1-5 : Polybe déroge à sa coutume de rapporter année par année (κατ' ἐνιαυτόν) « toutes les séries parallèles d'événements » (τὰς ἄλλας πράξεις ἁπάσας... τὰς καταλλήλους) ; il fait d'un seul coup l'histoire de l'Égypte de 217 à 204, parce qu'il n'y a aucun événement marquant, aucun trait saillant, hormis la débauche (βίον ἄσωτον) de Ptolémée IV ; en outre, c'est plus facile à écrire pour lui et moins difficile à retenir pour le lecteur ; et plutôt que d'effleurer dans son exposé une succession annuelle d'événements minuscules qui ne méritent pas qu'on y applique son attention (κατ' ἐνιαυτὸν ἐπιψαύων μικρῶν καὶ οὐκ ἀξίων ἐπιστάσεως πραγμάτων), il fait « en une seule fois, comme en un tout organique » (εἰσάπαξ οἷον εἰς σωματοειδῆ) le récit des turpitudes du roi.

Autre exception, par exemple l'histoire du conflit entre Athènes et Oropos à XXXII, 11, 4-7 : Polybe va « exposer sommairement en une seule fois l'ensemble de l'affaire, remontant dans le passé [avant 158] et anticipant sur le futur [après 157] » (ὑπὲρ οὗ τὰ μὲν ἀναδραμόντες, τὰ δὲ προλαβόντες τοῖς χρόνοις συγκεφαλαιωσόμεθα τὴν ὅλην πρᾶξιν) ; comme le détail de l'affaire n'a en soi strictement rien de remarquable (κατὰ μέρος αὐτῆς οὔσης οὐδ' ὅλως ἐπιφανοῦς), s'il en faisait une relation sous différentes dates (ἐν διῃρημένοις χρόνοις ἀπαγγέλλοντες), il rendrait son récit insignifiant et obscur (εὐτελῆ καὶ ἀσαφῆ... τὴν διήγησιν) ; si le tout mérite à peine de retenir l'attention, une fois qu'il aura été détaillé, année par année, qui y appliquera la sienne ?

lecteurs grecs, à l'exclusion des autres, tels les lecteurs romains. L'histoire universelle polybienne se réfère au calendrier grec, est mesurée à l'aune de l'histoire grecque. La civilisation grecque et l'histoire grecque, relativisées par la domination romaine, retrouvent ainsi une dimension absolue, universelle. Or le Mégalopolitain a recours à plusieurs procédés.

Προγραφή et προέκθεσις

Premier procédé, Polybe, de son propre aveu (XI, 1a), commençait les six premiers livres par une προγραφή, un sommaire, et les olympiades suivantes par une προέκθεσις, une introduction, non par une προγραφή (ce, contre l'usage de ses prédécesseurs et contre son propre usage dans les six premiers livres). Certes la προγραφή est utile, elle attire l'attention du lecteur, suscite sa curiosité, lui permet de trouver ce qu'il cherche, mais a l'inconvénient de subir des dommages car elle est placée en dehors du corps même du texte [48]. Polybe préfère proposer une προέκθεσις, qui présente au fond les mêmes avantages que la προγραφή, mais n'a pas l'inconvénient d'être autant exposée, puisqu'elle est intégrée dans le corps même du texte [49]. La προέκθεσις en tête de chaque olympiade attire l'attention du lecteur en faisant valoir le nombre et l'importance des événements ; en outre, l'histoire du monde entier (τῶν ἐξ ὅλης τῆς οἰκουμένης ἔργων, XIV, 1a, 1) s'y concentre en une seule vue synthétique (ὑπὸ μίαν ὄψιν, *ibid.*). Elle est donc tout à fait à sa place dans une histoire universelle.

Transitions

Deuxième procédé, Polybe veille à ménager des transitions entre les livres, à proposer des introductions partielles ainsi que des conclusions partielles, au début et à la fin de chaque livre.

On trouvera ici, à titre d'exemple, le relevé des articulations des cinq premiers livres (seuls significatifs à cet égard puisque seuls à avoir été transmis presque intégralement, mais donnant une idée de ce que pouvaient être à l'origine les *Histoires* dans leur ensemble) :

— à I, 5, 1-2, sujet du livre I (première διάβασις des Romains hors d'Italie, passage des Romains en Sicile) ;

48. C'est justement ce qui s'est produit pour les six premiers livres : les προγραφαί des six premiers livres sont perdues.

49. C'est l'interprétation de F. W. Walbank, *A historical Commentary on Polybius*, Cambridge, 3 vol., 1957-1967-1979, t. II, p. 266 ; et D. Roussel, n. *ad loc.* Pour une autre interprétation du passage, cf. P. Pédech, *op. cit.* (n. 21), p. 509 sq. avec n. 78.

— à II, 1, 1-4, résumé du livre I (causes et déroulement de la première guerre punique, puis de la guerre des Mercenaires) ;
— à II, 71, 7-9, bilan de l'ἐπίστασις (Préface) et de la προκατασκευή (Introduction) des deux premiers livres (quand, comment, pourquoi les Romains, une fois devenus maîtres de l'Italie, ont entrepris des opérations au dehors et osé disputer l'empire de la mer à Carthage ; quelle était la situation de la Grèce, de la Macédoine, de Carthage) ; transition entre la 139e olympiade, marquée par un changement de souverains dans tous les États, et la 140e olympiade (c'est-à-dire le début des *Histoires* proprement dites) rapportée aux livres suivants (III, IV et V) ;
— à III, 1, 1, rappel de I, 3, 1-6 et du point de départ effectif des *Histoires* (et donc des livres III, IV et V) ;
— à III, 118, 10-11, résumé du livre III (histoire de l'Espagne et de l'Italie au cours de la 140e olympiade) et transition avec les livres IV et V (histoire de la Grèce au cours de la même olympiade), puis VI (constitution romaine) ;
— à IV, 1, 1-9, résumé du livre III (causes et débuts de la guerre d'Hannibal ou deuxième guerre punique) ; passage aux livres IV et V (histoire de la Grèce au cours de la 140e olympiade) ; résumé préalable du livre II, chapitres 37 à 70 (histoire de la Grèce — en particulier histoire de la Confédération achéenne —, puis guerre de Cléomène) ; rappel de II, 71 et de la 139e olympiade marquée par la disparition des trois souverains Antigone Doson, Séleucos III, Ptolémée III, point de départ proprement dit des *Histoires* ;
— à V, 105, 9-10 et 111, 8-10, bilan des livres III, IV et V (situation de l'Italie — avec rappel de III, 118, 2-5 —, de la Grèce et de l'Asie à la fin de la 140e olympiade) ; transition avec le livre VI (constitution romaine).

Synchronismes

Enfin, troisième procédé, Polybe souligne les synchronismes, ce qu'il nomme τὰ κατάλληλα (III, 5, 6 ; IV, 66, 10 ; V, 31, 5) ou αἱ κατάλληλοι πράξεις (III, 32, 5 ; XXVIII, 16, 11 ; XXXVIII, 6, 5 ; XXXIX, 8, 6) [50].

On trouvera ici, à titre d'illustration, le relevé des synchronismes entre histoire romaine et histoire grecque dans les cinq premiers livres (comme précédemment) :

— à I, 6, 1-2, prise de Rome par les Gaulois 18 ans après Aigos Potamos, 16 ans avant Leuctres, l'année de la paix d'Antalcidas, ainsi que de l'Elléporos et de la prise de Rhégion par Denys l'Ancien (387/386) ;

50. Les synchronismes des *Histoires* ont été étudiés par P. Pédech, *ibid.*, p. 467-473.

— à I, 6, 5-6, début de la guerre des Romains contre Pyrrhos, allié des Tarentins, une année avant l'écrasement des Gaulois à Delphes (281/280) ;
— à II, 20, 6, les Gaulois défaits traitent avec les Romains la troisième année avant le passage de Pyrrhos en Italie et la cinquième année avant l'écrasement des Gaulois à Delphes (283/282) ;
— à II, 37, 1-2 et IV, 28, 1, offensive d'Hannibal contre Sagonte l'année où commence la guerre des Alliés et où Scopas est élu stratège par les Étoliens (220/219) ;
— à II, 41, 11, les cités achéennes recommencent à se fédérer l'année du passage de Pyrrhos en Italie (281/280) ;
— à II, 43, 5-6, Mégare est réunie à la Confédération achéenne une année avant la fin de la première guerre punique (243/242) ;
— à II, 44, 2, Démétrios II de Macédoine meurt l'année du passage des Romains en Illyrie (229/228) ;
— à IV, 37, Aratos l'Ancien quitte sa charge de stratège des Achéens, son fils Aratos le Jeune est élu à son tour, Scopas va quitter sa fonction de stratège des Étoliens au moment où Hannibal met le siège devant Sagonte, où les Romains expédient Æmilius Paullus avec une armée en Illyrie contre Démétrios de Pharos, où Antiochos III et Ptolémée IV vont entreprendre la guerre de Cœlé-Syrie, où les premières opérations de la guerre des Alliés ont lieu, où la guerre entre les Rhodiens et les Byzantins éclate (219) ;
— à IV, 66, 8-10, Philippe V envahit l'Étolie, puis se retourne précipitamment contre les Dardaniens qui menacent la Macédoine au moment où Æmilius Paullus revient d'Illyrie et triomphe à Rome, où Hannibal, qui s'est emparé de Sagonte de vive force, prend ses quartiers d'hiver, où les Romains envoient des ambassadeurs à Carthage, où Publius Cornelius et Tiberius Sempronius sont élus consuls (hiver 219/218) ;
— à V, 1, 1-5, Aratos le Jeune quitte sa charge de stratège des Achéens, Epératos lui succède, Dorimachos est stratège des Étoliens au moment où Hannibal franchit l'Èbre et entreprend sa marche vers l'Italie, où les Romains expédient Tiberius Sempronius avec une armée en Libye et Publius Cornelius avec une armée en Ibérie, où Antiochos III et Ptolémée IV entreprennent la guerre de Cœlé-Syrie (218) ;
— à V, 29, 7-8, Philippe V prend ses quartiers d'hiver et achève de réprimer la conspiration d'Apellès, Léontios et Mégaléas au moment où Hannibal se retrouve dans la plaine du Pô, où Antiochos III a conquis une bonne partie de la Cœlé-Syrie et prend ses quartiers d'hiver, où Lycurgue s'enfuit de Lacédémone et se réfugie en Étolie (hiver 218/217) ;
— à V, 101, 3, Philippe V fait le siège de Thèbes-Phtiotide au moment de Trasimène (217) ;
— à V, 105, 3, paix de Naupacte, fin de la guerre des Alliés, la même année que Trasimène et que Raphia, qui marque la fin de la guerre de Cœlé-Syrie (217) ;

— à V, 108, 9-10, Philippe V achève ses opérations en Dassarétide et prend ses quartiers d'hiver au moment où Hannibal, qui a ravagé l'Italie, prend les siens à Gerunium en Daunie (hiver 217/216) ;
— à V, 109, 5 et 110, 10 et 111, 1 sq., Philippe entreprend des opérations maritimes contre les Romains au moment où Antiochos III passe le Tauros et marche contre Achéos, où les Romains se préparent pour Cannes, où Prusias va écraser les Galates près d'Abydos (216).

3. Division selon le temps

Répartition des olympiades

Les *Histoires* proprement dites ne commencent qu'après la προκατασκευή, mais les livres III, IV et V sont à part, ils servent de transition entre la προκατασκευή et le corps même de l'ouvrage : Polybe ne raconte pas encore l'histoire année par année, il continue de séparer les différents théâtres des événements qu'il étudie en bloc sur quatre ans, de 220 à 216, soit sur la 140e olympiade tout entière, sans subdivision. Pour que le récit soit clair et net, aisé à suivre, il estime indispensable au cours de cette olympiade de ne pas « entremêler les différentes histoires » (συμπλέκειν ἀλλήλαις τὰς πράξεις), et il s'efforce de les « séparer » (χωρίζειν), de les « distinguer » (διαιρεῖν) autant que possible (V, 31, 4). Ce n'est qu'à partir de l'olympiade suivante que Polybe racontera « année par année les événements synchroniques » (κατ' ἔτος... τὰς κατάλληλα γενομένας πράξεις, V, 31, 5) [51].

Le livre III est intégralement consacré aux débuts de la deuxième guerre punique, donc aux affaires d'Occident (Italie, Libye, Ibérie, Gaule, Illyrie), de 220 à 216, tandis que les livres IV et V sont tous deux consacrés à la guerre des Alliés, à celle de Byzance, celles en Crète, celle de Sinope, celle de Cœlé-Syrie, donc aux affaires d'Orient (Grèce, Macédoine, Anatolie, Syrie et Égypte). Cette disproportion — un livre pour l'Occident, deux pour l'Orient — s'explique encore une fois par une matière moins abondante dans un cas, plus abondante dans l'autre. La coupure entre les livres IV et V est temporelle : le livre IV relate les années 220 à 218, soit la première moitié de la 140e olympiade, le livre V les années 218 à 216, soit la deuxième moitié de

51. Ce n'est pas tout à fait vrai : d'une part, la guerre des Alliés est dispersée entre IV, 2-36, IV, 57-87, V, 1-30, V, 91-111 ; d'autre part, à V, 106-111, au lendemain de la paix de Naupacte, en 217, tout s'entremêle (histoire de la Grèce, de la Macédoine, de l'Égypte, de la Syrie, de l'Anatolie et même de l'Italie et de la Libye) par le biais des synchronismes, ce qui préfigure ou même réalise d'ores et déjà la συμπλοκή.

la 140ᵉ olympiade. Et l'on retrouve ici le projet de Polybe qui est de traiter une olympiade en deux livres [52], soit deux années par livre, mais avec cette réserve, qu'il ne s'agit que de l'Orient et que le Mégalopolitain dédie en tout trois livres à la140ᵉ olympiade.

Le cours des *Histoires* s'interrompt avec le livre VI, digression consacrée à la constitution romaine et qui se situe exactement après l'écrasement des Romains par Hannibal à Cannes (ainsi que par les Gaulois en Cisalpine) en 216 et avant le relèvement des mêmes Romains à partir de 215 et jusqu'à leur victoire finale à Zama en 202. Cette suspension du cours des *Histoires* n'est pas une surprise. Elle a été préparée par Polybe, annoncée à plusieurs reprises [53], car, au fond, le livre VI n'est pas vraiment une digression, mais fait partie intégrante du cours des *Histoires*, même s'il n'est pas événementiel : « Ce que les lecteurs trouveront de plus beau en même temps que de plus utile dans notre entreprise, c'est de discerner et comprendre comment, par l'effet de quelle sorte de régime, presque tout le monde habité a été conquis et est passé en moins de cinquante-trois ans sous une seule autorité, celle de Rome, fait auquel on ne trouve pas de précédent » (VI, 2, 3) [54]. Polybe a choisi ce moment parce que Rome touche alors le fond et que ce n'est pas dans les périodes d'insouciance et de tranquillité de la vie mais dans l'épreuve, c'est-à-dire dans les revers d'infortune ou dans les succès de fortune, que l'on juge le mieux les défauts et les qualités des hommes (et des constitutions) : « la pierre de touche de la perfection, chez un homme, c'est qu'il sache supporter avec grandeur et noblesse les changements radicaux de la fortune. Or il faut considérer une constitution de la même façon » (VI, 2, 6) [55]. Justement, le pire changement de fortune que Rome ait jamais connu c'est Cannes. Et Polybe confère une importance extrême à la constitution, dont tout dépend en histoire et qui est la clé de toute compréhension et de toute connaissance : « en toute chose la principale cause de la réussite ou de son contraire, c'est le système de la constitution. Il est comme une source d'où non seulement découlent toutes les idées et les initiatives des actes, mais d'où ils tirent leur

52. A XIV, 1a, 5. Cf. *infra* p. 70 avec n. 59.

53. En particulier I, 1, 5, mais aussi I, 64, 1-4 ; III, 2, 6 ; 87, 7-9 ; 118, 11-12 ; V, 111, 10.

54. VI, 2, 3 : ... γνῶναι καὶ μαθεῖν πῶς καὶ τίνι γένει πολιτείας ἐπικρατηθέντα σχεδὸν πάντα τὰ κατὰ τὴν οἰκουμένην ἐν οὐδ' ὅλοις πεντήκοντα καὶ τρισὶν ἔτεσιν ὑπὸ μίαν ἀρχὴν τὴν Ῥωμαίων ἔπεσεν, ὃ πρότερον οὐχ εὑρίσκεται γεγονός, VI, 2, 3. On retrouve cette formule, presque dans les mêmes termes, à I, 1, 5 et XXXIX, 8, 7. Cf. p. 51 avec n. 18

55. VI, 2, 6 : ... ταύτην ἀνδρὸς τελείου βάσανον, τὸ τὰς ὁλοσχερεῖς μεταβολὰς τῆς τύχης μεγαλοψυχῶς δύνασθαι καὶ γενναίως ὑποφέρειν, τὸν αὐτὸν τρόπον χρὴ θεωρεῖν καὶ πολιτείαν.

accomplissement » (VI, 2, 9-10) [56]. Ainsi le livre VI s'insère parfaitement dans le cours des *Histoires*, est même indispensable, là où il est placé, puisqu'il éclaire toute la suite.

A partir du livre VII, les *Histoires* montrent ensuite une certaine régularité en rapportant les olympiades 141 (216 à 212), 142 (212 à 208) et 143 (208 à 204) chaque fois en deux livres, soit une demi-olympiade par livre (de VII à XIII).

Le livre XII, digression consacrée à la critique de Timée, met fin à cette belle ordonnance, en interrompant la 143ᵉ olympiade, sans que l'on sache vraiment pourquoi, de telle sorte que la matière se trouve répartie entre les livres XI et XIII. Or, en principe, une olympiade forme un tout et les deux livres qui lui sont consacrés ne sont pas dissociables, à tel point que Polybe propose une προέκθεσις, une introduction, au début de chaque olympiade, c'est-à-dire au début du livre VII, au début du livre IX et au début du livre XI. Et il ne reste aucun fragment pour justifier l'existence et la place de ce livre digressif qui ne faisait vraisemblablement pas partie du plan primitif des *Histoires*. Pour l'existence du livre XII, il faut rappeler que Polybe se pose en successeur de Timée [57]. Le Mégalopolitain entretient un rapport ambigu avec Timée : il profite de la gloire de son devancier si fameux, puisqu'il prétend poursuivre son œuvre, mais en même temps cette gloire risque d'éclipser la sienne ; il lui faut donc régler ses comptes avec lui, lui régler son compte, en polémiquant contre lui avec plus ou moins de bonne foi à propos de questions plus ou moins importantes, en condamnant sa méthode qui n'est qu'en partie différente de la sienne et qui fait alors autorité. Quant à la place du livre XII, il ne serait pas impossible de justifier cette intercalation d'un livre de digression, pourtant plus gratuit, moins nécessaire que le livre VI, par le fait que, comme aux livres V-VII, en 216/215, l'on se trouve dix ans plus tard, aux livres XI-XIII, en 206/205, à une date charnière : cette fois, les Romains ont redressé la situation en Italie et ailleurs, et ils se préparent à passer en Libye, à porter la guerre contre Carthage même. Or, comme le livre XII cherche en particulier à corriger les bévues commises par Timée à propos de la géographie de la Libye, d'une certaine manière il introduit les livres XIII, XIV et XV relatant la campagne de Scipion en Libye.

En revanche, la 144ᵉ olympiade (204 à 200) ou plutôt la première moitié de la 144ᵉ olympiade (204 à 202) fait exception. Polybe rap-

---

56. VI, 2, 9-10 : ... μεγίστην δ' αἴτιαν... ἐν παντὶ πράγματι καὶ πρὸς ἐπιτυχίαν καὶ τοὐναντίον τὴν τῆς πολιτείας σύστασιν· ἐκ γὰρ ταύτης ὥσπερ ἐκ πηγῆς οὐ μόνον ἀναφέρεσθαι συμβαίνει πάσας τὰς ἐπινοίας καὶ τὰς ἐπιβολὰς τῶν ἔργων, ἀλλὰ καὶ συντέλειαν λαμβάνειν.

57. Pour l'histoire de l'Occident, à partir de 264, cf. p. 56 avec n. 32.

porte une année par livre : année 204/203 au livre XIV et année 203/202 au livre XV. La deuxième moitié de la 144ᵉ olympiade (202 à 200) est rapportée tout à fait normalement en un seul livre, en l'occurrence le livre XVI. Il convient de remarquer que cette olympiade privilégiée était placée au milieu de l'œuvre initiale qui comptait trente livres [58]. Polybe dédie ainsi trois livres en tout à la 144ᵉ olympiade. Il justifie ce traitement privilégié, dans la προέκθεσις du livre XIV, par le nombre et l'importance des événements, avec Zama (202), dénouement de la deuxième guerre punique et victoire définitive des Romains, et avec la révélation des visées de Philippe V et Antiochos III qui s'entendent pour se partager les dépouilles du royaume de Ptolémée V : c'est pourquoi, dans l'intention de donner à l'exposé de ces événements toute l'ampleur qu'ils méritent, il n'a pas « consigné l'histoire de deux années dans un seul livre », comme il avait « procédé précédemment » [59].

La suite de l'œuvre est variable et il y a une sorte d'alternance régulière : la 145ᵉ olympiade (200 à 196) est rapportée en deux livres (XVI et XVII), mais la 146ᵉ (196 à 192) en un seul livre (XIX) [60], parce que la matière y est moins abondante ; de même, la 147ᵉ (192 à 188) est rapportée en deux livres (XX et XXI), mais la 148ᵉ (188 à 184) en un seul livre (XXII) ; de même, la 149ᵉ (184 à 180) est rapportée en deux livres (XXIII et XXIV), mais la 150ᵉ (180 à 176) en un seul livre (XXV) ; et il en va ainsi pour la 151ᵉ (176 à 172) qui est rapportée en un seul livre (XXVI).

La 152ᵉ olympiade (172 à 168), dernière olympiade de l'œuvre initiale, fait derechef exception. Polybe dédie trois livres en tout à cette olympiade. Si la première moitié de la 152ᵉ olympiade (172 à 170) est relatée normalement en un seul livre, en l'occurrence le livre XXVII, en revanche, la seconde moitié est relatée en deux livres, soit une année par livre : année 170/169 au livre XXVIII et année 169/168 au livre XXIX [61]. Polybe justifiait à coup sûr ce traitement privilégié, mais le passage en question est aujourd'hui perdu. Il convient néanmoins de remarquer que cette olympiade était l'aboutissement initial de l'œuvre avec Pydna (168), dénouement de la guerre de Persée et victoire définitive des Romains : dorénavant le monde entier est

58. Au milieu de l'œuvre initiale, mais non au milieu de la période initiale de 53 ans.

59. XIV, 1a, 5 : ... οὐ τὰς ἐκ τῶν δυεῖν ἐτῶν πράξεις κατατετάχαμεν εἰς μίαν βίβλον, καθάπερ ἐν τοῖς πρὸ τούτων ἀποδεδώκαμεν.

60. Il ne reste aucun fragment des livres XVII et XIX.

61. La 152ᵉ olympiade est le symétrique de la 144ᵉ dont, au contraire, la première moitié est traitée en deux livres et la seconde en un seul livre.

soumis à Rome. Elle était devenue la première puissance mondiale au lendemain de Zama (202), en ruinant la puissance carthaginoise, au livre XV ; elle confirme cette prééminence et devient même la seule vraie puissance au lendemain de Pydna (168), en ruinant la puissance macédonienne, au livre XXIX.

La suite de l'œuvre ne varie guère et suit une certaine régularité : les olympiades sont toutes rapportées en un seul livre, telle la 153e (168 à 164) au livre XXX, la 154e (164 à 160) au livre XXXI, la 155e (160 à 156) au livre XXXII, la 156e (156 à 152) au livre XXXIII. La matière est vraisemblablement moins abondante au cours de ces olympiades où Rome, déjà maîtresse du monde, devient désormais, et en outre, gendarme du monde.

Polybe interrompt alors le cours des *Histoires* pour un livre de digression, le XXXIVe, consacré à la géographie. A la différence de ce qui se passe pour le livre XII, il existe des textes conservés qui préparent le livre XXXIV, même s'il s'agit d'additions tardives : ainsi, par exemple, Polybe n'a pas traité du détroit des stèles d'Héraclès, de la mer Extérieure (c'est-à-dire l'Atlantique), des îles Britanniques et de l'extraction de l'étain, des mines d'or et d'argent de l'Ibérie, « réservant à ces questions un lieu et un temps qui leur soient propres dans [son] ouvrage » (κατ' ἰδίαν καὶ τόπον καὶ καιρὸν ἀπονείμαντες τῷ μέρει τούτῳ, III, 57, 5) ; ou autre exemple : Polybe tâchera de faire part de ses connaissances géographiques au lecteur, « en choisissant dans [son] ouvrage un endroit approprié à cette partie de l'histoire » (λαβόντες ἁρμόζοντα τόπον ἐν τῇ πραγματείᾳ τῷ μέρει τούτῳ, III, 59, 6). Il va de soi que l'auteur justifiait quelque part l'intercalation de la digression géographique entre les livres XXXIII et XXXV, c'est-à-dire les 156e et 157e olympiades. Mais le passage en question est aujourd'hui perdu et le motif du choix de cette place échappe au lecteur actuel. Il convient pourtant de remarquer que l'idée d'un livre de géographie n'est vraisemblablement pas venue tout de suite à l'auteur, mais à un moment où les trente premiers livres étaient déjà fort avancés, sinon même achevés, voire publiés. Donc, ce livre devait plutôt se situer dans la suite des *Histoires*, c'est-à-dire la quatrième décade, qu'il contribuait d'ailleurs à étoffer. Mais pourquoi s'intercale-t-il précisément entre les livres XXXIII et XXXV et non pas à un autre endroit de cette décade ? La raison en est peut-être qu'il y a une sorte de rupture à la hauteur de l'année 152, à la fin de la 156e olympiade. A partir de l'olympiade suivante, la 157e, la matière redevient plus abondante, les événements se précipitent jusqu'au (nouveau) terme de l'ouvrage, à savoir 146/145.

Polybe, reprenant la cadence normale, consacre deux livres (XXXV et XXXVI) à la 157e olympiade (152 à 148).

Enfin, la 158e olympiade est la dernière exception et ce à un double titre : d'une part, l'auteur dédie trois livres à cette olympiade et, d'autre part, il n'en traite que les trois premières années, soit de 148/147 à 146/145, au lieu de 145/144, étant donné que son sujet s'arrête en 146. C'est l'année du dénouement de la troisième guerre punique, avec la prise de Carthage (printemps 146), et celle du dénouement de la guerre d'Achaïe, avec le sac de Corinthe (automne 146). Dorénavant, Rome — qui était la première puissance mondiale — devient l'unique puissance mondiale, en écrasant Carthaginois et Grecs qui se sont rebellés contre sa domination intransigeante. Polybe traite donc une année par livre : 148/147 au livre XXXVII, 147/146 au livre XXXVIII, 146/145 au livre XXXIX.

Le livre XL présentait [62] — mais il n'en reste rien — un tableau chronologique de l'ensemble (διασαφῆσαι τοὺς χρόνους τοὺς περιειλημμένους ὑπὸ τῆς ἱστορίας ; « faire connaître les dates embrassées par mon histoire ») et une table des matières de l'ensemble (τὸ πλῆθος τῶν βίβλων καὶ <τὸν> ἀριθμὸν τῆς ὅλης πραγματείας, XXXIX, 8, 8).

Équilibre des périodes

On perçoit le souci de Polybe de donner aux *Histoires* une belle architecture, à la fois ferme et souple. Le corps de l'œuvre constitué des livres III à XXXIX est scandé par quatre temps forts qui sont les quatre olympiades particulièrement marquantes de la période, celles très riches en événements et auxquelles l'auteur a cru bon de dédier trois livres : ce sont la 140e olympiade (220 à 216) — livres III, IV et V — qui ouvre les *Histoires* ; la 144e olympiade (204 à 200) — livres XIV, XV et XVI — qui se trouvait initialement au milieu des *Histoires* et qui s'est retrouvée décalée vers le tiers de l'œuvre dans sa dernière mouture ; la 152e olympiade (172 à 168) — livres XXVII, XXVIII et XXIX — qui se trouvait initialement à la fin de l'œuvre et qui s'est retrouvée décalée vers les deux tiers de l'œuvre dans sa dernière mouture ; enfin la158e olympiade ou plutôt les trois premières années de la 158e olympiade (148 à 146) — livres XXXVII, XXXVIII et XXXIX — à la fin de l'œuvre.

L'histoire ne se préoccupant ni de régularité ni de symétrie, les quatre piliers des *Histoires* ne sont pas parfaitement répartis dans le temps. La somme totale des olympiades, de la 140e à la 158e — même si la dernière est tronquée — est de 19, soit un nombre premier, ce qui ne se prête guère au jeu des divisions en sous-multiples. Si l'on calcule

62. Comme le livre XXX de la mouture initiale de l'œuvre.

les intervalles ouverts [63], on trouve donc trois olympiades entre la 140e et la 144e, sept olympiades entre la 144e et la 152e, cinq olympiades entre la 152e et la 158e. La somme totale des années, de 220 à 146, est de 75, trois-quarts de siècle, et les quatre dates fatidiques, tournants historiques, qui confèrent aux quatre olympiades toute leur importance, sont 220 (début des *Histoires*), 202 (Zama), 168 (Pydna), 146 (prise de Carthage, sac de Corinthe et terme des *Histoires*). Si l'on calcule les intervalles ouverts, de même, on trouve 17 ans, entre 220 et 202, 33 ans entre 202 et 168, 21 ans entre 168 et 146. Dans les deux cas, le premier et le dernier intervalles sont d'un ordre de grandeur comparable, tandis que l'intervalle central est d'un ordre de grandeur comparable à la somme des deux autres.

En revanche, Polybe, cherchant à réduire ces inégalités, organise les *Histoires* à partir des quatre piliers précédemment déterminés qu'il dispose avec une certaine régularité et selon une relative symétrie dans l'économie de l'œuvre.

On a déjà remarqué que, dans l'état initial de l'œuvre qui comptait trois piliers et non pas quatre, le second, le groupe des livres XIV, XV, XVI, qui rapporte la 144e olympiade, se trouvait vraiment au centre de l'ensemble I à XXX ; mieux encore, le livre XV qui rapporte l'année 202, se trouvait exactement au milieu de l'ouvrage. Dans l'état définitif de l'œuvre, si l'on calcule les intervalles ouverts entre les livres, on trouve entre les livres III-IV, qui rapportent l'année 220 et le livre XV, qui rapporte l'année 202, dix livres ; entre le livre XV et le livre XXIX qui rapporte l'année 168, quatorze livres ; entre le livre XXIX et les livres XXXVIII-XXXIX qui rapportent l'année 146 (début et fin), huit livres. Avec respectivement dix, quatorze et huit livres, la période centrale qui, en durée, ne fait pas loin du double des deux autres, fait plutôt, en nombre de livres, près d'une fois et demie les deux autres. Mieux encore, si l'on calcule les intervalles ouverts entre les groupes de livres, on trouve entre le groupe des livres III, IV, V, correspondant à la 140e olympiade, et celui des livres XIV, XV, XVI, correspondant à la 144e olympiade : huit livres ; entre le groupe des livres XIV, XV, XVI, et celui des livres XXVII, XXVIII, XXIX, correspondant à la 152e olympiade : dix livres ; entre le groupe des livres XXVII, XXVIII, XXIX, et celui des livres XXXVII, XXXVIII, XXXIX, correspondant à la 158e olympiade : sept livres. Avec respectivement huit, dix et sept livres, les trois intervalles sont d'un ordre de grandeur comparable et suffisamment équilibrés les uns par rapport

63. C'est-à-dire sans compter le point de départ ni le point d'arrivée (à la différence des intervalles fermés). C'est ce mode de calcul qui a été retenu, parce que seul il permet de retrouver les sommes totales de 19 olympiades dans un cas et de 75 ans dans l'autre.

aux autres. Polybe réussit donc à corriger les disproportions qui sont le fait du temps avec ses périodes inégales.

Mais cette architecture est-elle délibérément voulue par l'auteur ? Ne pourrait-elle pas résulter de la matière elle-même, plus abondante ici ou moins abondante là ? Non, le doute n'est pas permis, et ce pour plusieurs raisons. Polybe est un auteur extrêmement conscient de ce qu'il fait, qui ne cesse d'expliquer au lecteur comment il procède. On constate que :
— premièrement, les quatre olympiades majeures sont toutes systématiquement relatées en trois livres ;
— deuxièmement, les autres, les olympiades mineures, sont normalement relatées en deux livres ;
— troisièmement, dans la première série, les olympiades mineures sont effectivement toutes rapportées en deux livres ;
— quatrièmement, dans la deuxième série, les olympiades mineures sont rapportées tantôt en deux livres, tantôt en un livre, selon une alternance régulière [64], ce qui contribue à équilibrer les deux séries l'une par rapport à l'autre ;
— cinquièmement, dans la troisième série, les olympiades mineures sont toutes rapportées en un seul livre [65], ce qui ne contribue pas à équilibrer les trois séries l'une par rapport à l'autre, il est vrai, mais ce qui fait que l'œuvre est animée d'une dynamique et d'une tension qui vont sans cesse croissant et que l'on assiste comme à une accélération de l'histoire ;
— sixièmement, la première et la dernière séries sont artificiellement gonflées par des livres de digression, la première par les deux livres VI et XII, la dernière par le livre XXXIV, ce qui permet de mieux rééquilibrer l'ensemble.

4. Subdivision selon l'espace

L'hélice polybienne

Polybe passe en revue toujours dans le même ordre les différentes parties de l'οἰκουμένη : dans un premier temps l'Occident, dans un second temps l'Orient ; et, si l'on détaille, on trouve pour l'Occident,

64. Une exception : la dernière olympiade de la série, la 151e, est rapportée en un livre au lieu de deux.

65. Une exception de même : la dernière de la série, la 157e, est rapportée en deux livres.

dans l'ordre, Italie, Sicile, Libye, Ibérie, Illyrie [66] ; et pour l'Orient, dans l'ordre, Macédoine, Grèce, Anatolie, Syrie, Égypte. La liste est exhaustive, mais il va de soi que, dans la mesure où, chaque année, il ne se produit pas partout des événements importants, Polybe ne passe pas nécessairement en revue toutes les parties du monde [67]. En outre, cet ordre est celui des livres I à V, transmis intégralement, et celui des livres VII à XI, XIII à XVI, et XVIII, transmis certes à l'état de fragments, mais par la tradition directe ; cet ordre considéré avec raison comme celui de l'auteur a été décalqué par les éditeurs pour les livres suivants, XX à XXXIII et XXXV à XXXIX, transmis à l'état de fragments par la tradition indirecte.

Le mouvement constant des *Histoires* est donc un mouvement spiralé, il consiste à s'enrouler autour du monde suivant la forme d'une hélice : on part du centre occidental de l'οἰκουμένη, c'est-à-dire Rome pour s'en écarter par degrés, en décrivant une courbe qui descend vers le sud, puis remonte vers le nord (Italie, Sicile, Libye, Ibérie) ; on revient brutalement vers le centre oriental de l'οἰκουμένη, à savoir la Macédoine et la Grèce — et plus particulièrement la Confédération achéenne — dont on s'écarte par degrés, en décrivant une courbe qui remonte vers le nord, puis redescend vers le sud (Anatolie, Syrie, Égypte) ; et l'on revient brutalement vers Rome. Il y a donc symétrie parfaite.

L'espace ainsi représenté ressemble à un cercle écrasé [68], une ellipse correspondant en gros au monde méditerranéen, avec ses deux axes de symétrie, à savoir le petit axe nord/sud — qui est, en l'occurrence, le plus important — et le grand axe est-ouest ; et avec ses deux foyers à savoir Rome et la Grèce. Cette figure géométrique est parfaitement appropriée à l'histoire universelle polybienne et l'idée d'une interférence entre deux mondes, l'Occident et l'Orient, puisque l'ellipse, comme on sait, a cette propriété fondamentale à savoir que n'importe lequel de ses points est placé de telle manière que la somme de ses distances aux deux foyers est constante.

---

66. La ligne de partage entre Occident et Orient passe finalement entre l'Illyrie d'un côté et la Macédoine et la Grèce de l'autre, car l'Illyrie est constamment rattachée à l'Occident (cf. livres II et III), mais en même temps sert de transition, de passage d'un monde à l'autre.

67. Polybe se réserve quand même le droit de ne pas respecter cet ordre strictement, par exemple de traiter les affaires d'Asie avant celles de Grèce pour des raisons de cohérence et d'intelligibilité (cf. XXXII, 11, 2).

68. Un cercle même très aplati : cf. É. Foulon, « Polybe et les Gaules », dans *Héros et voyageurs grecs dans l'Occident romain*, Actes du colloque CEROR, 23 janvier 1996, A. Billault éd., Université Lyon III, Paris, Diffusion De Boccard, 1997, p. 113 sq.

De même, le mouvement spiralé ou mieux hélicoïdal est parfaitement approprié à l'histoire universelle polybienne dans la mesure où, répété d'année en année, il brasse et mêle vertigineusement les différentes parties de l'οἰκουμένη.

Mais pourquoi cet ordre si paradoxal pour un auteur grec s'adressant à des lecteurs grecs : premièrement l'Occident, deuxièmement l'Orient ? Parce que Polybe a conscience que le centre de gravité du monde s'est déplacé de l'Orient vers l'Occident, que la première puissance au monde, de son temps, c'est Rome. Il convient de rappeler que les *Histoires* ont pour sujet la domination du monde par Rome : comment Rome, en cinquante-trois ans, a soumis à son autorité le monde presque tout entier. Rome est donc l'agent de l'unification du monde, l'agent de l'universalisation de l'histoire.

Polybe, même dans la προκατασκευή, l'Introduction, les livres I et II, respecte cet ordre spatial qu'il répartit entre les deux livres. Le livre I relate la première guerre punique (264 à 241) et la guerre des Mercenaires (241 à 238), donc les affaires d'Italie, de Sicile et de Libye, au cours des années 264 à 238, c'est-à-dire du début de la 129e olympiade jusqu'au milieu de la 135e. Le livre II relate l'expansion de Carthage en Ibérie, le passage de Rome en Illyrie et la première guerre illyrienne (237-221), les guerres gauloises, donc les affaires d'Ibérie, d'Illyrie et d'Italie, et relate la guerre de Démétrios (238-229), puis celle de Cléoménès (229-222), donc les affaires de Macédoine et de Grèce, couvrant dans l'ensemble les années 238 à 221, c'est-à-dire du milieu de la 135e olympiade jusqu'à la fin de la 139e [69]. L'histoire de l'Occident occupe un livre et demi (I et la première moitié de II) et celle de l'Orient un demi livre (la seconde moitié de II). Cette disproportion s'explique par une matière plus abondante dans un cas, moins abondante dans l'autre, ou plutôt par le fait que Polybe est obligé de remonter jusqu'à 264 pour l'Occident, au lieu de 238 pour l'Orient. Donc tout à fait logiquement, il dédie le livre I aux seules affaires d'Occident, de 264 à 238, et le livre II successivement à la suite des affaires d'Occident et aux affaires d'Orient de 238 à 221. Et le souci de la composition est tel chez lui qu'il équilibre parfaitement les deux parties du livre II, en consacrant les chapitres 1 à 36 à l'Occident et les chapitres 37 à 71 à l'Orient.

69. Pour le lecteur actuel, l'hélice polybienne se vrille ici avec le passage par l'Illyrie, puis par l'Italie. Mais cette anomalie se justifie par un décalage temporel, la première guerre illyrienne (237-228) précédant les dernières invasions gauloises (229-221).

Déséquilibre en faveur de la Grèce

Comme un architecte, Polybe, pour autant qu'il soit possible d'en juger, étant donné l'état fragmentaire du texte, a le souci d'équilibrer les masses non seulement dans l'ordre du temps, mais dans l'ordre de l'espace. Les cinq premiers livres, qui ont été transmis presque intégralement, montrent un traitement égal de l'Occident et de l'Orient. On a constaté précédemment que Polybe traite de l'Occident et de Rome au livre I, dans la première moitié du livre II et au livre III et qu'il traite de l'Orient et de la Grèce dans la deuxième moitié du livre II, au livre IV et au livre V. En somme, sur cinq livres, il dédie deux livres et demi à l'Occident, deux livres et demi à l'Orient.

Mais, un relevé précis et exhaustif effectué dans l'ensemble des livres suivants, tous transmis à l'état de fragments, révèle un déséquilibre flagrant en faveur de la Grèce et de l'Orient. A titre indicatif, dans la traduction de Polybe par Denis Roussel dans la collection de la Pléiade chez Gallimard, l'Occident occupe 218 pages, tandis que l'Orient en occupe 372. Le rapport de l'un à l'autre est de 1,7 environ ! Cependant cet écart se réduit, si l'on considère que les livres de digression traitent plutôt de l'Occident : c'est le cas du livre VI, presque exclusivement consacré à Rome, puisqu'il étudie la constitution romaine ; c'est le cas du livre XII, consacré à la critique de Timée et traitant de points de géographie et d'histoire concernant plutôt l'Occident [70], ce qui est logique puisque Timée fait l'histoire de la Sicile, de l'Italie, etc. ; mais il n'est pas possible de juger si c'était le cas du livre de géographie, le livre XXXIV, même si les fragments concernant l'Occident sont plus abondants que ceux concernant l'Orient.

La disproportion relevée est-elle le fait de l'auteur, un Grec qui écrit pour des lecteurs grecs [71] et qui a donc tendance à privilégier la Grèce et l'Orient ? On a pourtant constaté que l'équilibre entre Occident et Orient est parfait dans les cinq premiers livres, transmis presque intégralement ; en outre, Polybe est trop conscient de l'importance de l'Italie et de l'Occident dans l'histoire du monde, trop conscient du fait que le sort du monde se joue dorénavant à Rome, au sénat. Néanmoins, il avoue lui-même ceci à III, 3, 1 : à l'issue de la deuxième guerre punique, c'est-à-dire à partir du livre XVI, il transportera son récit « principalement en Grèce (ὁλοσχερῶς εἰς τοὺς κατὰ τὴν Ἑλλάδα τόπους) avec les changements de situation qui s'y produi-

70. Il s'agit par exemple de la géographie de l'Afrique et de la Corse, de l'histoire de Locres d'Italie, etc.

71. Polybe n'exclut pas pour autant l'éventualité de lecteurs romains : τοῖς ἐξ αὐτῆς <τῆς> πολιτείας ὁρμωμένοις, « les lecteurs issus de ce régime même » (VI, 11, 3).

sirent » [72]. Cela correspond tout à fait à la physionomie des fragments restants qui privilégient l'histoire grecque. Mais il est fort possible aussi que le déséquilibre ait encore été aggravé par les excerpteurs qui, pour plaire à l'empereur, à la cour, aux lecteurs byzantins, ont choisi de préférence des extraits en rapport avec la Grèce.

*
* *

En conclusion, premier point, les *Histoires* ne sont pas une histoire universelle au sens traditionnel du terme : elles couvrent tout l'espace, tous les peuples et tous les États de l'« œkoumène », mais non tous les temps, puisqu'elles se limitent finalement à trois quarts de siècle, soit trois générations (de 220 à 146). Elles sont une histoire universelle au sens polybien du terme, c'est-à-dire une histoire universelle pragmatique, une histoire universelle récente et contemporaine. Il ne faut pas pour autant prétendre, comme la plupart des traducteurs et des commentateurs, qu'il s'agit donc d'une histoire générale, car ce serait réducteur et simpliste, on perdrait de vue l'unification des histoires spécifiques, particulières, l'unité du monde et de l'histoire. Les *Histoires* sont vraiment une histoire universelle, car elles sont centrées autour d'une problématique unique, la domination de l'« œkoumène » par Rome, autour d'un agent unique, qu'il s'agisse de l'instance immanente qu'est Rome elle-même (et sa constitution) ou qu'il s'agisse de l'instance transcendante qu'est la Τύχη, la Fortune qui favorise Rome [73]. Polybe modernise, renouvelle ainsi l'histoire universelle au bout d'un siècle et demi à deux siècles d'existence.

Deuxième point, les *Histoires* — initialement en trente, finalement en quarante gros livres — sont non seulement une œuvre colossale [74], mais aussi une œuvre qui au cours de son élaboration a évolué, subissant une greffe qui risque de déséquilibrer l'ensemble ; néanmoins, il n'en est pas résulté pour autant un monstre disgracieux, elle est demeurée fortement charpentée et structurée. Une œuvre

72. III, 3, 1 : ... μεταβιβάσομεν τὴν διήγησιν ὁλοσχερῶς εἰς τοὺς κατὰ τὴν Ἑλλάδα τόπους ἅμα ταῖς τῶν πραγμάτων μεταβολαῖς.

73. Cf. p. 49 avec n. 12. De temps à autre, Polybe formule sa problématique dans les termes suivants : « de quelle façon et grâce à quelle forme de gouvernement la Fortune a accompli de notre temps son œuvre la plus extraordinaire », c'est-à-dire « soumettre à l'autorité d'une domination unique [celle de Rome] toutes les parties connues du monde, fait auquel on ne trouve pas de précédent » (VIII, 2, 3-4). Cette idée se trouve exprimée de même à I, 1, 5 ; 4, 5 ; VI, 2, 7.

74. Peut-être l'histoire universelle la plus vaste jamais entreprise et qui ne devait pas être dépassée, mais seulement égalée en volume par la *Bibliothèque historique* de Diodore, au siècle suivant.

d'une telle dimension offrant une telle diversité d'événements, de lieux, d'années, d'olympiades qui se suivent et ne se ressemblent pas, est non seulement jalonnée d'une foule de points de repère qui guident partout et toujours le lecteur, mais encore caractérisée par une cohérence tout à fait remarquable dans l'ensemble et dans le détail, une architecture à la fois ferme et souple, en tout cas équilibrée de l'ensemble avec, dans l'ordre de l'espace, l'hélice polybienne et, dans l'ordre du temps, les trois périodes qui font comme un triple portique.

Troisième point, on a quand même relevé une disproportion flagrante entre Occident et Orient, entre Rome et la Grèce : elle révèle un décalage, une distorsion entre l'objet déclaré des *Histoires* et le sujet réellement traité qui n'est pas tant de savoir comment Rome a soumis le monde entier que de savoir comment Rome a soumis le monde grec, le monde hellénistique. Ce sujet est l'unique et vrai sujet, celui qui passionne un auteur — et un lecteur — ayant vécu cette chose inouïe. Quand Polybe déclare que Rome a soumis le monde entier, « fait auquel on ne trouve pas de précédent », il entend certes par là que seule Rome a entrepris la conquête et de l'Occident et de l'Orient, tandis que les autres empires avaient entrepris de conquérir uniquement l'Orient ; mais il entend en outre par là que seule Rome a réussi à soumettre la Grèce, ce que les autres empires n'avaient jamais fait [75]. Polybe comme ses contemporains a subi ce traumatisme qui a brisé sa carrière et sa vie et dont il ne s'est jamais remis, mais qui a généré les *Histoires*. L'otage Polybe, qui reste sous le choc, va prendre sa revanche sur la Fortune en cherchant à comprendre et reconnaître ce qui s'est passé, en démontant et remontant le mécanisme de la conquête du monde par Rome et sa constitution ; et la place privilégiée du monde grec et hellénistique dans les *Histoires* est une revanche historiographique de la Grèce sur Rome, autre forme de *Græcia capta* : Rome est prisonnière de l'histoire grecque, donc de la Grèce et des royaumes hellénistiques qu'elle maintient sous le joug. Rome apparaît comme accaparée, absorbée par les affaires de Grèce dont elle ne parviendra plus à s'extraire.

Éric Foulon

75. Tel l'Empire médo-perse. Et l'Empire macédonien ? La Macédoine a certes soumis la Grèce, mais elle n'était pas une puissance tout à fait étrangère, elle était de culture grecque et elle a, dans une certaine mesure, associé la Grèce à sa conquête du reste du monde.

ANNEXE

TABLEAU DES *HISTOIRES*

LIVRES	AXE TEMPOREL OLYMPIADES/ ANNÉES	AXE SPATIAL LIEUX / DATES / ÉVÉNEMENTS
I	Ol. 129/1 à 135/2 (= été 264-été 238)	Première guerre punique (264-241) Guerre des mercenaires (241-238)
II	Ol. 135/3 à 139/4 (= été 238-été 220)	Hamilcar en Ibérie. Première guerre d'Illyrie (237-228) Hasdrubal en Ibérie. Guerres gauloises (229-221) Histoire de la Confédération achaïenne depuis les origines Guerre de Démétrios (238-229) Guerre de Cléoménès (229-222)
III	Ol. 140 (= été 220-été 216)	Origines de la deuxième guerre punique Expédition d'Hannibal (218-216)
IV	Ol. 140/1-2 (= été 220-été 218)	Grèce (221-220) Origines de la guerre des Alliés Guerres : de Byzance, en Crète, de Sinope (220-219) Suite de la guerre des Alliés (print. 219-print. 218)
V	Ol. 140/3-4 (= été 218-été 216)	Suite de la guerre des Alliés (print. 218-print. 217) Syrie, Égypte et guerre de Cœlé-Syrie (223-217) Fin de la guerre des Alliés (print. 217-été 216)
VI		Typologie et cycle des régimes Constitution mixte. Institutions romaines
VII	Ol. 141/1-2 (= été 216-été 214)	Italie (216-215) Sicile (215-214) Grèce (215-214) Asie (214)
VIII	Ol. 141/3-4 (= été 214-été 212)	Sicile (213) Grèce (213) Asie (213) Italie (hiv. 213-212) Sicile (212)
IX	Ol. 142/1-2 (= été 212-été 210)	Italie (211) Sicile (211) Ibérie (211) Italie (210) Sicile (210) Grèce (210) Asie (210)
X	Ol. 142/3-4 (= été 210-été 208)	Italie (209) Ibérie (210-209) Grèce (210-209) Asie (210-209) Italie (208) Ibérie (209-208) Grèce (208) Asie (208)
XI	Ol. 143/1-2 (= été 208-été 206)	Italie (207) Grèce (207) Ibérie (206) Asie (206)
XII		Critique de Timée. Méthode historique
XIII	Ol. 143/3-4 (= été 206-été 204)	Grèce (206-204) Asie (205)
XIV	Ol. 144/1 (= été 204-été 203)	Afrique (203) Égypte (217-204)
XV	Ol. 144/2 (= été 203-été 202)	Afrique (203-202) Grèce (203-202) Égypte (204-202)
XVI	Ol. 144/3-4 (= été 202-été 200)	Macédoine (201) Grèce (201) Égypte (202-201) Syrie (201) Macédoine, Grèce (201-200) Asie (200)
XVII	Ol. 145/1-2 (= été 200-été 198)	

XVIII	Ol. 145/3-4 (= été 198-été 196)	Macédoine, Grèce (198-197) Asie (197) Italie (déb. 196) Grèce (197-196) Asie (196) Égypte (fin 197)
XIX	Ol. 146 (= été 196-été 192)	
XX	Ol. 147/1-2 (= été 192-été 190)	Grèce (192-191)
XXI	Ol. 147/3-4 (= été 190-été 188)	Italie (191-190) Grèce (190) Asie (190-189) Italie (print. 189) Grèce (190-189) Asie (189-188)
XXII	Ol. 148 (= été 188-été 184)	Grèce (187-185) Italie (185 ?) Macédoine (185-184) Crète (185 ?) Égypte (186 ?) Macédoine, Grèce (184) Anatolie (183)
XXIII	Ol. 149/1-2 (= été 184-été 182)	Italie (184-183) Grèce, Macédoine (183) Italie (183-182) Macédoine (182) Péloponnèse (182)
XXIV	Ol. 149/3-4 (= été 182-été 180)	Italie (182-181) Grèce, Macédoine (181) Italie (181-180) Péloponnèse (180) Asie (180)
XXV	Ol. 150 (= été 180-été 176)	Ibérie (179) Asie (179) Macédoine (178) Italie (177) Italie (176)
XXVI	Ol. 151 (= été 176-été 172)	Syrie (175-172)
XXVII	Ol. 152/1-2 (= été 172-été 170)	Macédoine, Grèce (172-171) Égypte (180-171) Macédoine, Grèce (171-170) Asie (171-170)
XXVIII	Ol. 152/3 (= été 170-été 169)	Italie (169) Macédoine, Grèce (fin 170-169) Syrie, Égypte (169)
XXIX	Ol. 152/4 (= été 169-été 168)	Italie (168) Macédoine, Grèce (fin 169-168) Anatolie (168) Syrie, Égypte (168)
XXX	Ol. 153 (= été 168-été 164)	Italie ; Rhodes ; Grèce ; Égypte (168-167) Italie ; Crète, Rhodes ; Asie (167-166) Grèce (166-165) Italie (165-164)
XXXI	Ol. 154 (= été 164-été 160)	Italie ; Rhodes ; Asie (164-163) Italie ; Anatolie ; Égypte (163-162) Italie ; Égypte (162-161) Italie ; Rhodes ; Asie (161-160)
XXXII	Ol. 155 (= été 160-été 156)	Italie ; Grèce (160-159) Italie ; Anatolie (159-158) Italie ; Anatolie ; Grèce (158-157) Italie ; Anatolie (157-156)
XXXIII	Ol. 156 (= été 156-été 152)	Italie ; Rhodes ; Chypre ; Anatolie (156-155) Italie ; Ligurie ; Italie ; Anatolie (155-154) Italie ; Crète, Rhodes (154-153) Italie ; Syrie (153-152)
XXXIV		Géographie
XXXV	Ol. 157/1-2 (= été 152-été 150)	Ibérie, Italie (152) Ibérie (151) Italie (150)
XXXVI	Ol. 157/3-4 (= été 150-été 148)	Troisième guerre punique, Afrique ; Grèce ; Anatolie (150-149) Afrique (149) Macédoine (148)
XXXVII	Ol. 158/1 (= été 148-été 147)	

XXXVIII	Ol. 158/2 (= été 147-été 146)	Afrique (aut. 147) Guerre d'Achaïe (147-146) Afrique (print. 146)
XXXIX	Ol. 158/3 (= été 146-été 145)	Grèce (146-145) Égypte (145)
XL	Tableau chronologique	

DE POLYBE À DIODORE : LES LEÇONS DE L'HISTOIRE

Un peu plus d'un siècle, marqué par un changement politique d'importance, sépare Diodore de Polybe et si cette évolution ne suffit pas à expliquer la disparité de leurs œuvres, elle se traduit néanmoins par de véritables différences, non seulement dans la conception que chacun d'eux se fait de l'histoire, mais encore dans la manière dont ils écrivent celle-ci. Pour Polybe en effet, Grec déporté en Italie avec mille autres otages qui doivent, au lendemain de la victoire de Rome sur Persée de Macédoine en 168 av. J.-C., garantir la tranquillité de la turbulente Ligue achéenne, la nouvelle puissance romaine est d'abord un objet d'étude : il lui faut établir comment et grâce à quelles institutions Rome a, en moins de cinquante-trois ans, conquis l'hégémonie sur le monde. Malgré une admiration lucide, mais sans complaisance, pour ses réussites, malgré des affinités avec certains des Romains qu'il rencontre (et que l'on perçoit dans les expressions qu'il emploie [1]), il garde sur elle, dix-sept années durant, un regard étranger. Les conditions d'observation dans lesquelles il se trouve sont certes remarquables : devenu à Rome même précepteur des enfants de Paul-Émile, le vainqueur de Persée, il prend, sur ce qu'il voit, les notes — les ὑπομνήματα — qui seront la base des quarante livres de son enquête, les *Histoires* ; il a accès aux archives romaines, fréquente, dans un milieu facilement bilingue comme l'a montré M. Dubuisson, le cercle des dirigeants romains, accompagne même Scipion Émilien et peut donc se livrer à certaines missions de reconnaissance sur le terrain (III, 59, 6-8). Il est probable aussi qu'il lit des extraits de son œuvre [2]. Cela étant, comme le montre l'anecdote que nous a transmise Plutarque sur la libération des déportés achaïens (*Cato Mai.* IX et *Histoires* XXXV, 6), l'action politique reste pour lui essentielle et

1. Sur les latinismes de Polybe, cf. M. Dubuisson, *Le latin de Polybe*, Klincksieck, Paris, 1985, p. 214, pour la traduction de l'expression *mare nostrum*, en particulier.

2. Sur les différents termes qui désignent, dans l'œuvre, le public de Polybe et renforcent cette hypothèse, cf. M.-R. Guelfucci, « Des mots et des manières de lire : le “ lecteur ” de Polybe », dans *Nomina Rerum*, L.A.M.A. n° 13, 1994, p. 249-252 plus précisément.

cela n'est pas sans conséquence sur sa conception de l'histoire : car pour lui, comme pour Thucydide avant lui, écrire l'histoire est, pour qui est écarté de l'action, une autre manière d'agir sur les événements. Diodore, au contraire, originaire d'Agyrion en Sicile, est certes lui aussi un Grec et nous apprend lui-même qu'il connaît et lit le latin, qu'il a pu avoir accès à l'importante documentation de Rome (I, 4, 4). Mais pour lui, la puissance romaine est un fait établi (I, 4, 3) et nous verrons, en comparant deux fragments qui portent sur un même fait, que, contrairement à Polybe, il ne s'interroge pas sur les moyens par lesquels elle s'impose.

Nous voudrions donc montrer comment, dans sa façon de mener sa recherche, Diodore s'inscrit dans une tradition historique et suit les principes de méthode définis par Polybe, mais en se séparant de son prédécesseur sur un point essentiel. De même, dans l'organisation générale et la composition de détail de son œuvre, il reprend certes — et presqu'à la lettre — les idées et le texte de Polybe, mais c'est là encore à une différence très significative près. Enfin dans la mise en place, par l'éloge et le blâme, des leçons de l'histoire, Diodore ne conserve de la définition de l'histoire comme leçon que la signification la plus classique et méconnaît le sens profondément original du μάθημα, inscrit dans la structure et l'écriture de l'œuvre, qu'en avait donné Polybe. Il n'en reste pas moins que, même controversée, sa réussite est autre : après la leçon de philosophie politique, fondée sur une philosophie de l'histoire, que sont les *Histoires* de Polybe, l'œuvre de Diodore vise à transmettre à ses lecteurs une somme de connaissances, un savoir.

*
* *

Par son projet historique, défini dans les cinq premiers chapitres de son œuvre, Diodore se donne comme un novateur : il reprend certes à ses devanciers l'idée d'écrire une histoire universelle, mais il se distingue très nettement d'eux en élargissant le champ de celle-ci (I, 3, 1-4). Car s'il refuse, comme Polybe par exemple, le cadre limité d'une cité ou d'une guerre particulières et inscrit au contraire son récit dans celui de l'οἰκουμένη, il veut toutefois composer une histoire universelle qui, au contraire de celle de Polybe, ne se limite pas dans le temps ; il va même plus loin que certains de ses prédécesseurs plus anciens, comme Éphore, Théopompe et Callisthène, explicitement nommés en IV, 1, 1-4, qui avaient pris pour point de départ de leur œuvre le retour des Héraclides (1104/3 av. J.-C.). En remontant, dans ses six premiers livres aux événements antérieurs à la guerre de Troie, époque mythique pour laquelle n'existe aucune chronologie digne de foi (I, 5, 1), Diodore sort du « temps des hommes », pour reprendre une distinction que faisait déjà Hérodote, en III, 22 de son *Enquête*, entre temps mythiques et temps de l'histoire, et entreprend une étude de l'histoire de l'humanité depuis les origines du monde jusqu'à 60/59 av. J.-C., « première année de la cent quatre-vingtième olympiade » (I, 4, 6-7). Dans son prologue, il définit très clairement le plan d'ensemble : la période mythique, traitée en deux parties égales (celle des barbares, puis celle des Grecs) dans les six premiers livres, l'époque historique, de la guerre de Troie (1184/3 av. J.-C.) jusqu'à la mort d'Alexandre (VII-XVII), l'époque, enfin, qui va de 323 av. J.-C. jusqu'« au début de la guerre des Gaules », dans les livres XVIII à XL. L'œuvre, quarante livres dont il ne nous reste entièrement qu'une quinzaine [3], est immense et, alors qu'elle a déjà été partiellement publiée contre son gré (fragment XL, 8), Diodore en définit précisément la teneur et le cadre chronologique pour éviter que l'on porte atteinte au dessein d'ensemble en la publiant par extraits épars (I, 5, 1-2).

Un tel projet de recherche réclamait une méthode que Diodore reprend à certains de ses devanciers en s'inscrivant à son tour dans une lignée d'enquêteurs et, à une différence très significative près, c'est précisément celle que Polybe définit, au livre XII de son œuvre, pour garantir la vérité des faits, condition *sine qua non* de l'histoire : à moins de vouloir ressembler au pilote nourri de théories qui gouverne son navire d'après un livre (25d, § 6), l'historien ne saurait se contenter d'un travail de recherche en bibliothèque, qui n'est, s'il est bien mené, qu'un des trois éléments nécessaires à l'étude de l'histoire, le deuxième étant (25e, § 1) une enquête sur les lieux (visite des villes et des pays), complétée par une enquête auprès de témoins (27, 3). Lui-même, dans ses *Histoires*, justifie certains passages par son propre témoignage (III, 59, 6-8) ou dénonce plus d'une fois (en XII, 21e par exemple, à propos du récit d'Issos que fait Callisthène) les contradictions flagrantes entre les données matérielles et les affirmations de certains de ses prédécesseurs, conséquences d'une absence de vérification sur les lieux. Or Diodore a mené cette double enquête. Dans son prologue (I, 4, 2), il en rappelle les difficultés et précise que, malgré cela, son œuvre est le fruit de trente années d'un travail soutenu par la passion (τῇ ἐπιθυμίᾳ) de l'étude.

Il nous donne d'ailleurs indirectement l'idée, en I, 3, 3-8, des difficultés qui ont été les siennes pour mener à bien la première enquête, la recherche documentaire, et faire la synthèse de renseigne-

3. Les livres I à V, XI à XVII, XVIII à XX.

ments puisés à de multiples sources, souvent contradictoires entre elles. Il se réfère aussi à des documents divers : tables chronologiques existantes, dès qu'il s'agit de la période historique, comme celle d'Apollodore d'Athènes qui va de 1184 à 119 av. J.-C., cartes si l'on se réfère, par exemple, au début du livre XVIII, mais aussi archives des prêtres égyptiens en I, 69, 7, résultats de recensement, à Alexandrie (XVII, 52, 6). Car s'il précise qu'il a souvent travaillé à Rome (IV, 2-4), ces notations montrent qu'ailleurs aussi, il a consulté des documents et des registres. Ses lectures sont donc multiples et, sans être aussi admiratifs que le furent l'Antiquité ou la Renaissance, les chercheurs corrigent le jugement très négatif du siècle dernier, trop influencé par la recherche des sources : l'éclectisme de Diodore a été démontré par W. Spoerri pour le tout début du livre I sur les origines du monde et, dans son introduction au commentaire qu'elle fait de ce livre, A. Burton fait très justement remarquer que, dans l'état au mieux fragmentaire, très souvent, des documents dont nous disposons, nous ne pouvons ni mesurer l'ampleur du travail de Diodore ni lui faire l'injustice de croire qu'il a suivi ses sources sans faire preuve de la moindre originalité. On a remarqué, au contraire, qu'il était parfois, en I, 69, 7 par exemple, très critique à l'égard d'Hérodote qui est pourtant certainement, sur l'Égypte au livre I, sa source principale ; mais il l'est aussi envers Éphore, dont le projet d'histoire universelle était proche du sien : si l'on excepte un éloge marqué, mais pour la rigueur avec laquelle il a organisé son œuvre (V, 1, 4), il peut se référer à lui quand il précise des nombres ou des effectifs ou lui emprunter telle tradition (V, 64, 4), mais aussi le critiquer vivement (I, 37, 4 et 39, 13 surtout).

Si l'on reprend comme critère d'appréciation la première exigence de l'enquête historique définie par Polybe, il semble donc que Diodore ne ressemble en rien au mauvais historien caricaturé de façon polémique en XII, 27, 4-5 des *Histoires*, qui mène très négligemment son travail de compilation, et qu'il ait fait de son mieux, au contraire, le travail d'information et de juxtaposition des matériaux. Bien évidemment, avec un tel nombre de documents, le résultat n'est pas sans maladresse ou sans erreur : ainsi, dans le cadre annalistique adopté, la référence constante à un double repère (l'archonte éponyme à Athènes, les consuls à Rome) étonne un peu quand il s'agit, par exemple, de la conquête d'Alexandre, même si l'on peut y reconnaître un trait d'époque ; les différents éditeurs des livres de Diodore ont fait aussi remarquer les erreurs de date, dues à la difficulté d'utiliser les tables chronologiques ou à un défaut d'harmonisation des références, l'année romaine ou l'année macédonienne, pour ce qui est du livre XVII, ne commençant pas en même temps. Dès le prologue se pose même le problème de la discordance entre le terme qu'assigne Diodore à son œuvre : la guerre des Gaules, et l'année que donne son calcul [4]. Parfois, sur une période qui nous est mieux connue par ailleurs, il choisit, à propos par exemple des motivations et de l'action de Périclès (XII, 38, 2-40, 6 et 39, 2 en particulier) ou du nombre et du destin des accusateurs de Socrate (XIV, 37, 7), une version qui peut étonner. Cela étant, il cherche de son mieux, si on l'en croit (III, 11, 1-3), à apprécier et confronter ses sources et à vérifier lui-même sur place ce qu'il a lu, quand c'est possible, pour donner « les opinions les plus généralement admises » (III, 11, 1-3).

Parallèlement, une autre de ses difficultés a été l'enquête et la vérification sur les lieux et il peut être significatif que Diodore commence par cet aspect de sa recherche ; c'est sans doute parce qu'il a eu de la peine à la mener, mais aussi parce que le monde est devenu plus vaste et plus accessible, avec la découverte de terres inconnues due à la conquête d'Alexandre et à l'expansion de la puissance romaine, comme le fait déjà remarquer Polybe à propos de son époque (III, 59, 3), puis à Jules César (*Bibliothèque historique* III, 38, 3) ; c'est, malgré les analogies entre la manière de procéder des deux historiens, l'une des différences entre l'époque de Diodore, pour laquelle la littérature des voyages est connue [5], et Hérodote, qui fait figure de pionnier par comparaison. L'un des passages les plus étonnants de cette « *autopsie* » de la *Bibliothèque historique* est, au livre XVII, le surgissement successif des époques dans la description d'Alexandrie, site déshérité remarquablement choisi par Alexandre, au début du texte, puis capitale prestigieuse des Ptolémées, cité puissante et peuplée enfin (bien trop peuplée, si l'on suit la démonstration de Moses I. Finley [6]) que visite Diodore entre 60 et 56 av. J.-C. (I, 44, 1 et XVII, 52, 6), si étonnante même qu'il en oublie toute allusion à Rome. En général, dans l'exposé de ce qu'il a vu lui même (I, 44, 1 ; 46, 7 ; 83, 9 ; III, 11, 3 et 38, par exemple) ou de ce qu'il accepte d'un témoin plus ou moins proche de l'événement dans le temps, son enquête ressemble à celle d'Hérodote dans la méthode comme dans le critère largement choisi, le θαῦμα ou le θαυμαστόν d'Hérodote devenant plus volontiers, mais sans être oublié, le παράδοξον, essentiel dans toute l'œuvre, mais

4. Cf. A. Burton, *Diodorus Siculus, Book I, A Commentary,* Leyde, 1972, p. 40 sqq. : pour elle il s'agit sans doute simplement d'une erreur de calcul, d'autant plus explicable que Diodore ne dispose plus de table chronologique après 119 av. J.-C., date à laquelle s'arrête celle d'Apollodore d'Athènes.

5. Cf. F. Chamoux, *La civilisation hellénistique*, Paris, 1985, p. 343 sq. Sur Diodore plus généralement, on peut se reporter à la minutieuse introduction d'ensemble qui précède l'édition du livre I, C.U.F. 1993, p. VII-LXXVI.

6. M. I. Finley, *Sur l'histoire ancienne,* Paris, 1987, p. 119 sqq.

qui scande en particulier tout l'exposé sur les Éthiopiens, au livre III (7, 1 ; 17, 1 ; 18, 7 ; 26, 2 ; 29, 5), voire le παραδοξότερον (III, 18, 1) ou le παραδοξότατον (III, 6, 1 ; 18, 3 ; V, 14, 2) ou l'ἰδιότης (III, 19, 6), entre autres très nombreux exemples. Comme dans l'*Enquête* de son lointain prédécesseur, Diodore prévoit le scepticisme des incrédules devant l'incroyable (ἄπιστον, en III, 24, 2, par exemple) et cherche à convaincre que même l'étrange peut être véritable (ainsi en III, 29, 2 et 30, 4) ; ailleurs, il cite ses sources, donne comme argument la permanence des coutumes, explique certains breuvages inconnus par référence à ce qui est connu... pour ne pas être bon (III, 32, 3) ou marque les différences caractéristiques, entre la couleur des poissons de la mer Caspienne et « ceux de chez nous » (XVII, 75, 3) par exemple. Dans cet aspect de son enquête également, Diodore ne se contente pas d'un étonnement passif et cherche, comme on le voit clairement en I, 86-90 à propos du culte des animaux en Égypte, à donner méthodiquement — et en les commentant au besoin — les différentes causes avancées par les Égyptiens pour ce qui est difficilement croyable (critère qui apparaît au début comme à la fin du texte, en 86, 1 comme en 90, 4).

Cela étant, ce qui manque le plus à Diodore, c'est probablement la troisième qualité que Polybe exige de l'historien idéal, l'expérience de l'activité politique (25e, 1), si essentielle à ses yeux qu'il reprend et adapte, pour l'ériger en règle, le leitmotiv platonicien de la *République* (28, 1-5) : l'histoire n'ira bien que le jour où les hommes politiques entreprendront de l'écrire ou lorsque les historiens penseront que l'expérience politique est indispensable à l'histoire. Car l'histoire, pour Polybe, ne peut se faire leçon que si l'historien peut saisir l'événement de l'intérieur en discernant, dans la complexité des faits, l'essentiel du superflu ou de l'apparent (25g). C'est seulement ainsi qu'il sait, dans son enquête, poser les bonnes questions (28, 8-9), introduire les discours qui rendent clairement compte de la trame des événements (25a 3), faire revivre le passé (ἐμπείρως, ἐμφαντικῶς, en 25g 2). Sinon, dans le désordre d'une narration qu'il ne maîtrise pas, il serait, selon une expression paradoxale, mais très expressive, « aveugle à ce qu'il voit » (24, 6), « absent tout en étant là » (24, 6 et 28a 10). La référence commune que font Polybe et Diodore à Ulysse, exemple des peines endurées et des connaissances que donnent d'autres contrées, est toutefois différente : pour Diodore, au tout début de son œuvre, il est un exemple pour ses lecteurs ; pour Polybe, en XII, 27, 10-11 des *Histoires*, il sort du texte d'une certaine manière et symbolise l'activité de l'historien, nourrissant et informant le récit de ses expériences passées. L'exigence d'un historien qui ait cette double compétence militaire et politique tient donc à la compréhension et à l'explication des événements ; mais elle influe aussi sur la conception de la nature de l'histoire et sur la manière même d'écrire celle-ci.

Or Diodore n'a pas sur l'événement un regard politique : son projet lui-même, qui fait une place à l'histoire mythique, n'est pas, comme celui de Thucydide ou de Polybe, de s'en tenir à une histoire contemporaine, fondée sur les πράγματα qui font de l'œuvre de Polybe une « histoire pragmatique », histoire des faits politiques (et donc aussi militaires). En conséquence, tous deux traitent différemment des différentes branches qui composent l'histoire : alors que Polybe ne considère le plus souvent dans son exposé des faits la topographie, la géographie ou la sociologie qu'en fonction de ce qui peut faire comprendre l'événement qu'il rapporte, Diodore ne donne pas cette limite à sa curiosité. Il se propose même sciemment, au contraire de ses prédécesseurs, d'explorer la mythologie du lointain passé (IV, 1). Mais son goût de connaître s'exerce aussi sur les diverses théories de la création du monde (I, 6, 3-8, 1), sur l'origine du langage (les mots devenant les symboles reconnus de chaque objet) et la variété des langues (I, 8, 3-4) ou sur l'écriture symbolique des Éthiopiens (III, 4). Polybe, lui, ne remonte aux temps les plus anciens de l'humanité, après une catastrophe naturelle qui détruit tout (VI, 5, 5), que pour expliquer comment s'est créée la société politique. Mais deux domaines sont particulièrement représentatifs de leur approche respective de l'histoire : la sociologie et bien évidemment la description des péripéties de la guerre ou de la politique.

Polybe n'a pas un esprit fermé à ce qui peut expliquer les changements de société, comme le montrent ses remarques sur la dépopulation de la Grèce, due au souci croissant de confort qui empêche les Grecs d'avoir plus de deux enfants (XXXVI, 17) ; mais il ne fait ces considérations extérieures à son sujet que pour donner un exemple, dans le cadre d'une argumentation plus générale. De même, quand il décrit certains usages romains (III, 112, 8-9 ou IX, 6, par exemple), c'est avec le regard détaché de l'historien — et/ou de l'étranger — pour mieux rendre compte de la panique qui gagne Rome quand Hannibal est à ses portes. En revanche, les deux historiens font preuve du même intérêt pour certains rituels (la procession des *imagines* à Rome, en VI, 52, 11-55 des *Histoires*, les funérailles des souverains égyptiens, en I, 72 de la *Bibliothèque historique*), mais parce que ceux-ci s'inscrivent dans une fonction morale et sociale de l'histoire et répondent, comme nous le verrons, à un souci qui leur est commun : donner des cadres aux gouvernants ou à la jeunesse.

En revanche, bien que Diodore puisse rendre compte de certains moments de la guerre qui l'intéressent plus particulièrement (le siège des villes, par exemple), il n'a pas vraiment, notamment dans la description des batailles, le sens des ensembles et préfère se consacrer à quelques scènes particulières. Ainsi, si l'on prend les grandes victoires d'Alexandre en Asie (en laissant de côté le récit d'un Granique chronologiquement fictif, puisqu'il laisse entendre qu'Alexandre a sagement écouté les conseils de Parménion et attendu le matin pour combattre — ce qu'il ne fit pas), Issos comme Gaugamèles laissent au lecteur le souvenir de quelques descriptions concises, mais qui s'apparentent à des tableaux : la mort des cavaliers perses qui cherchent à s'échapper par des défilés trop étroits, dans la déroute qui suit la fuite de Darius (XVII, 34, 8), les effets des chars à faux à Gaugamèles sur les rangs macédoniens, alors même que Diodore met en valeur la prévoyance d'Alexandre qui les rend grandement inefficaces, en XVII, 58, 5. La fuite de Darius donne lieu à une description remarquable qui croque rapidement les éléments d'un tableau : épaisse poussière et mêlée de la bataille qui rendent peu discernables ceux qui s'enfuient, tandis que les divers bruits qui s'élèvent scandent la fin du paragraphe : gémissements, martèlement, claquement des fouets (XVII, 60, 4). Dans le récit de la prise des capitales perses, un passage est particulièrement caractéristique de la différence entre Polybe et Diodore, l'incendie du palais de Persépolis, en XVII, 72, qui met l'accent sur la guerre de représailles, la courtisane Thaïs vengeant, en lançant la première après le roi — ἠκόντισεν — sa torche sur le palais, les crimes de Xerxès contre l'Acropole ; Diodore emploie volontairement le même verbe qu'au chapitre 17, 2, quand, au moment du débarquement en Asie, Alexandre jette sa lance du navire et la fiche en terre asiatique. Historiquement, le symbole de la guerre de représailles, voulu par Philippe II puis Alexandre, est un fait. Mais seules des allusions peu claires à la colère d'Alexandre, dans le passage qui précède (71, 3) et qui décrit la prise de Persépolis, puis dans le passage qui suit et qui mentionne la conquête de la Perside, probablement mal placé par Diodore et qui doit précéder le récit de l'incendie, permettent de retracer la suite des événements : la prise de Persépolis en janvier 330, le vain effort d'Alexandre pour gagner par la persuasion les élites perses, avec le séjour à Pasargades, l'incendie de la ville royale, mais quelques mois plus tard, en avril, pour imposer, par la terreur cette fois, la loi du vainqueur comme il le fait quand sa politique de persuasion est sans résultat. En décrivant les faits les plus marquants dans leur simple succession, Diodore néglige ce qui est pour Polybe l'essentiel de l'histoire : la mise en valeur de la logique interne des événements.

***

Diodore fait pourtant apparaître la pertinence de son entreprise, « raconter les événements du monde entier... comme si c'était l'histoire d'une seule cité » (I, 3, 6), d'une manière étonnamment analogue à celle de son prédécesseur, dont le projet était beaucoup moins ambitieux (*Histoires* III, 32, 1-5, puis 8-10) : nombre limité de livres à consulter, au contraire d'un grand nombre d'ouvrages qui se contredisent, synthèse de faits présentés dans leur enchaînement continu (... πραγματεία τὸ τῶν πράξεων εἰρόμενον ἔχουσα). Si l'on complète cet exposé de méthode par l'introduction au livre XVII, auquel le personnage d'Alexandre donne certes une unité particulière dans l'œuvre, mais qui n'en est pas moins représentatif des choix faits par Diodore pour structurer la *Bibliothèque historique*, la volonté d'organiser rigoureusement le récit semble très proche, en apparence, des principes de Polybe : pour que la chaîne des événements (συνεχές, deux fois en XVII, 1, 2), présentée de leur début à leur fin, devienne compréhensible et mémorisable (πράξεις εὐμνημονεύτους), il faut que l'historien choisisse les faits et aille à l'essentiel : κεφαλαιωδῶς τεθείσας.

Ainsi, bien que chaque livre forme un tout autonome, sans lien logique qui mettrait un livre en stricte relation avec le précédent, il est situé dans l'œuvre et donc intégré à un tout : τῆς ὅλης συντάξεως. Il est aussi très clairement situé dans l'ensemble, comme le marque, si l'on reprend l'exemple du livre XVII, la structure en parataxe avec, dans des phrases parallèles, le rappel du livre précédent : les vingt-quatre années du règne de Philippe II de Macédoine et la définition du sujet à traiter : le règne d'Alexandre jusqu'à sa mort. Une conclusion nette à la fin du livre (118, 4) répond à cette introduction, avec le rappel de son projet — πρόθεσις — et l'annonce du sujet du livre suivant : la politique des diadoques. En procédant ainsi tout au long de son œuvre, Diodore semble vouloir faciliter la tâche de son lecteur, conformément à son annonce du prologue général (I, 3, 8). Il assigne donc à chaque période qui forme un tout autonome des cadres chronologiques dont il précise les termes (XVII, I, 1 et 2, fin du § 5) et, dans le détail du récit, marque très nettement, comme Polybe, les changements du lieu de l'action, entre la Grèce et l'Asie dans le livre XVII. Par souci du sens des proportions : στοχαζόμενοι τῆς συμμετρίας, il établit volontairement à l'intérieur d'un même livre deux parties autonomes, si le livre est trop important (I, 41, 10), comme le sont les livres I et XVII.

Toujours pour rendre la lecture plus claire, Diodore se rappelle généralement lui-même à l'ordre, soucieux de faire le tour de la question (περιλαμβάνειν, deux fois présent dans l'introduction du livre XVII, en 1, 1 et 1, 2), mais refusant d'anticiper sur le détail de son récit. Il s'impose donc de traiter chaque élément en temps opportun (Ἀλλὰ γὰρ..., liaison significative en XVII, 1, 4 et que vient préciser un προλαμβάνειν τι nié). Mais c'est ainsi qu'il procède généralement, recherchant, comme en I, 41, 10, la concision (συντομίαν) dont il dit qu'elle est pour lui une règle. Il n'y a pas là de vraie contradiction avec tel ou tel développement plus précis comme la description des habitations rencontrées par l'armée d'Alexandre dans le Caucase indien (XVII, 82) : Diodore privilégie dans le récit la succession des événements, mais, à propos de l'un ou l'autre, s'attarde sur ce qui mérite d'être mentionné pour sa particularité, retenu par la mémoire. La différence avec la méthode d'Hérodote tient au souci de ne pas détourner du fil du récit, par une digression trop longue, l'attention de ses lecteurs.

Pour préserver la cohérence de son récit, il recherche aussi la simplicité du style et refuse d'y introduire des discours qui ne seraient que des ornements ou des morceaux d'apparat en définissant le genre historique par la comparaison même qu'emploie Polybe (I, 4, 7-8) pour montrer la cohésion de l'histoire universelle et la supériorité de celle-ci sur les histoires partielles : « Sa cohérence ressemble tout à fait à celle d'un être vivant : si on le morcèle, on le prive de la séduction qui donne la vie ; mais si on lui conserve l'unité indispensable, il a toute chance de durer et la cohérence de l'ensemble en rend la lecture agréable et facile. »

Ce fractionnement rigoureux de la construction d'ensemble, fondé sur des principes d'organisation et de concision destinés à donner au lecteur des repères, sont très exactement ceux que Polybe met en œuvre tout au long des *Histoires*. Mais la différence entre les deux auteurs tient à la conception même du rôle de l'histoire et apparaît dans deux paragraphes du même passage (III, 32, 6-7) qui ne trouvent chez Diodore aucun écho. Polybe y définit ce qui, à ses yeux, est essentiel dans l'histoire : montrer la façon dont les événements, s'enchaînant dans un jeu de causes à effets, tendent à la même fin. Il s'agit donc non seulement pour lui de relater la succession des événements de l'extérieur, comme le fait Diodore, mais surtout de faire apparaître leur logique interne.

Le projet de Polybe est certes plus limité dans le temps : étudier comment et grâce à quelles institutions, Rome a conquis l'hégémonie, en moins de cinquante-trois ans (220-168 av. J.-C.), mais l'originalité et l'intelligence de l'historien tiennent précisément à cette exigence rigoureuse de la mise à jour des lignes de force de l'histoire. Il s'attache en effet, dans une démarche analytique, diachronique, à faire comprendre l'événement en le définissant par ses causes (la cause profonde se distinguant du prétexte et de l'acte qui enclenche le processus), mais aussi par ses conséquences. Puis, dans une volonté synthétique cette fois, il replace ces divers moments particuliers de l'histoire dans un cadre géographique universel, celui de l'οἰκουμένη : la conquête par Rome de l'hégémonie s'explique ainsi de manière interne, par ses qualités propres et ses institutions, de manière externe aussi, Rome étant par nécessité confrontée aux faiblesses ou à la politique des autres États. Mais la structure même de l'œuvre reflète ce principe d'explication du monde : l'étude des cinquante-trois années de la montée de Rome à l'hégémonie (des livres III à XXX) est précédée, avec les deux premiers livres, d'une introduction (la προκατασκευή). Pour que les années 220-168 av. J.-C. soient clairement comprises, Polybe sort donc de son cadre chronologique pour remonter aux causes (I, 5), mais avec une date-repère aussi proche que possible et en se limitant aux données essentielles pour ne pas perdre son lecteur, principe constamment réaffirmé (κεφαλαιωδῶς, en I, 13, 7, II, 1, 4 et 14, 1, par exemple, puis 37, 7, avec une autre expression) ; les deux premiers livres conduisent donc l'ensemble des conflits qui se préparent à l'olympiade de 224-220, moment où l'affrontement entre Rome et Carthage devient inévitable et date de l'avènement des grandes figures politiques de la période traitée (II, 71, 1-6) : Philippe V, le tout jeune roi de dix-sept ans plein de promesses en Macédoine, Ptolémée IV Philopator pour les Lagides en Égypte, Antiochus III le séleucide en Syrie. Hannibal, à vingt-six ans, est lui aussi nommé en 221 av. J.-C. par l'armée carthaginoise et Carthage ratifie ce choix (II, 36, 3). Les principaux acteurs de l'opposition à Rome : Hannibal, Philippe V, Antiochus III, sont donc en place. Parallèlement surgissent en même temps des conflits (II, 71, 9), localisés et indépendants en apparence, mais qui doivent en réalité trouver une évolution commune en 217 av. J.-C., moment défini, à la fin du livre V, comme celui de la *symplokè* : en Grèce commence, au printemps 219, la guerre des Alliés dont le récit occupe les livres IV, le début et la fin du livre V. Hannibal lance la guerre contre Rome et le livre III relate les opérations jusqu'aux suites de la bataille de Cannes. L'Égypte et la Syrie se lancent dans la guerre pour la Coelé-Syrie, qui voit la défaite d'Antiochos à Raphia, le 22 juin 217, peut-être le même jour que Trasimène : le récit en est fait au livre V, encadré par celui de la guerre des Alliés qui se termine avec le congrès de Naupacte. Philippe V, poussé par sa volonté de conquête quand il apprend que les Romains ont été défaits à Trasimène, décide alors de conclure la paix avec les Etoliens tandis que les Grecs présents au congrès de Naupacte prennent conscience de l'importance du conflit qui se joue en Occident (V, 105). Après ce passage, Polybe termine le livre V en conduisant les événements jusqu'à Cannes, pour assurer le synchronisme avec le livre III.

A cette mise en place préliminaire puis progressive correspond, dans les dix derniers livres, un récit des années où Rome détient l'hégémonie qui ne figurait pas dans le projet initial. Polybe en précise les raisons au livre III avant de commencer l'exposé général sur l'expansion romaine : comme on ne conquiert pas l'hégémonie pour le seul plaisir de la conquête, c'est la manière de conduire cette hégémonie qui doit permettre au public des *Histoires* d'apprécier le pouvoir romain. Il met donc en perspective les années qui vont de Pydna à 146 av. J.-C., date de la destruction de Carthage et du sac de Corinthe, mais aussi du règlement des affaires grecques.

Mais l'unité de l'œuvre n'est pas seulement dans la structure d'ensemble : celle-ci reflète une causalité (puisque les guerres naissent de conflits précédents injustement réglés : III, 9-10) qui conduit tous les événements à une même fin, mais celle-ci elle-même n'est qu'un moment provisoire de l'histoire. L'exposé des événements s'accompagne, en effet, d'une réflexion politique sur la nature et la durée du pouvoir. Des trois livres de l'œuvre qui constituent d'apparentes digressions, les livres VI, XII, réflexion sur l'histoire, XXXIV, constitué par la seule tradition indirecte, le livre VI marque dans le récit une pause importante avant l'exposé historique d'événements pour la première fois interdépendants, au livre suivant. Car au moment où Rome, dans son récit, devient un État de premier plan dans la conduite des affaires du monde, Polybe n'y définit pas seulement ce qui fait sa force : ses institutions, à leur apogée au moment de Cannes, mais les lois de formation et de décadence de tout pouvoir politique. En reprenant de façon volontairement simplifiée le processus platonicien du livre VIII de la *République*, Polybe montre la constitution du premier régime, fondé comme tous les régimes positifs sur un pacte de reconnaissance réciproque, le ou les gouvernant(s) travaillant à l'intérêt public et leurs administrés reconnaissant alors librement leur autorité. Le vice interne à chaque régime et qui provoque sa déchéance est, à la différence de Platon, toujours le même, la πλεονεξία — volonté d'avoir toujours plus : quand les enfants du roi en place ne recherchent plus que leur intérêt propre et deviennent des tyrans, une aristocratie les chasse qui se change à son tour, et pour la même raison, en oligarchie, chassée par la démocratie qui dégénère à son tour en ochlocratie (VI, 5-9, 10). Un gouvernement politique est donc moins exposé s'il regroupe les trois régimes positifs : royauté, aristocratie, démocratie, en un gouvernement unique où les forces se compensent, comme à Lacédémone, à Carthage ou à Rome. Mais selon une loi naturelle inéluctable, la déchéance est inévitable et vient de la πλεονεξία de l'élément populaire, quand des conditions de vie de plus en plus faciles affaiblissent le civisme. Or Carthage, où le parti populaire est devenu puissant, est sur le point de s'effacer (VI, 51, 1-7) : Hannibal, au livre II de Polybe, est nommé par l'armée, même si Carthage ratifie le choix ; Hamilcar, si l'on en croit un texte de Diodore cette fois (XXV, 8) devient un démagogue et ne doit son pouvoir en Espagne qu'à l'appui populaire.

Dans les *Histoires*, comme le rappelle explicitement le livre VI, l'histoire de Rome n'est donc qu'un moment exemplaire, mais périssable, de la succession des empires (VI, 9, 11-13). La Tychè polybienne, qui fait tendre tous les événements à une même fin : l'hégémonie de tel État, rationalise, d'une certaine façon, la logique interne d'une succession d'événements ou de conduites ; ce peut être pour nous « la marche de l'histoire » à condition de lui laisser une dimension morale puisque le pouvoir se mérite [7]. Mais à l'opposé de la conception de Diodore qui voit une prédestination dans le pouvoir romain, la πρόνοια chez Polybe est toujours humaine puisque les risques de décadence sont évaluables et le renversement prévisible (VI, 9, 11 et VI, 57), quand l'État qui a la plus grande puissance néglige les règles d'un pouvoir politique et tend vers l'absolutisme. Or c'est la règle humaine pour tout État hégémonique (XXIV, 13, 2).

Le rôle et l'utilité de l'historien sont alors de retarder autant que possible une décadence inéluctable en faisant du récit une leçon, en jouant à bon escient de l'éloge et du blâme. Mais c'est une conception qui, sans rompre avec les lieux communs hérités de la tradition classique, est profondément originale et trouve son expression dans la présentation des événements.

Dès les deux premiers chapitres de son introduction générale, Diodore développe, sur l'utilité de l'histoire, des idées attendues : l'histoire, dont la connaissance pallie l'inexpérience de la jeunesse et raffermit au contraire l'expérience des plus âgés, est un enseignement (διδασκαλία). Ce thème reprend aussi bien des lieux communs des orateurs classiques que, chez les historiens, les idées de Thucydide dans sa Préface, qui définit l'histoire comme un κτῆμα ἐς αἰεί, ou très

7. Il y a peut-être là une trace de l'influence du rapport qu'établit Démétrios de Phalère, auquel se réfère explicitement Polybe pour la fragilité des empires (XXIX, 21), entre pouvoir et vertu. Le passage est entièrement repris, en *Bibliothèque historique* XXXI, 10, par Diodore qui ne modifie qu'à peine le propre commentaire final de Polybe.

largement, celles de Polybe : leçons de l'histoire dans la présentation de l'œuvre, utilité pour l'acquisition sans risque d'une expérience en I, 35, passage auquel font écho, en I, 1, les paragraphes 1 et 4 de la *Bibliothèque historique*. Par ailleurs, la conception d'une utilité morale de l'histoire qui, en perpétuant le souvenir de la gloire des hommes de bien et de l'infamie des criminels, combat l'oubli du temps et donne des modèles, reprend les idées d'Éphore sur la valeur exemplaire des textes historiques, sources de παραδείγματα, et est présente aussi dans l'œuvre de Polybe. Car même si c'est surtout le développement sur les institutions romaines, en VI, 52, 11-55 des *Histoires*, qui semble inspirer les deux premiers chapitres de Diodore avec le rôle joué, dans l'éducation de la jeunesse, par l'attrait des honneurs qui récompensent la bravoure ou, au contraire, par la crainte du déshonneur, il est indéniable que Polybe, en présentant dans son œuvre des modèles et leurs contre-exemples, donne aussi à l'œuvre historique cette même fonction à la fois morale et sociale.

Les différences entre Diodore et Polybe ne tiennent pourtant pas seulement au détail du texte, mais à la conception même de l'histoire comme leçon. Polybe, au livre III, donne sciemment de l'histoire cette définition, en reprenant très exactement l'opposition de Thucydide entre un ἀγώνισμα et un κτῆμα ἐς αἰεί (I, 22, 4), mais pour la préciser en une opposition entre un ἀγώνισμα et un μάθημα (*Histoires* III, 31, 12-13) et cette conviction se traduit dans l'écriture et la composition de son œuvre, lui donne sens. En effet, les *Histoires* sont méthodiquement structurées sur une alternance de discours et de récit, selon la classique distinction linguistique d'E. Benveniste, les interventions de l'historien encadrant le récit nu de l'événement, par une introduction puis, selon l'expression significative de Polybe, en XV, 35, 7, par un « commentaire instructif » — ἐπεκδιδάσκοντα λόγον ; celui-ci peut prendre la forme d'une mise au point, d'un éloge ou d'un blâme, parfois d'un mélange des deux (parce que la réalité peut être contradictoire), parfois d'une aporie ou d'un silence. Elle forme alors son destinataire essentiel : l'homme d'État en herbe. Mais elle n'apporte pas simplement une connaissance du passé qui permettrait d'affronter l'avenir — on connaît la réserve de Montesquieu [8] — ; elle est véritablement construite pour être une préparation à l'action, comme une expérience par simulation à laquelle il faut réfléchir et s'adapter,

8. *Mes Pensées*, III, Politique, 1764, éd. Gallimard, t. I, p. 1421 : « Les politiques ont beau étudier leur Tacite : ils n'y trouveront que des réflexions subtiles sur des faits qui auraient besoin de l'éternité du Monde pour revenir dans les mêmes circonstances. »

avec l'historien pour guide. Diodore, au contraire, quand il fait de l'histoire une leçon, ne reprend qu'une idée dont il est certainement convaincu, mais qui est devenue commune : il affirme bien qu'elle donne une expérience sans risque, mais il précise rarement pour son lecteur, comme le fait Polybe, les termes de la leçon politique, mais aussi tactique ou stratégique (avec le commentaire sur des erreurs comme des échelles trop courtes pour le siège prévu [V, 97], des signaux trop imprécis [IX, 17-18], la nécessité d'une formation exigeante des responsables [IX,14-20], le rôle de l'habitude dans l'apprentissage, par exemple). Par conséquent, même si nous devons tenir compte de l'état fragmentaire de l'œuvre qui peut accentuer par endroits l'impression du lecteur, Diodore apparaît parfois comme plus sentencieux (I, 1, 4-5 ou II, 2 : l'histoire est « la gardienne du mérite des hommes de valeur, le témoin des crimes des méchants »). Son ton est aussi plus moralisateur dans ses appréciations, en particulier quand il montre dans la Fortune celle qui renverse les situations et châtie l'ὕβρις : cet aspect n'est pas du tout absent de l'œuvre de Polybe, en plus de la Tychè que nous avons étudiée précédemment, mais l'historien mégalopolitain marque une distance en atténuant toujours le propos (par un ὡς par exemple : « c'était comme si »), ou en accentuant au contraire la dramatisation, la Tychè devenant, dans les termes mêmes, le metteur en scène (dans le récit des dernières années de Philippe V, par exemple, en XXIII, 10, 1-16). De même, dans sa manière de faire apparaître des modèles de vertu (X, 12) ou le sort des méchants (X, 16-17), de distribuer l'éloge ou le blâme, Diodore procède souvent par vérités générales, tandis que Polybe accompagne le jugement de commentaires sur la manière de conduire l'action.

Car pour Diodore comme pour Polybe l'histoire est à dimension humaine, volontiers centrée sur les actions — πράξεις, données en exemples. La différence entre les deux historiens est que, réfléchissant sur le pouvoir, Polybe peut aussi bien donner comme modèle un chef d'État qu'un État, éventuellement idéalisé d'ailleurs, comme la Confédération achaïenne au livre II, tandis que Diodore, conformément à son projet, n'exclut pas les modèles héroïques : Héraclès est donné en exemple dès le prologue général (I, 2, 4) ; dans le prologue du livre IV, grands hommes, héros et demi-dieux sont mis sur le même plan, reçoivent des hommes des sacrifices comme action de grâces et les éloges de l'histoire. Il s'inscrit peut-être par là dans une tradition de pensée évhémériste, mais atténuée, faisant des êtres divins ou des héros des hommes d'exception, divinisés pour cette raison, mais sans qu'il y ait eu de leur part, comme c'est le cas dans la théorie d'Évhémère, la moindre volonté de manipulation ; il est d'ailleurs remarquable qu'à la fin des deux périodes historiques de l'œuvre, Alexandre puis Jules César soient deux chefs d'État d'exception dont le second a « été élevé par ses actions au rang des dieux » (I, 4, 7) et surpasse même, par ses conquêtes, Dionysos et Héraclès (V, 21, 2) tandis que le premier se réclame d'une ascendance divine que Diodore, dès le début du livre XVII, ne lui dénie pas [9].

En revanche, dans la manière de caractériser les modèles, Diodore est très proche de Polybe, mettant en valeur l'alliance de l'intelligence (σύνεσις) et des qualités morales propres à l'action (ἀνδρεία ou ἀρετή). En plus d'un passage du livre XVII et dans le siège des Tyriens retranchés dans leur île par exemple (40, 4-5), l'action d'Alexandre s'inscrit dans le même schéma que celui qu'a défini P. Pédech pour les héros polybiens : examen de tous les aspects de la situation, recherche et mise en œuvre d'une solution. De même, dans la conduite de la guerre, Alexandre fait preuve de clémence à l'égard des captives royales, comme Scipion en Espagne, au livre X des *Histoires* (§ 18-19). P. Goukowsky, dans l'introduction à son édition du livre XVII, regrette cet Alexandre trop exemplaire, dépourvu de *pothos* [10]. Il remarque aussi (p. XXXV) dans l'œuvre de Diodore le jeu des portraits antithétiques, caractéristiques de Polybe pour opposer à la conduite blâmable celle qu'il fallait au contraire adopter. Remarquons toutefois que les héros de Polybe sont par moments moins tranchés : l'audace ou la crainte sont chez eux des sentiments ambivalents qui ne deviennent des qualités que soutenus ou corrigés par la réflexion qu'ils enrichissent à leur tour. Quant aux antithèses, elles peuvent, dans les *Histoires*, concerner un même personnage, parce qu'un être humain est contradictoire et que la mesure est une victoire fragile : Scipion, en proie à la colère, finit par se dominer (XV, 4, 5-12). Pourtant, si Polybe met en valeur les faiblesses humaines, il admire aussi l'homme politique ou l'État qui savent jouer des sentiments des autres, mais dans un but utile à l'intérêt général : c'est le cas de Scipion

9. Par sa mère Olympias, princesse d'Épire, Alexandre descend d'Achille et par son père, d'Héraclès. C'est Philippe II qui, historiquement, avait voulu un culte dynastique : le jour de sa mort, il avait joint aux statues des douze dieux olympiens de la procession sa propre statue (Diodore, XVI, 92, 5 ; 95,1). Cf. P. Goukowsky : *Essais sur les origines du mythe d'Alexandre*, p. 14 : le *Philippeion,* à Olympie, rattachait à Héraclès et à Zeus les membres héroïsés de la famille royale : statues chryséléphantines qui élèvent les membres de la dynastie au-dessus des simples mortels : Philippe, Amyntas le père de Philippe et Alexandre, Eurydice, la mère de Philippe, et Olympias.

10. C'est, en revanche, le principe qui fait agir Alexandre dans l'*Anabase* d'Arrien et, avant lui, dans l'œuvre de Quinte-Curce : *cupido*.

l'Africain, au livre X, à l'égard de sa mère (X, 4) ou de ses soldats (X, 11, 7-8 et 14, 12), mais aussi de l'État romain qui, selon l'interprétation de Polybe, est admirable pour avoir volontairement dramatisé la religion — ἐκτετραγῴδηται — afin qu'elle garantisse les serments, parce qu'une cité de sages n'existe pas (VI, 56, 6-12). A la différence de Polybe, Diodore peut aussi présenter une manœuvre politique, comme celle d'Eumène en XVIII, 60, 4-61, mais sans la commenter ou la faire vraiment apparaître pour ce qu'elle est. C'est que le risque de confondre manœuvre politique bien pensée et démesure existe et se lit dans les *Histoires* : les grands chefs militaires qui ont été dotés d'un grand pouvoir sont souvent, quand ils reviennent à la vie civile, aux limites de la dissidence, Scipion ou Hannibal refusant avec hauteur de rendre les comptes qu'on leur demande (XXIII, 14 et XV, 19). Mais l'État politique, soucieux des États qu'il conduit, n'est pas épargné par ce risque, d'autant plus grand, au contraire, si l'on en croit la remarque de Philopœmen, le modèle de Polybe, que son pouvoir est incontesté (XXIV, 13, 2) : à une relation politique de gouvernant à gouverné, fondée sur la possibilité de s'expliquer, se substitue alors une relation viciée, soit que l'État qui a le plus grand pouvoir ne veuille que des flatteurs (XXIV, 10, 5), soit qu'il tende vers l'absolutisme, ce qui, selon le schème du livre VI, le conduit, à plus ou moins grande échéance, à sa perte.

Une telle histoire est donc une formation morale autant que politique, jouant le rôle que devrait jouer pour Polybe l'enseignement que ne donnent plus les écoles philosophiques (XII, 26c), en rappelant le lien nécessaire entre la morale et l'action.

Pour que la leçon porte, l'historien, par l'éloge qu'il accorde ou qu'il rappelle, suscite l'émulation ; par le blâme au contraire, il fait craindre les reproches de la postérité. L'idée est classique et Polybe comme Diodore l'appliquent en ce sens, attendant que leurs jugements permettent à leur public de régler leur conduite. Néanmoins, chez Polybe la fin est aussi politique, car l'éloge et le blâme peuvent être délégués au lecteur, qui doit décider si telles institutions ou telle politique doivent être louées — et adoptées — ou évitées ; l'historien, comme dans l'exposé sur les institutions romaines ou dans le nouveau prologue (III, 7), se contente de fournir les données nécessaires au jugement. Dès lors se pose le problème de la politique romaine envers Carthage, que Polybe et Diodore apprécient différemment.

Diodore assimile la politique romaine envers Carthage, Corinthe et Numance à celle d'Alexandre envers Thèbes : il s'agit, pour l'État qui détient le pouvoir, de s'imposer par la clémence et, s'il ne le peut, par la force ; c'est aussi la politique d'Alexandre dans la conquête asiatique, qu'il ne remet pas en question. Or une telle théorie ne saurait être, comme le fait remarquer J.-L. Ferrary en comparant les deux auteurs [11], celle de Polybe. Si nous reprenons les textes des *Histoires*, nous constatons que Polybe ne fait aucune observation personnelle sur la destruction de Carthage, sinon que, bien qu'ils aient accepté avec trop de légèreté une *deditio* dont ils ne mesuraient pas le sens et la portée, la postérité serait indulgente envers les Carthaginois. En revanche il rapporte, en XXXVI, 9 et en leur donnant une conclusion laconique, les commentaires des Grecs dans un texte construit en chiasme, les deux groupes qui prennent la défense de Rome encadrant, au centre, les deux autres groupes qui voient, dans la nouvelle politique romaine, les signes annonciateurs d'une tyrannie. Le texte a été beaucoup étudié. Faisons simplement remarquer qu'il peut être rapproché de la double conviction de Philopœmen, en XXIV, 13 : un État puissant tend nécessairement vers l'absolutisme (et cela, si l'on pense à la théorie de Polybe, au livre VI, l'entraîne vers sa décadence), mais tant que les Romains respectent les règles, rien n'est perdu. Les deux idées sont ici présentes : le risque d'un abus de pouvoir, le respect, en conclusion du texte, des règles du droit puisqu'aucune faute caractérisée n'a été commise ; de la même manière, Rome se soucie de l'opinion internationale pour déclarer la guerre, cherchant — et attendant d'avoir — un motif avouable. Il n'y a donc certes pas de la part de l'historien une approbation, pas plus qu'il n'y a de condamnation véritable, mais bien, dans la mesure où la justice des hommes et la justice en soi ne concordent plus, une mise en garde et la dénonciation d'un risque. Dans la succession des États qui détiennent l'hégémonie, ce qui a perdu Carthage est la prédominance prise par le peuple, mais aussi, en politique, l'oubli d'une règle essentielle selon laquelle « il n'existe pas une manière d'acquérir l'empire et une autre de le conserver » (X, 36). En ce sens, le prologue du livre III incite à réfléchir pour corriger peut-être ce qui doit l'être.

Par les leçons de l'histoire il s'agit donc pour Polybe, dans une époque qu'il caractérise comme une époque de bouleversement, de guider la réflexion et de la faire également porter sur les conditions d'établissement et de maintien d'un pouvoir politique hégémonique, à travers l'exemple particulier de Rome ; pour Diodore il s'agit, au contraire, dans un monde plus stable et aux horizons élargis, de constituer pour la postérité une somme des connaissances acquises.

11. J.-L. Ferrary, *Philhellénisme et impérialisme*, BEFAR, 1988, II. 2. 7, p. 334-339 : « Diodore, 32, 2 et 4. Un texte d'inspiration non polybienne ».

L'un fonde les leçons de l'histoire sur une philosophie politique et une philosophie de l'histoire, l'autre sur le choix de ce qu'il considère comme essentiel et cherche à transmettre à la postérité, volonté encyclopédique qui donne à son œuvre son titre significatif de *Bibliothèque historique*.

Marie-Rose GUELFUCCI

CÉSAR, HISTORIEN ?

En 55 av. J.-C., César rejoignait les quartiers d'hiver de son armée, installés en Belgique, après avoir tenu en Gaule cisalpine — c'est-à-dire dans la vallée du Pô — des assises judiciaires. Malgré le froid qui rendait bien inconfortable sa voiture, au moment de traverser les Alpes, il composa un traité en deux livres, intitulé *De Analogia*, qu'il dédia à Cicéron. Peut-on imaginer un chef de guerre, préoccupé des mille soucis de ses campagnes militaires gauloises, entamant un combat pour défendre la pureté de la langue et faisant la chasse aux solécismes et barbarismes du latin ? N'est-ce pas saisir sur les routes enneigées de montagne, la singularité d'un destin de conquérant qui ne néglige pas ses devoirs d'écrivain ? Comment ne pas le rapprocher de celui d'un des plus exceptionnels protagonistes de la Seconde Guerre mondiale — je veux dire le général de Gaulle — qui, en écho avec César, rend si actuelle la question : comment un acteur de l'histoire écrit-il l'histoire, à la limite peut-on l'appeler historien ?

*
* *

Pour résoudre ce problème, nous disposons de plusieurs ouvrages de César, qu'il a désignés sous le nom générique de *Commentarii* : le plus connu représente les huit livres du *Bellum Gallicum* (la guerre des Gaules), dont le huitième a été rédigé par le lieutenant de César, Hirtius, tandis que les sept premiers ont été édités par César, le *Bellum Civile* (la guerre civile) édité par Antoine, suivent le *Bellum Alexandrinum* (la guerre d'Alexandrie), le *Bellum Africum* (la guerre d'Afrique) et le *Bellum Hispaniense* (la guerre d'Espagne) ; dans ces trois derniers ouvrages les érudits cherchent à démêler la part de César et les interventions des officiers de son état-major. A aucun moment la tradition manuscrite ne parle d'*historia* ou d'*historiae* ; elle nous invite au contraire à nous interroger sur la nature des *commentarii*.

Ce sont des *Mémoires*, un livre ou recueil qui sert à garder des souvenirs en inspirant une image flatteuse du principal personnage — ces *Mémoires* servent à une propagande de forme historique. C'est bien le titre auquel est resté fidèle le général de Gaulle, dans ses *Mémoires de guerre* [1] et ses *Mémoires d'espoir* [2], interrompus par sa mort le 9 novembre 1970.

A la base des *Commentarii* césariens existaient les rapports que le sénat exigeait de ceux qu'il envoyait commander les armées ou les provinces ; c'était pour le sénat un moyen d'exercer son contrôle ; César disposait aussi des rapports de ses légats, des copies des lettres qu'il envoyait, de celles qu'il recevait : de Bretagne, César n'avait-il pas correspondu avec Cicéron ?

Avant de recevoir une forme littéraire les *Commentaires* ont une structure assez semblable à celle d'un dossier où se mêlent des pièces de dates différentes, de structure diverse. César utilise les rapports de ses légats pour raconter ce qu'il n'avait pas vu et il complétait pour le public les indications nécessaires à la compréhension d'un paysage ou d'une manœuvre. Il ne faut pas oublier qu'un général dispose d'un état-major dont le rôle était de préparer les dossiers, de recueillir les dépêches et les informations de source diverse. — A côté de son état-major, César utilise un secrétariat ; Plutarque, dans la *Vie de César* [3], nous informe qu'il avait toujours près de lui un esclave secrétaire ; au-dessus, une chancellerie dont la fonction est de copier les documents et d'expédier les lettres et les pamphlets de propagande ; parmi ses membres, on y reconnaît le juriste Trebatius, Trogue-Pompée, le père de l'historien et Falerius. Le chef de ce secrétariat particulier était Aulus Hirtius, haut personnage sénatorial, en parfait accord avec la méthode de travail et l'écriture de César, si bien qu'il a mérité d'être désigné comme le Las Cases de César et que nous sommes sûrs qu'il a rédigé le livre VIII du *Bellum Gallicum* dans un parfait esprit césarien. Ainsi, par l'intermédiaire des officiers de l'état-major césarien, personne ne pouvait échapper à l'hypertrophie du moi du général en chef.

Le nom de César est présent presqu'à chaque page des *Commentarii*, tout comme celui de De Gaulle désigne un personnage symbolique. César s'impose à la mémoire, au tympan et à la vue. On le rencontre 775 fois dont 376 au nominatif — sujet ; il commande à des séries de propositions et il s'attribue toutes les actions et même tous les mérites de ses ingénieurs lorsqu'il construit l'extraordinaire pont sur le Rhin. Ainsi s'affirme la personnalité de César dont le rôle est gonflé sans qu'aucune fois on puisse le mettre en parallèle avec la vanité d'un Cicéron. César veut frapper les imaginations en grossis-

1. *Mémoires de guerre*, 1940-1946.
2. *Mémoires d'espoir*, à partir de 1958. Les *Mémoires de guerre* et les *Mémoires d'espoir* viennent de paraître dans la *Pléiade* en mars 2000.
3. Plutarque, *Caesar* XVII.

sant l'énoncé d'une action et en voulant rendre sensible la grandeur de son entreprise.

Entreprise qui se développe sur deux registres : le militaire et le politique, les deux étant étroitement imbriqués, la gloire militaire ouvrant largement les portes de la domination de l'État. On peut affirmer que César, dès qu'il a été chargé de conduire les opérations en Gaule n'a eu de cesse d'enchaîner les campagnes militaires aux campagnes militaires pour ne pas avoir à rentrer à Rome et à démobiliser ses légions. Il a tout fait pour rendre nécessaires ses opérations et surtout pour les justifier aux yeux des Romains. Il mène sur le front de l'opinion italienne une guerre psychologique où éclate tant son génie militaire que son génie politique.

Ce faisant, César n'a pas eu le souci de la vérité historique, cherchant essentiellement à justifier ses actions. Par exemple, à propos de deux tribus gauloises, les Usipètes et les Tenctères, il ne parle pas du péril germain dont ils furent victimes ; en le cachant il transforme les victimes en agresseurs, d'où un camouflage politico-militaire qui se retrouve quand il légitime le passage du Rubicon. Sa chronologie est mensongère ; en relatant les séances du sénat des 2, 5, 6 et 7 janvier, il veut donner l'impression qu'au sénat ses adversaires veulent faire taire ses amis et leur nuire au plus vite. Plus loin, il antidate les deux ambassades de L. César et de Roscius, et reporte à plus tard la panique du parti sénatorial qui évacue Rome ; tout se conjugue pour dissimuler que César était l'agresseur, même s'il a multiplié des démarches pour offrir clémence et réconciliation à Pompée — il lance, pour ce faire, une active propagande en faveur de *Concordia*.

*
* *

César ne peut toutefois cacher les défaites et sa narration doit préparer un aveu. — Ce sont les faits qui doivent l'excuser alors que dans la réalité César a été souvent surpris par l'adversaire. Le tableau des positions et du matériel ennemi fournit les excuses en bonne et due forme, exprimées par de nombreuses propositions circonstancielles, tandis que l'aveu de la crise est réservé à une courte proposition principale. Au moment de la bataille de la Sambre [4], César énumère les succès des 9e, 10e, 11e, et 8e légions, puis explique progressivement les causes de l'insuccès : retraite des cavaliers romains, panique des valets, débandade des cavaliers trévires ; l'enchaînement de causes secondaires reste explicatif, sans jamais mettre en cause la responsa-

4. *Bellum Gallicum* III, 25.

bilité de César. Au contraire l'*imperator* au milieu de la mêlée, saisissant le bouclier d'un soldat romain du dernier rang, se porta à la première ligne et harangua le reste de la troupe ; le sort de la bataille en fut totalement changé et l'ennemi fut écrasé. Certes cet énoncé de la narration entretient une confusion permanente entre le point de vue de César général et celui de César narrateur. Ce dernier recompose l'action en vue de la conclusion, le général dans le feu de l'action ne pouvait pas l'avoir prévue.

En même temps il a beaucoup dissimulé en gardant le silence sur une partie de la réalité. Dans le récit de la défaite de Dyrrachium (Durazzo, port sur l'Adriatique en Épire) l'héroïsme de son porte-aigle [5], rapporté dans la *Guerre civile*, fait passer la narration à côté du déroulement des faits, qu'il expose quelques paragraphes plus loin [6]. Lui, si omniprésent, sait aussi disparaître quand l'armée est en fâcheuse posture : les nominatifs laissent à l'armée le soin de mener l'action : César abandonne l'initiative à l'armée désignée anonymement par *nostri* (les nôtres), *Romani* (les Romains). Mais où sont passés les soldats de César ? Le général ne revient sur la scène que pour la victoire et la soumission des vaincus.

L'exemple le plus révélateur de l'attitude de César et de son écriture au moment d'un désastre militaire est fourni par le massacre du corps d'armée de Titurius Sabinus et par la conduite exemplaire de Q. Cicéron, le frère de l'orateur, à *Atuatuca*, Tongres, aujourd'hui en Belgique.

Dans l'épisode de l'anéantissement des troupes de Titurius Sabinus convergent tous les procédés littéraires pour faire sentir que la responsabilité d'une telle défaite incombait entièrement à Titurius Sabinus. Cet épisode est lié au suivant, placé en antithèse : Q. Cicéron se défend avec héroïsme et efficacité, permettant à César de venir à sa rescousse et de sauver son armée. Les deux épisodes antithétiques, apparaissent comme l'équivalence narrative d'une discussion au *consilium* (conseil d'état-major du légat) ; deux thèses s'y affrontent et alors s'engage un débat véhément : faut-il rester dans le camp et le défendre contre les assauts de l'ennemi, ou faut-il l'évacuer ? or les consignes laissées par César étaient claires : toute garnison attaquée dans ses quartiers d'hiver devait se défendre sur place et attendre les secours extérieurs. La décision de sortir du camp fut prise finalement à l'unanimité par les membres du *consilium* de Titurius Sabinus, général de corps d'armée.

5. *Bellum Civile* III, 64, 3-4.
6. *Ibid.* III, 69, 4.

Les deux récits pour Titurius Sabinus et pour Q. Cicéron offrent des similitudes remarquables. Les ennemis attaquent dans les deux cas par surprise et des conversations sont nouées entre subordonnés de Titurius et les adversaires qui les invitent dans leur camp ; de leur côté les *Nervii* (Nerviens, peuplade belge) viennent solliciter Q. Cicéron. Le contraste entre ces deux attitudes se traduit par le contraste entre les résultats des entrevues ; l'indécision est à son comble dans le *consilium* de Titurius, Q. Cicéron refuse de discuter avec un ennemi en armes. L'activité nocturne dans les deux camps est également contrastée. Quand Titurius Sabinus, après avoir quitté son camp fut contraint à capituler et fut tué par les Nerviens, Q. Cicéron assiégé tient bon et fait appel à César, le chef que lui, a suivi, ce qui prouve la grande valeur stratégique du plan de César : l'apologie de César une fois encore éclate au yeux de l'opinion qui garde en mémoire une victoire, alors que reste dans l'ombre la perte d'hommes et de terrain.

César insiste sur les responsabilités de ce malheur dû aux fautes et à la légèreté d'un légat. La place restreinte accordée aux légats — lieutenants — est un des leitmotiv des *Commentarii*, on peut même avouer qu'ils sont sacrifiés au thème de l'*imperator* ; César rejette sur les légats les fautes tactiques qui en réalité lui sont imputables, et en même temps il se blanchit. Les légats ne participent pas aux scènes théâtrales où les troupes crient leur fidélité au général en chef et ne sont jamais l'objet d'un développement flatteur. Il ne les accable pas plus qu'il ne faut, puisqu'il ne leur reconnaît pas une grande autonomie de décision : il impute à ses troupes, comme à Gergovie et *Dyrrachium*, les échecs romains. Quand il ne peut échapper à la mention d'actions victorieuses de ses légats, il diminue leurs mérites, comme ceux de Labienus menant une action contre les Morins. Ou alors il attribue leurs succès à l'action de la *Fortuna* (la Bonne Fortune), excuse habituelle de César. En obscurcissant le rôle de ses légats pour éclairer sa gloire, il a très certainement grandi le sens historique de son action.

*
* *

Grandir la réputation de César, tel est l'objet constant et évident des *Commentaires* et César entretient des relations privilégiées avec ses soldats, si sensibles au charisme du chef qui montre l'exemple. Les soldats ont confiance en lui, car ses plans tactiques et stratégiques sont frappés au coin de la lucidité et de l'habileté et leur exécution se fait dans la plus grande rapidité. César a foi dans son étoile et communique la même confiance à ses soldats. Certes la *Fortuna* peut excuser les erreurs qui sont mises au compte des caprices de la *Fortune* et cette *Fortune* évolue vers l'imposition d'une croyance nouvelle qui fait que la *Fortune* de César l'emporte sur celle de Pompée. Il est désormais comblé par la *Felicitas* (la Félicité, le Bonheur) : de nombreux développements des *Commentarii* sont consacrés à exalter cette divinité qui le met au-dessus de tous ses ennemis, de tous ses adversaires.

Ainsi pour glorifier son action il a majoré les qualités d'un Vercingétorix et a transmis à la postérité l'image d'un héros national ; en le grandissant, il se grandissait lui-même. Comme il dissimulait l'enchaînement des faits et les sentiments des peuples, il lui fallait tout expliquer par l'action d'un individu ; de là est née la majoration de l'influence historique des meneurs et des princes.

César attire l'attention sur le héros gaulois qu'il nomme quarante-deux fois ; il lui accorde sur les autres Gaulois le privilège du sens de l'organisation. Sur le plan politique, Vercingétorix crée son pouvoir, dans le domaine militaire, il forme une armée nationale. Surtout César a voulu montrer dans Vercingétorix un parfait capitaine et son principal adversaire et même quand le chef gaulois essaie de consoler ses troupes de la ruine d'*Avaricum* (Bourges), le discours de Vercingétorix fournit le témoignage d'un Gaulois sur la victoire romaine due au talent de César : on retrouve donc un procédé apologétique cher à l'auteur des *Commentaires*.

L'Arverne est l'incarnation du patriotisme gaulois et c'est lui qui créé les difficultés à l'armée romaine : tout doit s'expliquer par l'action individuelle de Vercingétorix. Or il est faux de voir en lui le chef de toute la Gaule, un chef d'armée tout au plus, le chef des contingents gaulois coalisés. Rappelons qu'il n'a pas été l'initiateur de la révolte, née chez les Carnutes (région de Chartes) qui en 51 n'étaient pas encore soumis.

Car ce n'était pas sans arrière pensée que César identifiait à Vercingétorix la révolte de tous les Gaulois. Dès qu'il le montre vaincu, il pouvait se déclarer, lui, vainqueur. Ainsi à l'automne 52 il a pu amplifier le rôle du chef arverne, fausser la perspective de l'histoire et cacher la résistance de toute une nation. Une fois Vercingétorix abattu, César ne pouvait comprendre l'opposition de certains peuples gaulois. Lui qui désormais voulait être reconnu comme le père de ses adversaires, ne pouvait qu'assimiler à un parricide toute résistance armée ; un seul châtiment devait s'appliquer aux assiégés d'*Uxellodunum* (place forte du Cantal) : il leur fit couper la main droite.

*
* *

Majoration du rôle et de la personnalité du gaulois Vercingétorix, minoration des ennemis pompéiens de l'intérieur : balance de l'histoire où il pèse toujours sa gloire.

Que sont les armées pompéiennes qu'il doit vaincre pour s'emparer de l'État ? des ramassis de gladiateurs, d'esclaves qui se compromettent avec des contingents barbares. César veut prouver que lorsqu'ils sont soustraits à l'influence de leurs chefs, les troupiers pompéiens ne cherchent qu'à déposer les armes, à fraterniser avec ses hommes, voire à se ranger sous ses enseignes. L'armée pompéienne est prête à faire partie du plébiscite césarien, ainsi même l'adversaire approuve César.

Le mémorialiste a diminué la valeur guerrière des Pompéiens. Les *Commentaires sur la Guerre civile* n'admettent pas que les gens du parti sénatorial aient pu déployer beaucoup de bravoure. Cette psychologie dénigrante se concentre sur Marseille ; les Marseillais sont accusés de perfidie et de présomption. De même César ne brosse aucun portrait flatteur de chef pompéien. César les accuse de manquer de patriotisme, d'étaler leur *avaritia* c'est-à-dire leur cupidité ; à la rapacité ils allient le terrorisme. Cette propagande porte si bien que Cicéron lui fait écho ; les ennemis pompéiens sont présomptueux et quand ils doivent se rendre, ils s'humilient. César n'a montré que les fautes et les vices du parti opposé. Sa gloire et l'avenir de sa politique exigeaient l'anéantissement même moral du parti adverse. A Pompée, César ne reconnaît ni grandeur, ni qualité, ni conviction, il est poussé par la faiblesse de vouloir être approuvé. Il écrit de lui « le grand homme avait été nul comme général ». Il s'agit de rapetisser ce grand stratège en lui imposant la physionomie d'un déserteur. L'évacuation volontaire de l'Italie par Pompée se transforme en succès militaire pour César. Or, quoique battu par la fougue et la rapidité de César, Pompée était un capitaine réfléchi et savant ; de cette sagesse militaire, son ennemi César a tout voulu cacher. L'*imperator* en fait un personnage bouffi de présomption et que l'événement dégonfle. Il a suivi sa dégradation progressive jusqu'à sa mort.

*
* *

Toutefois la propagande césarienne ne se nourrit pas que de considérations négatives. Il prétendait s'identifier à l'État romain et il répétait dès le livre Ier des *Commentaires de la guerre des Gaules* que sa vie importait plus à l'État qu'à lui-même et il a recherché une légitimité positive de ses pouvoirs. Pour les authentifier, il a fondé sa politique sur l'approbation des masses militaires et populaires qui l'entouraient, et qui lui apportent la caution d'un plébiscite continu, d'un *consensus*. Toutes les données du récit vont dans le même sens et tendent à persuader que l'armée du peuple romain approuvait César dans sa reconquête de l'Italie sur les troupes pompéiennes. César connaissait aussi l'importance politique et sociale des villes italiennes, il a enregistré toutes les manifestations favorables des municipes. César, luttant contre le sénat et l'*auctoritas* sénatoriale qui seule fonde la légitimité des pouvoirs dans la République, a cependant pour lui le droit, s'appuyant sur la *voluntas* (volonté) exprimée par les suffrages populaires et sur l'*auctoritas* de l'Italie. Aux suffrages de l'Italie, la *Guerre civile* joint ceux des provinces, de l'Hispanie en Occident à ceux de l'Orient.

La dictature de César est approuvée universellement : *Consensu omnium gentium* — par l'unanimité de tous les peuples. César certes a recouru à la force mais il veut légitimer son pouvoir par un principe politique : l'adhésion des armées d'Italie et du monde romain ; César se veut un dictateur démocrate, cherchant à rallier tous les Romains à sa personne et à ses pouvoirs, en étendant les bienfaits de sa *Clementia* (clémence) aux adversaires défaits. Souvenons-nous de la prise de pouvoir de De Gaulle, ne laissant aucune marge de manœuvre au Parlement, tant la pression de la rue était forte et tant le silence valait adhésion.

*
* *

Ainsi César dans ses *Commentarii* obéit aux préceptes fondamentaux de la rhétorique : *docere et movere*. Il informe — *docere* — même si la réalité est en partie occultée ; il émeut — *movere* — pour mieux gagner son lecteur et, au travers de tableaux dramatiques, il chemine dans l'esprit et le cœur de l'opinion. Mais ce faisant il remplit le troisième office de la rhétorique, celui de la *delectatio*, du charme littéraire qui repose sur la douceur à la façon du style d'Isocrate et que tous les auteurs de l'Antiquité [7], et en particulier Cicéron, lui ont reconnu et qu'ils ont salué en termes parfois dithyrambiques.

On n'a pas à s'étonner de ce recours à la rhétorique. César avait reçu l'éducation littéraire de son temps, il a suivi l'enseignement du rhéteur M. Antonius Gripho et il utilise les *oratoria ornamenta* — les ornements oratoires — parce qu'ils sont une nécessité du genre et qu'ils présentent des procédés communs à tous, mais César recherche

7. Salluste, *De conjuratione Catilinae* 54, 1 ; Quintilien, *De Institutione oratoria* X, 1, 114 ; Tacite, *Dialogus de oratoribus* 21, J-6 et 25, 3 ; Id., *Annales* 13, 3 ; Pline, I, 20, 4 ; Suétone, *Div. Iul.* 21, 5 et 25, 3 ; Plutarque, *Caesar* III, 2 ; Frontin, p. 117, 14 ; Aulu-Gelle, *Noctes Atticae* XIX, 8, 3 ; Apulée, *Apologia sive de Magia* 95, 5.

son originalité dans l'*elegantia*. Cicéron [8] fait un éloge célèbre des *Commentaires* : « dans l'histoire, la brièveté élégante et lumineuse est ce qu'il y a de plus agréable. » Il loue donc le dépouillement du style de César l'absence d'ornements oratoires et la *brevitas* (brièveté). Qu'est-ce que l'*elegantia* sinon le choix des mots dictés par l'usage et les mots propres adaptés à chaque situation ; ainsi s'appliquant aux Bithyniens, *syngrapha* (contrat) est utilisé à juste titre, car pour les Bithyniens c'est une expression pure et correcte. L'éloge de la *brevitas* est plus étonnant chez Cicéron car pour lui l'histoire exigeait de l'éloquence [9], ce qui le faisait condamner l'historiographie antérieure [10] et les annalistes Fabius, Caton, Pison, car ces derniers n'ont pas su élever l'esthétique du style à la hauteur du sujet. Or la *brevitas* est considérée comme une qualité oratoire et en particulier comme une qualité de la *narratio* ; ainsi elle ne place pas les *Commentarii* en dehors du domaine de la rhétorique [11]. Cicéron en recommandant la brièveté et la clarté, fait l'éloge de Crassus, dont les discours ont peut-être inspiré l'éloquence de César, et aussi celui de Cotta qui se signale par un remarquable souci de la pureté du langage, de la clarté et de la concision [12]. Certes Cicéron ne cache pas les dangers de la *brevitas*, qui peut entraîner la pauvreté du style, la maigreur et le manque de vie, qu'on rencontre chez Caton, Pison, Fannius et Venonius [13]. Au contraire chez César la *brevitas* n'a entraîné ni anémie, ni émaciation du style — les *ornamenta* laissent voir des « corps droits, beaux et musclés ». Pour Cicéron, cette *brevitas* est *pura* et *illustris*, c'est-à-dire limpide et lumineuse. La clarté n'est pas seulement intelligible mais elle produit de la lumière.

Le style césarien n'échappe pas à la rhétorique et recourt aux techniques de la démonstration et à celles de la persuasion ; en usant de la répétition, du rappel grâce à l'usage de l'ablatif absolu, de la redondance, des comparaisons et des contrastes : pour un centurion césarien tué, il oppose 600 tués et 1000 blessés pompéiens. César veut imposer au lecteur une conviction, un point de vue : il n'adopte pas la démarche de l'historien qui relie les faits entre eux par des causales ; au contraire, il disjoint et disperse les indications relatives au même fait historique. Le général de Gaulle a pratiqué dans ses *Mémoires* la disjonction des faits pour entraîner ses lecteurs à voir avec ses yeux les événements de Cyrénaïque. Ainsi des circonstances analogues ont

8. Cicéron, *Brutus* 262.
9. Id., *De Oratore* II, 12, 51.
10. Id., *Ibid.* II, 12, 53.
11. Id., *Ibid.* II, 80, 326.
12. Id., *Brutus* 200, 317.
13. Id., *De Legibus* I, 6.

inspiré aux grands hommes d'action les mêmes procédés littéraires de déformation.

* * *

En conclusion, nous allons pouvoir répondre à la question ; César est-il un historien ? La réponse est simple : c'est non, César n'est pas un historien à l'aune de nos exigences modernes : rechercher la vérité et l'objectivité, donner un exposé d'ensemble d'une situation, peser les parts de responsabilité de chaque acteur pour rendre justice à tous ; tout dire, ne rien laisser dans l'ombre, alors que les *Commentarii* césariens nous présentent une transformation générale et ordonnée des événements pour en dissimuler certains et en éclairer d'autres. César ne ment pas mais ne dit pas toute la vérité et plus la dissimulation de la vérité fait place à des faits vrais, plus elle est efficace et modèle l'esprit du lecteur. César n'est pas un historien mais un manipulateur d'opinion.

Qu'on n'aille pas chercher dans les *Commentarii de Bello Gallico* un tableau fiable de la Gaule et de l'ethnographie gauloise. Poussé par la nécessité permanente de prôner son bon droit, César a peint tous les Gaulois sous un même jour et la déformation est cohérente. Il désigne l'adversaire par des termes péjoratifs : ce sont des brigands, des gens sans aveu, des scélérats. Leur résistance est une *rebellio*, une *furor*, une folie furieuse. César recherche les mobiles psychologiques de leurs oppositions : *mobilitas* (instabilité), *levitas animi* (légèreté psychologique), *infirmitas* (manque de capacités intellectuelles). C'est à nous aujourd'hui, historiens modernes de redoser un tableau si défavorable et de redonner sa place à cette résistance nationale qui a animé la quasi-totalité de la Gaule, et non pas seulement l'armée de Vercingétorix.

Que nous reste-t-il alors de César ? Un portrait de héros, parfaitement sculpté où se rejoignent le génie militaire, le génie politique et le génie littéraire. N'est-ce pas aussi ce que nous offrent les *Mémoires* de De Gaulle qu'il faut soumettre à certains filtres de lecture pour y trouver matière historique ? César par la dictature voulait être le maître de Rome, de Gaulle sans dictature, le guide de la France : la gloire était pour eux deux un moyen d'y parvenir et la conquête un moyen d'accéder à la gloire.

A la formule *veni, vidi, vici,* qui résume de façon fulgurante la présence au combat de César, il aurait pu ajouter, comme De Gaulle, « *Scripsi* » : j'ai écrit, tant l'écriture a grandi leur stature de géniteurs de l'histoire.

Robert Étienne

LIRE TITE-LIVE AUJOURD'HUI

Le titre de cette communication n'est pas de moi. C'est M. François Chamoux qui me l'a proposé — et je l'ai accepté volontiers. La ressemblance des titres m'a conduit à rouvrir le petit livre, déjà ancien (il date de 1944), de Léon Catin, *En lisant Tite-Live* [1]. Ce livre porte en exergue une phrase de Stendhal : « Le marquis, irrité contre son temps, se fit lire Tite-Live. » [2] C'est par Julien, son secrétaire, qui traduit « en improvisant » (cette « improvisation » amuse le marquis) que celui-ci se fait lire le texte ; le marquis de La Mole est atteint d'une attaque de goutte (c'est le titre du chapitre). Faut-il souffrir de la goutte pour lire Tite-Live ? Quel réconfort le marquis attend-il de cette lecture ? Nous ne saurons jamais quel passage se faisait lire M. de La Mole, même si nous pouvons deviner ce qu'il attendait de cette lecture. Nous y reviendrons. En attendant, cette phrase de Stendhal peut nous amener à faire quelques remarques destinées à ceux qui veulent lire Tite-Live aujourd'hui.

Et d'abord, quel Tite-Live lisons-nous ? Un Tite-Live mutilé. Sur 142 livres, 35 seulement nous sont parvenus, soit à peine le quart, et le premier quart de l'ouvrage. Des lacunes de ce genre se rencontrent chez presque tous les écrivains de l'Antiquité. Pour nous en tenir aux historiens, nous notons que des 40 livres de Polybe, seuls les 5 premiers sont conservés en entier ; des fragments plus ou moins longs des autres livres ont été transmis ; il nous manque une bonne partie des *Annales* et des *Histoires* de Tacite et la première moitié d'Ammien Marcellin. L'étendue de l'œuvre de Tite-Live (*Liuius ingens*, dit Martial [3]) est sans doute en grande partie responsable de ces lacunes, d'autant plus regrettables qu'elles nous privent du récit d'événements importants aux yeux des Modernes : histoire des Gracques, de la conjuration de Catilina, des guerres civiles entre Marius et Sylla, César et Pompée, etc. Les 85 fragments des livres perdus que les

1. L. Catin, *En lisant Tite-Live*, Paris, Les Belles Lettres, 1948.
2. Stendhal, *Le Rouge et le Noir*, 2e partie, chapitre VII (Édition de la Pléiade, p. 477 ; le texte est : « irrité contre le temps présent »).
3. Martial, 14, 190.

éditeurs ont retenus sont souvent très brefs et, mis à part ceux concernant la mort de Cicéron, très décevants : tel d'entre eux contient pourtant une *sententia* percutante qui annonce Lucain et Florus. Ainsi ce fragment du livre 109, à propos du passage du Rubicon par César : « C'est avec 5 cohortes qu'il marcha à la conquête de l'univers. » Quant aux *Periochae* — il en manque d'ailleurs deux —, elles ne nous fournissent qu'une vague idée du contenu des livres perdus et elles omettent systématiquement les Préfaces qui, de-ci de-là, comme celles des livres XXI et XXXI, devaient nous être précieuses puisque ce sont elles qui nous renseignent sur les intentions de l'auteur au fur et à mesure de sa rédaction. Quoi qu'il en soit, l'absence de 107 livres ne semble guère avoir gêné les critiques et commentateurs qui, depuis des siècles et surtout aux XIXe et XXe siècles, portent, en toute sérénité, sur Tite-Live des jugements qu'apparemment, ils veulent et croient définitifs.

En l'an 2000, l'éditeur — et donc, après lui, le lecteur — se doit, lui, d'éviter les suppressions ou conjectures plus ou moins fantaisistes qui sont pratiquées systématiquement lorsque tel terme ou telle expression ne figure pas dans les *Concordances*. Celles-ci ne s'appuient en effet — et pour cause — que sur les livres conservés. Pour prendre un exemple, lorsqu'en XXIV, 26, 10, les manuscrits présentent tous l'adverbe *casse* (« en vain ») accompagnant les mots *ne tempus tereretur* (les meurtriers d'Héraclia, fille d'Hiéron de Syracuse, sont impatients de la mettre à mort), alors que le sens du texte ne laisse aucun doute, la quasi-totalité des éditeurs, constatant que *casse* n'est jamais utilisé par Tite-Live dans les livres qui nous restent et que le mot semble tardif, voire réservé aux « glossaires », éliminent purement et simplement le terme — qui, du coup, disparaît des dictionnaires — ou se lancent à l'envi, pour en expliquer la présence, dans des conjectures souvent acrobatiques ; de même, tel commentateur, trouvant le terme *reapse* dans le fragment présumé du livre XI récemment découvert et dont nous parlerons plus loin, corrige aussitôt le mot parce qu'il ne figure pas dans la *Concordance* de Tite-Live...

Pour sa part, le lecteur de l'an 2000 a, sur ses prédécesseurs du XIXe siècle, de petits avantages, dans la mesure où il peut avoir quelques connaissances supplémentaires sur le contenu d'une partie du Tite-Live perdu : c'est le cas pour les livres XLVIII à LV où les *Periochae* dites d'Oxyrhynchos lui ont permis, depuis 1903 et 1951, d'avoir du récit livien correspondant une idée un peu plus précise que celle fournie par les seules *Periochae* sur manuscrits. De même en 1986, une équipe d'archéologues fouillant en Égypte a mis au jour un fragment de parchemin concernant les guerres de Rome contre les Samnites, fragment dont il est vraisemblable qu'il appartient au livre XI de l'*Ab Vrbe condita* et qui nous fournit quelques indications sur les démêlés du consul de 291, L. Postumius Mégellus, avec le consul de l'année précédente, Q. Fabius.

Sans doute les informations ainsi fournies au lecteur d'aujourd'hui sont-elles fort minces. Du moins lui permettent-elles de progresser un peu — la dernière *Periocha* d'Oxyrhynchos concerne les événements de l'année 137 — dans la connaissance des périodes plus récentes dont nous savons qu'elles intéressaient bien davantage les lecteurs contemporains de Tite-Live que celles concernant l'époque royale ou la 2e guerre punique. En témoignent deux choses : 1) le fait que, si nous en croyons les sous-titres des manuscrits, les livres correspondant aux 8 *Periochae* 109 à 116 (ces *Periochae* résument le récit livien des années 50 à 44 — elles incluent donc l'assassinat de César —), avaient dès l'Antiquité été édités à part, comme semblent en faire foi les mots placés en tête de chaque *Periocha* : *qui est ciuilis belli primus (liber), secundus [...] octauus* — c'est là un indice révélateur de l'attrait exercé sur les lecteurs par les guerres civiles récentes — ; 2) la déclaration de l'historien lui-même dans sa Préface (§ 4) où, avec quelque amertume, il dit que « la plupart de ses lecteurs » (*plerisque legentium*) « auront hâte d'en arriver à ces derniers temps » (*festinantibus ad haec noua*) dont l'auteur, pour sa part, préfèrerait oublier le souvenir. C'est donc avec la pleine conscience que le Tite-Live lu aujourd'hui est fort incomplet, avec la pleine conscience aussi qu'en raison de la disparition des livres postérieurs aux décennies 150-140, de larges pans de l'histoire romaine nous sont parfois bien mal connus qu'il faut, « lire Tite-Live aujourd'hui ».

*
* *

Le marquis de La Mole ne devait pas se poser, lui, une question que nous ne pouvons pas ne pas nous poser en l'an 2000 : quelle est la valeur historique des 35 livres conservés ? Qu'ils soient affectés d'erreurs de détail — doublets, confusions, déformations, légères inexactitudes de chronologie — comme tous les ouvrages historiques de l'Antiquité, c'est là péché véniel ; Tite-Live lui-même sentait ou pressentait, bien avant Louis de Beaufort, l'incertitude des données de l'*Annalistique* sur laquelle il devait s'appuyer pour raconter les événements survenus dans les premiers siècles de Rome. Si cependant nous nous penchons, pour prendre un seul exemple, sur le récit livien consacré à une période célèbre, le début de la 2e guerre punique, nous sommes déconcertés par la gravité des fautes commises par l'historien. Au chapitre 6 du livre XXI, nous apprenons qu'à Rome, où les consuls entrés en charge le 15 mars 218 étaient, nous dit-il, P. Cornélius Scipion et Ti. Sempronius Longus, le sénat reçoit une ambassade des Sagontins inquiets des menaces qu'Hannibal faisait peser sur eux. Au moment où Rome s'apprête à envoyer une ambassade demander une explication à Hannibal, en Espagne, puis à Carthage, le sénat romain apprend l'attaque de Sagonte (XXI, 6). Les chapitres 7 à 15, 2 nous annoncent l'échec de cette première ambassade romaine, puis l'annonce faite à Rome de la prise de Sagonte. Tite-Live s'interrompt alors, dit que « pour certains » (*quidam scripsere*), le siège de Sagonte aurait duré 7 mois, qu'après la prise de la ville, Hannibal se serait retiré à Carthagène et que 5 mois après en être parti, il serait arrivé en Italie. C'est donc en 219 qu'avait commencé le siège, sans que Rome réagisse.

Et Tite-Live de s'étonner à bon droit (§ 4 : *quae si ita sint*) que ce soient les mêmes consuls (*i. e.* ceux de 218) qui aient pu, au début de l'année, recevoir les ambassadeurs de Sagonte et, par la suite, livrer les batailles du Tessin et de la Trébie ; et l'historien de se demander si, au lieu de l'attaque de Sagonte, ce n'est pas la prise de la ville qui aurait été annoncée au début de la même année.

On s'attend alors à ce que Tite-Live revienne sur son récit, et corrige sa propre chronologie (au chapitre 30, 9, il adopte d'ailleurs l'autre, puisqu'après le passage du Rhône, alors que les soldats carthaginois sont effrayés par la vue des Alpes, Hannibal leur rappelle les 8 mois qu'ils ont passés à assiéger Sagonte). Des 15 premiers chapitres du livre XXI, il résulte en effet que le siège n'aurait duré que deux ou trois semaines ; Tite-Live est sans doute influencé par l'*Annalistique* qui, par une opération de « désinformation », voulait montrer que Rome, en raison de la rapidité des événements, n'avait pas eu le temps de venir au secours de ses alliés sagontins.

Non seulement l'auteur ne corrige rien, mais il continue son récit comme si de rien n'était. Au chapitre 21, il dit ainsi qu'après la prise de Sagonte (elle date donc, à en croire les chapitres précédents, d'avril-mai 218), Hannibal se retira à Carthagène pour y prendre ses quartiers d'hiver. Apprenant alors la déclaration de guerre, il pense (même chapitre) qu'« il ne faut pas tarder un instant », mais — chose pour nous ahurissante — renvoie pour l'hiver ses soldats espagnols dans leurs foyers (même chapitre). Après être allé à Gadès s'acquitter d'un vœu, il retrouve à Carthagène au printemps suivant ses soldats espagnols revenus de chez eux et lance alors son expédition au-delà de l'Èbre : le lecteur est déconcerté...

Les historiens modernes se montrent à juste titre très sévères devant les erreurs — énormes — que comporte un tel récit. L'un d'eux, T. J. Luce (*Livy, The Composition of his History*, Princeton, 1977, p. 142) écrit à propos du chapitre 15 où Tite-Live indique qu'il existe une autre chronologie : « Tite-Live a essayé de comprendre le problème ; il a peut-être joué avec quelques idées, une minute ou deux, mais les a vite abandonnées, comme vexatoires et sans profit. »

Dans le domaine, cette fois, de la topographie, nous sommes de même fort embarrassés, en lisant les chapitres suivants, par les indications de Tite-Live. L'auteur dit (chapitre 31, 2) qu'après avoir franchi le Rhône, Hannibal remonte la rive orientale du fleuve pour s'éloigner de la mer et des Romains. Au bout de 4 jours, il atteint l'« Île » (sans soute le confluent du Rhône et de l'Isère) et rencontre les Allobroges. Après quoi, écrit Tite-Live (21, 9), « se dirigeant désormais vers les Alpes, il décida de ne pas les aborder par la voie directe » (*non recta regione*), mais « obliqua vers la gauche pour aller chez les Tricastins » (*ad laeuam in Tricastinos flexit*). Tous les commentateurs ont été décontenancés par l'expression *ad laeuam* alors qu'on attendrait évidemment *ad dextram*.

Sans vouloir parler ici de la fameuse question — insoluble — de l'itinéraire alpin d'Hannibal — J. Bayet jugeait « toute scandaleuse » la « confusion des données » dans le récit livien de la traversée des Alpes (éd. du livre I [CUF] de l'*Ab Vrbe condita*, 1940, p. XXII, n. 5) —, l'exposé des batailles du Tessin et de la Trébie est lui aussi loin d'être clair. « Hâtive », « confuse », « imprécise », « erronée », tels sont quelques-uns des qualificatifs attribués par les modernes à cette partie du livre XXI. « Cette section est un cauchemar pour les historiens scientifiques », écrit P. G. Walsh dans son ouvrage *Livy* (Cambridge, 1970), p. 136. Tite-Live confond le pont sur le Pô avec celui qui est construit sur le Tessin, inverse la position des deux camps romains lors de la bataille de la Trébie et se trompe sur la rive où eut lieu la bataille (rive gauche, puisque les Romains sont obligés de retraverser la rivière pour regagner Plaisance). Là encore, les historiens modernes se montrent très durs : Will Richter écrit dans la *Festschrift für Erich Burck*, 1983, p. 61 : « Tite-Live n'est pas un grand historien ou, plus exactement, absolument pas un historien » et de rappeler le jugement féroce de Quintilien (*Institutions oratoires* X, 1, 32) pour qui « Tite-Live ne saurait renseigner suffisamment un lecteur en quête, dans un exposé, non de beauté, mais de crédibilité ». Walsh, dans l'*Aufstieg und Niedergang* II, 30, 1982, 1058-1072, dénonce « la scandaleuse impuissance de Tite-Live comme historien militaire » et n'hésite pas, dans une contribution de 1966 (« Livy », dans *Latin Historians*, Londres, 1966, p. 137), à le qualifier d'« historien de seconde classe ». On voit combien est illusoire la fameuse appréciation de Dante : « Livio che non erra »[4] (il est vrai que, comme l'a montré Paul

4. Dante, *Enfer* 28, 10.

Renucci dans sa thèse de 1954, *Dante, disciple et juge du monde gréco-latin*, II, p. 73, « Dante n'a probablement jamais lu Tite-Live » et le confond toujours avec Florus).

*
* *

Ces exemples, accablants pour la valeur historique de certains chapitres de l'*Ab Vrbe condita*, amèneront-ils le lecteur de l'an 2000 à se détourner de Tite-Live ? Nous ne le pensons pas, car ce lecteur, s'il n'est pas, lui, un « historien scientifique », sait bien qu'étant données les conditions dans lesquelles on travaillait dans l'Antiquité, il ne doit pas attendre toujours une grande exactitude dans la relation des événements. C'est moins, en effet, un historien qu'un écrivain de talent qu'il recherche en Tite-Live et c'est l'écrivain de talent qu'il aimera lire. La confusion qui caractérise l'exposé livien de la traversée des Alpes par Hannibal ne saurait lui faire oublier le récit pittoresque de l'extraordinaire aventure décrite par Tite-Live, l'équipée de l'armée carthaginoise, l'effroi des soldats devant les hauteurs enneigées, les attaques des montagnards, la grande plaque rocheuse couverte de gel, qu'il fallut attaquer au pic et au vinaigre, les précipices où roulaient hommes et chevaux et surtout, à la fin, le vaste promontoire d'où, à en croire l'auteur, l'on avait une « vue immense » et l'on apercevait l'« Italie et les plaines entourant le Pô » ; les Alpes sont même présentées comme les « remparts de Rome » (XXI, 35, 8-9).

C'est que Tite-Live sait raconter et mettre en valeur, avec un art consommé, des scènes plus ou moins symboliques qu'il insère, de loin en loin, dans un exposé dont le *continuum* jamais interrompu (quelle différence avec Polybe !) risquerait de lasser le lecteur. Pour éviter la *satietas* tant redoutée, l'auteur multiplie les scènes qui retiennent l'attention, donnant ainsi naissance à de futurs « morceaux choisis » qui, depuis 2000 ans, se fixent dans les mémoires : enlèvement des Sabines, combat des Horaces et des Curiaces, mort de Lucrèce, épisodes d'Horatius Coclès, Mucius Scaevola, Clélie, et, lors de la 2e guerre punique, le passage du Rhône par les éléphants, le passage des Alpes, les anneaux d'or déversés dans la curie de Carthage, etc.

Pour illustrer cet art du récit, nous mentionnerons deux scènes, beaucoup moins connues : la première prend place au livre XLIV. Tite-Live décrit la façon dont, en 169, l'année qui précède la bataille de Pydna, le consul Q. Marcius Philippus, bloqué dans les montagnes macédoniennes de Piérie, réussit à faire descendre en quelques jours son armée, dans une pente souvent raide, couverte de forêts, d'une altitude de 1400 m au niveau de la mer. *Inenarrabilis labor*, tels sont les premiers mots du chapitre [5] où l'auteur raconte que le plus difficile consistait à assurer la descente des éléphants affolés qui jetaient à bas leurs cornacs (*deiectis rectoribus*), poussaient des barrissements stridents (*cum horrendo stridore*) et créaient une « effroyable panique » (*pauorem ingentem [...] incutiebant*), surtout parmi les chevaux (*equis maxime*). On construit alors, par endroits, des plates-formes de bois de la largeur et de la longueur d'un éléphant, soutenues par d'énormes madriers enfoncés solidement dans le sol et recouvertes de terre pour tromper les animaux ; on les installe, les démonte et réinstalle au fur et à mesure, en coupant à chaque fois les deux madriers de l'avant pour les incliner et guider les bêtes. Quant aux hommes, écrit Tite-Live (XLIV, 5, 8), « ils se laissaient rouler le long de la pente, en même temps que leurs armes et leurs fardeaux... » Quelques jours plus tard, cette armée débouchera sur la côte, non loin du campement de Persée ahuri, alors en train de prendre son bain (*lauanti regi* — ainsi commence le chapitre suivant —), qui, à la nouvelle de l'arrivée des Romains, « bondit épouvanté de sa baignoire » (*cum pauidus exiluisset e solio*).

Dans son récit des événements qui se déroulent à Rome l'année suivante, Paul-Émile, qui vient d'être élu consul, et dont tout le monde espère qu'il mettra enfin un terme à la guerre de Macédoine qui dure depuis 3 ans, s'adresse à l'assemblée du peuple :

> « Dans toutes les réunions et même dans tous les banquets, on trouve des gens pour diriger les armées en Macédoine, pour savoir où l'on doit dresser le camp, quels endroits doivent être occupés par des garnisons, quand ou par quel défilé on doit entrer en Macédoine, où il faut placer les magasins à blé... Non seulement ils décident de ce qu'il faut faire, mais, pour tout ce qui a été fait contrairement à leur avis, ils accusent le consul comme s'ils lui intentaient un procès. Ces propos constituent une lourde gêne pour ceux qui ont la charge des opérations » (XLIV, 22, 8-10).

Et plus loin :

> « S'il est quelqu'un qui soit absolument sûr de me donner des conseils utiles à l'État dans la guerre que je vais faire, qu'il ne refuse pas ses services à l'État, et qu'il vienne avec moi en Macédoine ! Navire, cheval, tente, argent même pour le voyage, je lui fournirai tout... A elle seule, la Ville fournit assez ample matière aux conversations ; qu'elle y limite son bavardage : pour notre part, nous nous en tiendrons, qu'elle le sache, aux conseils donnés dans le camp ! » (XLIV, 22, 12-15).

Des pages de ce genre, qui révèlent, mieux qu'un portrait détaillé, à la fois la malice et la fermeté du consul, se laissent difficilement oublier. Elles montrent que Tite-Live a le souci de se faire lire.

Son ironie s'y déploie, comme c'est aussi le cas dans les nombreuses formules et *sententiae* qui émaillent de-ci de-là son récit, distribuées comme à dessein, de façon à l'« égayer » et à « marquer » un épisode jugé important par l'auteur, un moment décisif dans le déroulement de l'action. Particulièrement nombreuses, au fil de l'exposé, sont des expressions bien frappées qui déclenchent l'étonnement ou le sourire du lecteur... Florus (I, 22 = II, 6, 21), un maître incontesté en la matière, a repris textuellement le jugement de Marcellus (Tite-Live, XXIII, 45, 4) sur l'effet des « délices de Capoue » sur l'armée d'Hannibal : « Capoue a été la Cannes d'Hannibal. » Lorsque celui-ci, qui assiège Casilinum depuis longtemps, apprend que les habitants, réduits à la famine, ont semé des graines de raves au pied des remparts, il s'écrie (XXIII, 19, 14) : « Vais-je rester devant Casilinum pendant que poussent ces raves ? » Ailleurs, c'est un détail pittoresque que Tite-Live n'a garde d'omettre, lorsqu'il nous signale que Scipion et Hasdrubal, les deux farouches ennemis en Espagne, « prennent place sur le même lit pour dîner » chez Syphax (XXVIII, 18, 5). L'année précédente (XXVII, 47, 1 — en 207), il souligne l'expérience et la méfiance du vieux général qu'est Hasdrubal, lorsque, à la veille de la bataille du Métaure, il remarque la présence, parmi les Romains rangés en ligne devant lui, de « soldats plus hâlés » (*adustioris caloris*), de « boucliers usés » (*scuta uetera*) et de « chevaux plus maigres » (*strigosiores equos*) qui lui font soupçonner la présence d'une seconde armée, arrivée depuis peu ; il s'agit de celle de Claudius Néron qui a parcouru 400 km pour venir du Sud de l'Italie, en bernant Hannibal, assister son collègue M. Livius Salinator. Ironie cinglante aussi et formule percutante, celle du tribun C. Publicius Bibulus qui, en 209 (XXVII, 21, 2), accuse publiquement la noblesse de faire traîner la guerre : « Depuis 10 ans, s'écrie le tribun, Hannibal a l'Italie comme province et y a vécu plus longtemps qu'à Carthage ! » (le chef punique avait, disait-on en effet, quitté sa patrie à l'âge de 9 ans).
Des discours, célèbres dès le Ier siècle de notre ère (Domitien [Suétone, *Domitien* 10, 5] avait condamné à mort Mettius Pomposianus, parce qu'« il faisait circuler des harangues de rois et de généraux extraites de Tite-Live »), des discours si abondants — plusieurs centaines — dans l'*Ab Vrbe condita*, et qui mériteraient de nombreux commentaires, nous n'indiquerons, à l'intention du lecteur d'aujourd'hui, que celui mentionné à l'extrême fin du dernier livre livien en notre possession. C'est celui du vieux consulaire Servilius qui s'indigne devant les comices réunis de ce que les soldats de Paul-Émile, l'année qui suit la victoire de Pydna, osent envisager de voter, parce que les récompenses qui leur avaient été accordées étaient à leur yeux insuffisantes, contre l'attribution du triomphe à leur général, pourtant couvert de gloire.

Dans la composition de ce discours, Tite-Live use de toutes les ressources d'une technique oratoire parvenue à un haut degré de perfection : à l'intérieur même de l'*oratio ad Quirites* s'insèrent en effet, en une curieuse construction à tiroirs, deux autres discours présentés comme imaginaires par l'orateur lui-même et adressés à deux assemblées différentes que Servilius feint de distinguer, alors qu'elles sont mêlées. Le premier est même placé par lui dans la bouche de son adversaire, le meneur de la révolte, Ser. Sulpicius Galba, qui parle aux seuls soldats ; le second vise, lui, l'ensemble de l'assemblée, soldats et civils, et tend évidemment à détruire l'effet démagogique du premier et à souligner les mérites extraordinaires de Paul-Émile qui a su, avec des soldats aussi indisciplinés, remporter une éclatante victoire [5].

Julien lisait-il l'*oratio Seruilia* au marquis souffrant de la goutte et irrité contre son temps ? On peut en douter. Peut-être Julien avait-il choisi l'épisode de Mucius Scaevola qui avait su triompher de la douleur ; à moins que ce ne fût le passage où l'on voit les *iuniores* de la centurie prérogative (tribu Volturia) [6] aller consulter les *seniores* de leur tribu pour revenir sur leur vote (il s'agissait de ne pas élire, comme ils l'avaient fait en un premier temps, des consuls incompétents) ; et Tite-Live d'ajouter : « Qu'on se moque maintenant des admirateurs du passé ! » Et plus loin, évoquant cet exemple : « C'est là chose presque invraisemblable à notre époque, où l'autorité des parents elle-même n'a guère de prix et de poids auprès des enfants ! » Voilà qui devait plaire au marquis.

A nous aujourd'hui, à nous qui n'aimons guère les propos moralisateurs, c'est un autre Tite-Live qui plaît : le grand historien de la Rome républicaine, le Tite-Live de la Rome souffrante et triomphante, celui de Cannes et du Métaure, l'écrivain qui a eu la chance de vivre à l'époque et peut-être dans l'entourage d'Auguste, la chance aussi de voir l'immensité de l'Empire conquis par une ville dont il avait lui-même décrit les humbles débuts.

Paul JAL

5. XLV, 37-39.
6. XXVI, 22, 14-15 [année 211].

DENYS D'HALICARNASSE, HISTORIEN GREC DE ROME

Denys d'Halicarnasse a connu, selon les siècles, des fortunes diverses. Ces fluctuations tiennent, en grande partie, à sa double personnalité littéraire. En effet, ce Grec originaire d'Asie Mineure est l'auteur de deux grandes œuvres : les *Antiquités romaines* — une histoire de Rome en vingt livres, qui couvre la période allant des origines de la cité jusqu'à la première guerre punique —, et les opuscules dits « rhétoriques », qui constituent le prolongement de l'activité de rhéteur que Denys exerça à Rome à partir de 31 av. J.-C. [1]. Or, si Denys semble avoir joui, en tant que professeur de rhétorique, d'une notoriété certaine auprès de ses contemporains lettrés, grecs et romains [2], en revanche rien ne nous permet d'affirmer que ses *Antiquités romaines* (parues en 7 av. J.-C.) aient eu, du vivant de leur auteur, un rayonnement équivalent à celui de ses *Opuscules* [3]. Les siècles suivants, ont de même, semble-t-il, négligé l'œuvre historiographique de Denys au profit de son œuvre de critique littéraire : alors que les traités rhétoriques, et en particulier les traités atticisants de Denys, n'ont cessé d'être lus, sans interruption, jusqu'au Moyen Âge [4], les *Antiquités* ne sont que rarement citées par les écrivains grecs

1. Ne sont conservés que cinq traités et trois lettres sur la vingtaine au moins que la tradition lui attribue. Notre édition de référence pour ces opuscules est celle de G. Aujac (5 vol., CUF, Belles Lettres, Paris, 1978-1992).

2. Voir V. Fromentin, *Denys d'Halicarnasse, Antiquités Romaines, Introduction générale et livre I,* Paris, Belles Lettres, 1998, *Introduction,* p. XIV sq.

3. Le seul, au Ier siècle av. J.-C., à mentionner Denys est Strabon qui, au livre XIV (2, 16) de sa *Géographie*, énumérant les hommes célèbres originaires d'Halicarnasse, cite Hérodote et « Denys l'historien », mais sans plus de précision.

4. Par exemple, son traité sur *Les orateurs antiques*, consacré à Lysias, Isocrate et Isée, fut beaucoup médité et admiré à l'époque de la seconde sophistique ; au Ve siècle encore, Syrianus, le commentateur du rhéteur Hermogène de Tarse, le cite et l'utilise abondamment, de même que le rhéteur Jean de Sicile, au XIIe siècle, et Maxime Planude, au XIIIe siècle, discutent avec passion des théories de Denys, même s'ils ne les connaissent, semble-t-il, que de seconde main (G. Aujac, *Denys d'Halicarnasse, Opuscules rhétoriques, Tome I, Les orateurs antiques,* Paris, Belles Lettres, 1978, *notice*, p. 60 sqq.).

du Haut- et du Bas-Empire [5]. Il faut en fait attendre la Renaissance pour que Denys, l'historien de Rome, accède à la célébrité, notamment grâce à la traduction latine de onze premiers livres des *Antiquités romaines* qui parut en 1480, à Trévise, sous le nom du Milanais Lapus Biragus, et qui connut un succès de librairie considérable [6]. Ensuite, l'engouement des lettrés pour les *Antiquités romaines* ne cesse de croître [7], jusqu'à ce qu'éclate en 1723 la querelle des Anciens et des Modernes et que s'engage le débat « sur l'incertitude des premiers siècles de l'histoire romaine » [8]. La gloire de Denys s'éteint alors brutalement, car on l'accuse en particulier d'avoir utilisé, sans esprit critique, des sources annalistiques « pleines de falsification », et de donner une idée erronée du gouvernement de Rome sous les rois et les consuls [9]. Mais c'est surtout au XIXe siècle, avec le triomphe du positivisme et de l'hypercritique [10], que la disgrâce de Denys d'Halicarnasse devient complète. Car un nouveau grief vient s'ajouter aux précédents : on se met à reprocher à Denys son activité de professeur de rhétorique, jugée incompatible avec le travail d'un véritable historien [11]. Depuis une trentaine d'années cependant, l'auteur des *Antiquités romaines* connaît un regain de faveur. Les travaux menés en Italie par E. Gabba et D. Musti notamment [12], ainsi que les importantes découvertes archéologiques effec-

5. A l'exception de Plutarque et d'Eusèbe de Césarée (voir V. Fromentin, *op. cit.* [n. 2], *Introduction*, p. XXII). Seuls les Byzantins, au IXe siècle, s'y sont véritablement intéressés, puisqu'ils y ont puisé un grand nombre des extraits destinés à constituer les fameux recueils d'*Excerpta* (*De Virtutibus et Vitiis, de Legationibus, de Insidiis*) compilés sur l'ordre de l'empereur Constantin Porphyrogénète.

6. Elle fut maintes fois rééditée jusques et même encore après la parution en 1546 de l'*editio princeps* du texte grec due à Robert Estienne. Sur les éditions et traductions des *Antiquités romaines*, voir V. Fromentin, *op. cit.* (n. 2), *Introduction*, p. LXXXVIII-XCVII.

7. François Bellanger, le premier traducteur français de l'œuvre, reconnaît à leur auteur « un génie sublime, une critique solide, un discernement exquis, une profonde érudition » et salue en lui « un des premiers maîtres dans l'art d'écrire » (*Les Antiquités romaines de Denys d'Halicarnasse* traduites en français, Paris, 1723, préface, p. IX et XIV).

8. L. de Beaufort, *Dissertation sur l'incertitude des premiers siècles de l'histoire romaine*, Utrecht, 1738 (rééditée par A. Blot en 1866).

9. *Ibid.* p. 126.

10. Avec les travaux de Th. Mommsen (*Römische Geschichte,* Leipzig, 1854-1856, 1re éd.) et de son élève E. Pais (*Storia di Roma*, Turin, 1898-1899) notamment.

11. E. Schwartz, dans un article de la *Real-Encyclopädie* (« Dionysios von Halikarnassos », *Real-Encyclopädie* V, 1905, col. 934-961) qui a fait date, présente ce « pédant petit Grec » comme l'un des pires représentants de ce qu'il appelle « l'historiographie rhétorique ».

12. La bibliographie de E. Gabba sur Denys est rassemblée à la fin de son *Dionysius and the History of Archaic Rome*, University of California Press, Berkeley-

tuées à Rome, dans le Latium et en Toscane depuis un siècle [13], ont permis cette réhabilitation, en montrant, sur des points décisifs, la validité du témoignage historique de Denys.

Ce rappel des vicissitudes subies par Denys au cours des siècles avait pour but de mettre en évidence un point à mes yeux important. Il s'agit de l'obstacle épistémologique auquel se heurte — aujourd'hui encore — quiconque s'intéresse à Denys d'Halicarnasse : une longue tradition, qui remonte à l'Antiquité, distingue et va même jusqu'à opposer Denys l'historien et Denys le rhéteur. Pourtant, outre qu'ils sont tous deux l'œuvre d'un même écrivain, les *Opuscules* et les *Antiquités* s'adressaient originellement à un même public : un public mixte, composé de Grecs d'une part et de Romains hellénophones et philhellènes d'autre part ; par ailleurs, les *Opuscules* contiennent une réflexion approfondie sur le genre historiographique, et cette réflexion éclaire la genèse des *Antiquités romaines.* Vous aurez donc deviné que, bien que traitant principalement ici de l'historien, je m'efforcerai de ne pas perdre de vue le rhéteur.

Pour ce faire, j'ai tiré des *Opuscules* le point de départ et le fil conducteur de mon exposé. Il est en effet deux notions fondamentales dans la pensée et l'enseignement de Denys, celle de tradition et celle d'innovation ; tout d'abord, parce que Denys le rhéteur pose sur la littérature grecque un regard d'historien, cherchant à dégager des continuités, des filiations ou des ruptures d'un auteur à l'autre, d'une époque à l'autre [14] ; mais aussi parce que son propre enseignement

Los Angeles-Oxford, 1991, p. 225 sqq. ; pour D. Musti, voir notamment *Tendenze nella storiografia romana e greca su Roma arcaica, Studi su Livio e Dionigi d'Alicarnasso*, dans *Quaderni Urbinati di Cultura Classica* 10, 1970, p. 1-155.

13. Voir A. Grandazzi, *La fondation de Rome, Réflexion sur l'histoire*, Paris, Belles Lettres, 1991, p. 33 sq.

14. Voir par exemple ce qu'il dit d'Hérodote et de Thucydide dans le *Thucydide* (V, 5-6, 4) : « Hérodote accuse un net progrès (par rapport à ses prédécesseurs) dans le choix du sujet, qu'il veut plus brillant [...] ; pour ce qui est du style, il l'a doté de qualités qu'avaient négligées les historiens précédents. Survenant après eux, Thucydide a refusé de bâtir son histoire autour d'un seul lieu [...] ; sa supériorité sur les historiens précédents tient d'abord à cela : il a su choisir un sujet, qui sans être parfaitement monolithique, n'est pas pour autant distribué en quantité de développements sans lien entre eux. » A propos du style du même Thucydide : « Il nous faudra montrer l'état dans lequel Thucydide l'a reçu (*i. e.* le style, ἡ λέξις) des historiens antérieurs, et les innovations qu'il a pour la première fois introduites (ἐκαίνωσεν), pour le meilleur et pour le pire » (21, 2). Voir aussi le jugement sur Isocrate dans le traité sur *Les orateurs antiques* : « Comme il avait soif de gloire [...], il se mit à consigner par écrit ses réflexions et choisit de traiter non pas de broutilles quelconques, de contrats privés ou de sujets analogues qui occupaient les sophistes de ce temps, mais de la situation en Grèce et dans l'Empire perse [...]. Héritant d'une pratique oratoire complètement gâchée par les sophistes du style de Gorgias ou de Protagoras, il fut le premier à fuir

rhétorique impose, à quiconque entreprend d'écrire, de commencer par lire, de façon assidue, et par imiter, dans le cadre d'exercices répétés, les écrivains du passé qui se sont illustrés dans le genre littéraire qu'il a choisi de pratiquer [15]. En un mot, pour Denys, un grand auteur — passé ou présent — se définit comme un novateur, mais aussi comme l'héritier, conscient, d'une tradition, et comme l'émule de grands maîtres. Je voudrais donc appliquer aux *Antiquités romaines* cette grille de lecture, c'est-à-dire essayer de situer l'historien d'Halicarnasse par rapport à ses prédécesseurs et par rapport à ses contemporains, pour cerner son originalité. Originalité que je tenterai de dégager dans les trois grands domaines auxquels il est possible — et commode pour l'exposé — de circonscrire le vaste champ de l'historiographie romaine de langue grecque au Iᵉʳ siècle av. J.-C. : premièrement, les aspects idéologiques, c'est-à-dire la question des rapports entre l'historien, son public et Rome ; deuxièmement, les aspects esthétiques, c'est-à-dire la conception que Denys se fait de l'histoire en tant que genre littéraire, la définition qu'il en donne et les ambitions qu'il lui fixe ; enfin, les aspects que nous appellerions scientifiques et qui ressortissent à la méthode rationaliste de l'historien : pour ce faire, je me bornerai à étudier une question récurrente chez tous les historiens depuis Hérodote au moins et qui a cristallisé dans l'Antiquité l'essentiel des débats théoriques sur l'histoire, celle de la causalité historique.

*
* *

l'éristique et la philosophie naturelle pour s'orienter vers la philosophie politique » (*Isocrate* 1, 3-4).

15. Voir, par exemple, la préface du traité sur *Thucydide* : « Je voulais (*i. e.* dans le traité sur l'*Imitation*) ainsi procurer à tous ceux qui cherchent à bien écrire et à bien parler des modèles beaux et éprouvés qui leur servent dans leurs exercices sur tel ou tel point ; au lieu de tout imiter indistinctement chez ces écrivains, ils en extrairaient les qualités, tout en se gardant des échecs » (1, 2) ; la préface du traité sur *Les orateurs antiques* (4, 2) : « Je me demanderai quels sont les plus fameux parmi les orateurs et les historiens de l'Antiquité, quels ont été leurs choix, dans la vie ou en matière d'éloquence ; j'examinerai ensuite les qualités à prendre chez chacun ou les défauts à éviter » ; et plus loin, à propos de Lysias : « Le caractère de son éloquence, les qualités qu'il a introduites, les raisons de sa supériorité sur ses successeurs, ses points faibles, les exemples à retenir chez lui, voilà ce que je vais maintenant essayer d'indiquer » (*Lysias* 1, 6).

I. Aspects idéologiques

Dans la préface au livre I, Denys s'explique sur la genèse de ses *Antiquités romaines* : ayant constaté que les Grecs de son époque connaissaient encore très mal les Romains et leur histoire, il a entrepris de combattre cette ignorance en les instruisant précisément sur la période de l'histoire de Rome qui leur était la moins familière, parce qu'aucun historien de langue grecque ne l'avait traitée en détail avant lui : la période la plus ancienne, celle qui va de la fondation jusqu'à la première guerre punique [16]. Cependant, Denys ajoute que sa tâche s'est trouvée d'emblée compliquée par le fait que les Grecs n'étaient pas seulement ignorants, mais victimes aussi d'un certain nombre de préjugés hostiles aux Romains, qu'entretenaient habilement des propagandistes très actifs en milieu grec. Ces préjugés concernaient deux aspects majeurs de l'histoire romaine [17] : les origines des Romains d'une part, et les causes de la grandeur romaine d'autre part. S'agissant des origines de Rome, cette propagande anti-romaine s'appuyait sur un point particulier de la légende de fondation romaine, celui de l'*asylum* romuléen (selon lequel Romulus aurait accueilli, pour peupler la nouvelle cité, tous les fugitifs venus trouver refuge sur le Capitole, « un mélange indistinct d'hommes libres et d'esclaves » [18]) et l'interprétait de façon malveillante en prétendant que Rome avait des origines barbares et serviles. Le second aspect de cette propagande consistait à imputer les succès des Romains non à leurs mérites mais à la Fortune, ou au hasard [19].

16. Bien que des historiens grecs aient déjà avant lui parlé des antiquités de Rome, ils l'ont toujours fait, rappelle-t-il, dans le cadre d'une histoire de la Grèce (comme Hiéronymos de Cardia), ou d'une histoire universelle, comme Timée de Tauroménion, et le plus souvent de façon très incomplète et très partielle. D'autres au contraire, qui ont centré leur histoire sur Rome, ont négligé la période archaïque, comme Polybe, ou ne lui ont consacré que des résumés sommaires, comme Fabius Pictor ou Lucius Cincius Alimentus qui écrivaient en grec (*Antiquités romaines* I, 5, 4 et I, 6, 1-2).

17. *Antiquités romaines* I, 4, 2.

18. Tite-Live I, 8, 6.

19. On trouve déjà chez Polybe une allusion à cette utilisation, par des Grecs, du thème de la *Tychè* dans un sens hostile à Rome : « C'est ce qui montre [...] que ce n'est pas la Fortune, comme le croient quelques Grecs, ni même le hasard, mais une cause bien naturelle qui a conduit les Romains [...] non seulement à rechercher audacieusement l'empire et la domination du monde, mais aussi à réaliser ce dessein » (I, 63, 9). Voir H. Fuchs, *Der geistiger Widerstand gegen Rom*, Berlin, 1964, p. 43, n. 41 ; P. Pédech, *La méthode historique de Polybe*, Paris, 1964, p. 347 ; E. Gabba, « Storiografia greca e imperialismo romanao », *Rivista storica italiana* 86, 1974, p. 625-642.

Le témoignage de Denys rejoint ici ce que nous savons aussi par d'autres sources, à savoir que la résistance culturelle à la domination romaine fut particulièrement forte au Ier siècle av. J.-C., dans les parties grecques de l'Empire, et en particulier durant les années 88-64 av. J.-C., lors des guerres de Rome contre le roi du Pont, Mithridate VI Eupator ; ce prince mi-barbare mi-grec, qui se présentait comme le champion de l'hellénisme, suscita, non seulement par ses entreprises belliqueuses, mais aussi par ses discours et ses pamphlets contre Rome, un grand espoir de revanche chez beaucoup de Grecs [20]. Mais cette hostilité à Rome ne s'éteignit pas avec la défaite de Mithridate [21] : Tite-Live, pour ne citer que lui, nous apprend notamment (IX, 18), que certains Grecs, au moment des campagnes malheureuses de Crassus contre les Parthes, avaient pris l'habitude d'opposer à la gloire des Romains celle plus grande encore selon eux d'Alexandre, puisque ce dernier n'avait livré, lui, que des batailles victorieuses.

On peut être surpris de la virulence avec laquelle, plus de cent cinquante ans après Pydna, s'expriment encore ces sentiments anti-romains ; mais il importe surtout pour notre propos de souligner que c'est l'historiographie de langue grecque qui se fit, à cette époque, le véhicule privilégié de cette propagande, car Denys désigne explicitement ces activistes anti-romains (dont il ne donne malheureusement pas les noms [22]) comme étant « des historiens grecs à la solde de rois barbares » [23]. Bien que nous n'ayons presque rien conservé de cette littérature hostile à Rome, il n'est pas impossible qu'elle ait été, en cette fin du Ier siècle, au moins aussi largement représentée et aussi populaire en milieu grec que le courant pro-romain illustré par

20. Voir E. Matthews Sandford, « Contrasting Views of the Roman Empire », *American Journal of Philology* 58, 1937, p. 437-456 ; F. P. Rizzo, « Mitridate contro Roma tra messianismo e messagio di liberazione », dans *Tra Grecia e Roma. Temi antichi e metodologie moderne*, Rome, 1980, p. 185-196 ; le volume des Entretiens de la Fondation Hardt consacré à cette question : *Opposition et résistances à l'Empire d'Auguste et Trajan*, t. 32, Vandœuvres-Genève, 1986.

21. Timagène d'Alexandrie, arrivé à Rome en 55 comme prisonnier de guerre de Pompée, rédigea une histoire περὶ βασιλέων aujourd'hui perdue mais qui était considérée comme un modèle d'historiographie anti-romaine (voir les *testimonia* rassemblés par F. Jacoby, *Fragmente der griechischen Historiker* 88, T1 et T8 notamment) et M. Sordi, « Timagene di Alessandria, uno storico ellenocentrico e filobarbaro », *Aufstieg und Niedergang der römischen Welt* II, 30, 1, 1982, p. 775-796.

22. Il est probable que Denys pense en particulier à Métrodore de Scepsis, un historien grec qui vécut à la cour de Mithridate et qui avait été surnommé *misoromaios* (sur ce personnage voir *Fragmente der griechischen Historiker* 184 T 2 et 6a (= F 12) ; J.-L. Ferrary, *Philhellénisme et impérialisme*, BEFAR, 1988, p. 227 sq. ; D. Briquel, *Le regard des autres, les origines de Rome vues par ses ennemis*, Annales littéraires de l'Université de Franche-Comté, Besançon, 1997, p. 121 sq.

23. *Antiquités romaines* I, 4, 3.

Denys ; les *Antiquités romaines* constituent donc probablement un plaidoyer pour Rome plus audacieux et plus polémique qu'on ne le croit généralement.

J'en veux pour preuve la nature et la forme même de la réponse que Denys oppose aux détracteurs des Romains ; il s'attaque d'emblée à ce qui était le point fort de leur propagande, à savoir les prétendues origines barbares et serviles des Romains — en leur opposant, sous la forme d'une longue démonstration qui s'étend sur l'ensemble du livre I, la thèse qu'il dit avoir découverte au prix de longues recherches : les Romains ne sont pas des Barbares mais des Grecs ! Romulus, le fondateur de la cité, est en réalité le descendant de colons grecs venus s'installer au Latium, bien des siècles avant la fondation, lors de cinq vagues successives [24]. Or, si cette théorie — de par son caractère radical — a dû susciter la surprise des Grecs anti-romains, il est probable que les lecteurs romains de Denys n'ont pas été moins étonnés. En effet, si plusieurs cités d'Italie se donnaient, dans leurs légendes de fondation, des ancêtres grecs [25], si Varron de son côté soutenait que le latin était une langue mi-grecque mi-barbare, la thèse officielle à l'époque de Denys — affirmée par Auguste et reprise dans la littérature par Virgile et Tite-Live notamment — était celle des origines troyennes de Rome, qui faisait d'Énée — un Troyen et non un Grec justement — l'ancêtre lointain de Rémus et de Romulus. Bien que cette thèse des origines troyennes rattachât Rome au monde grec par l'intermédiaire de la guerre de Troie, elle n'impliquait nullement qu'il existât des liens de sang entre les Grecs et les Romains. Ce pas, Denys est le seul, à notre connaissance, à avoir osé le franchir, en se démarquant par là même à la fois de l'idéologie augustéenne et de la propagande anti-romaine.

Cette thèse de l'hellénisme des Romains — qui constitue pour ainsi dire la clé de voûte des *Antiquités romaines* — comporte plusieurs facettes, qu'il n'est pas possible de toutes envisager ici [26] ; on soulignera seulement que, pour Denys, cette grécité n'est pas seulement ethnique mais culturelle ; elle relève autant de la loi que de la nature, dans la mesure où, selon lui, les Romains n'ont cessé, dès la fondation et tout au long de leur histoire, d'entretenir et de régénérer ce lien de sang en empruntant aux Grecs leurs meilleurs usages et

---

24. Pour le détail de ces migrations, voir V. Fromentin, *op. cit.* (n. 2), *Notice au livre I*, p. 8 sq.

25. Ces traditions légendaires avaient été rassemblées par Caton, aux livres II et III de ses *Origines*.

26. En particulier, le latin étant pour lui un avatar de la langue grecque, Denys rattache nombre de termes institutionnels latins à un étymon grec (cf. V. Fromentin, *op. cit.* [n. 2], *Introduction*, p. XXXV-XXXVI).

leurs meilleures institutions ; c'est ainsi, par exemple, que le patriciat aurait été créé sur le modèle des Eupatrides athéniens [27], le sénat sur celui de la *gérousia* spartiate [28], et que les Décemvirs n'auraient rédigé la Loi des Douze Tables [29] qu'après avoir pris conseil auprès de diverses cités grecques, en leur envoyant des ambassades.

Cette *interpretatio graeca* de l'histoire romaine peut prêter à sourire et il est évident qu'elle implique quelques gauchissements et travestissements des faits, que les détracteurs de Denys au XVIIIe et au XIXe siècle ont eu beau jeu de relever [30]. Mais l'essentiel est ailleurs, selon moi. Tout d'abord, en affirmant que les Romains sont des Grecs, Denys transforme les Grecs de vaincus en vainqueurs, puisqu'ils participent depuis l'origine à l'extraordinaire essor de Rome ; l'histoire romaine n'est rien d'autre qu'un chapitre, peut-être le plus glorieux, de l'histoire grecque ; une réconciliation entre les ennemis d'hier devient dès lors possible dans un Empire commun à tous et pacifié ; d'autre part, la thèse de Denys implique une nouvelle conception de l'hellénisme, lequel n'est plus affaire seulement de race, mais aussi et surtout de culture et d'éthique [31]. C'est la conception qui s'imposera cent cinquante ans plus tard, à l'époque impériale, en même temps que s'accomplira la réconciliation tant souhaitée par Denys. Ainsi, bien que sa thèse n'ait guère connu de succès, semble-t-il, à son époque, ou plus exactement, en raison même de cet échec, Denys d'Halicarnasse nous apparaît comme un précurseur, préfigurant une évolution des mentalités dont la génération de Plutarque verra l'achèvement. Nous mesurons du même coup l'écart idéologique qui sépare son œuvre de celle de Polybe, malgré la filiation littéraire profonde qui les unit : certes, Denys prétend compléter Polybe en amont, en relatant les siècles archaïques négligés par ce dernier et en arrêtant ses *Antiquités romaines* exactement au moment

---

27. *Antiquités romaines* II, 8.

28. *Ibid.* II, 12, 2 et 14, 2. De même, en fondant le sanctuaire de Diane sur l'Aventin, siège de la ligue latine, le roi Servius Tullius aurait voulu reproduire le modèle de l'amphictyonie grecque (*ibid.* IV, 25, 2 sq.).

29. *Ibid.* X, 51-52.

30. En particulier, dans sa volonté de présenter Rome comme une cité hellénique, Denys minimise l'importance des apports et des influences autres que grecques qui ont pu s'exercer sur la cité à ses débuts ; en particulier, il se livre à ce que D. Musti, *op. cit.* (n. 12), p. 83 sq., a appelé une « désétrusquisation » de la période royale qui, si elle ne lui est pas propre, prend chez lui un caractère systématique sans équivalent dans l'historiographie romaine.

31. Voir par ex. *Antiquités romaines* XIV, 6, 3-6 : « Les Grecs ne diffèrent pas des barbares par leur nom et par leur langue, mais par leur intelligence et par les bonnes coutumes qu'ils adoptent, et surtout parce qu'ils ne se portent pas entre eux d'atteintes inhumaines ; et je pense que peuvent être appelés Grecs tous ceux dont la nature est ainsi faite, et barbares tous ceux qui nourrissent des sentiments opposés. »

où il avait fait commencer ses *Histoires*, avec la première guerre punique ; mais chez Polybe le projet d'écrire une histoire centrée sur Rome était né de son admiration pour les vainqueurs de sa patrie et de son étonnement devant la rapidité de la conquête ; il s'agissait pour lui de comprendre ce phénomène exceptionnel et de l'expliquer à ses lecteurs grecs, en en dégageant les causes ; sa démarche était donc de type intellectuel, scientifique [32] ; et même si dans son esprit cette connaissance et cette compréhension devaient aboutir à un rapprochement entre Grecs et Romains, si une certaine collaboration bien comprise était à ses yeux souhaitable, le contexte politique n'était pas encore à la réconciliation et encore moins à la fraternisation.

II. Aspects littéraires

Si l'on quitte maintenant le domaine de l'idéologie pour envisager les aspects littéraires de l'œuvre de Denys, un double constat s'impose. Premièrement, Denys a beaucoup réfléchi sur l'histoire comme genre littéraire et sur la manière dont il convient de l'écrire : la Préface du livre I des *Antiquités* et celle du livre XI contiennent de précieuses indications sur sa propre méthode et sur ses ambitions esthétiques, tandis que trois de ses *Opuscules rhétoriques* (le *Thucydide*, la première *Lettre à Ammée* et la *Lettre à Pompée Géminos*) proposent une analyse critique des grands historiens grecs du passé ; la matière est donc abondante, mais — et c'est là le deuxième point sur lequel je souhaite insister — elle peut sembler à certains égards disparate et contradictoire. En effet, la préface générale aux *Antiquités romaines* semble vouloir inscrire cette œuvre dans une tradition historiographique bien identifiée, celle de l'histoire politique et militaire illustrée notamment par Thucydide et Polybe ; à l'inverse, les *Opuscules rhétoriques* formulent des jugements iconoclastes sur ces deux derniers historiens et critiquent sur certains points leur conception de l'histoire. Je voudrais montrer ici qu'il n'y a là qu'une apparence de contradiction, qu'en réalité Denys fait preuve sur ces questions d'une grande cohérence, doublée d'une véritable originalité.

Les deux Préfaces des *Antiquités*, celle du livre I et celles du livre XI, renseignent le lecteur non seulement sur les intentions pédagogiques et idéologiques de leur auteur — dont il vient d'être question — mais aussi sur la forme, le contenu et la destination de l'ouvrage.

32. M. Dubuisson, *Le latin de Polybe,* Paris, 1985, p. 277.

Denys déclare qu'il « commencera avec les légendes les plus anciennes » [33] concernant les origines de Rome et qu'il « poursuivra son récit jusqu'au début de la première guerre punique » [34], en « racontant en détail aussi bien toutes les guerres étrangères qu'a menées Rome durant cette période que toutes les dissensions internes qui l'ont agitée [...], en passant en revue tous les types de régimes politiques qu'a connus cette cité durant cette période, sous la monarchie et après la chute des rois, et quelle était l'organisation respective de chacun d'eux » [35]. Ce programme privilégie les aspects politiques et militaires de l'histoire romaine, et situe donc Denys sans équivoque dans la tradition de « l'histoire pragmatique » — c'est-à-dire celle des *pragmata* —, qui remonte à Thucydide (au moins), que Polybe s'était attaché à définir [36], et dont, à l'époque de Denys, le Romain Tite-Live et le Grec Strabon se réclament aussi. Denys se souvient encore de Thucydide lorsqu'il affirme que l'histoire ainsi conçue a d'abord une utilité d'ordre intellectuel, puisqu'elle fournit à ses lecteurs des connaissances véridiques sur les événements du passé et sur leurs causes, et leur permet d'en comprendre le déroulement ; mais il rejoint aussi Polybe [37] en prétendant, ce que ne faisait pas Thucydide [38], que l'histoire possède en même temps une utilité pratique ; elle procure en effet aux hommes politiques et aux chefs militaires qui sont ses principaux destinataires [39] une expérience et des modèles de conduite valables pour toute situation analogue et pouvant inspirer leurs décisions futures [40].

Si l'on ouvre maintenant les *Opuscules rhétoriques*, l'impression est assez différente et les rapports de Denys avec ses deux illustres prédécesseurs s'avèrent beaucoup moins simples que ce premier constat ne le laisserait croire. S'agissant de Polybe, Denys émet un jugement sans appel dans le traité sur *La composition stylistique*, où il affirme que cet auteur était peu préoccupé de beauté littéraire et ne s'est guère soucié de soigner son style, si bien que plus personne n'a la

33. *Antiquités romaines* I, 8, 1.

34. *Ibid.* I, 8, 2.

35. *Ibid.* I, 8, 2.

36. Sur cette définition de l'ἱστορία πραγματική, voir, entre autres, la mise au point de P. Pédech, *op. cit.* (n. 19), Paris, 1964, p. 21 sq.

37. Polybe, VI, 4, 12 ; XII, 25f, 2 ; XII, 25b, 3 ; XV, 36 ; XXX, 6.

38. Voir J. de Romilly, « L'utilité de l'histoire selon Thucydide », dans *Histoire et historiens dans l'Antiquité*, Entretiens de la Fondation Hardt, t. 4, Vandœuvres-Genève, 1956, p. 41-66 et surtout p. 41-48.

39. Polybe, I, 1, 1 ; Strabon, I, 1, 22-23 ; Denys, *Antiquités romaines* I, 8, 2. Voir de même Diodore, I, 1, 2-5 ; XVI, 70, 2 ; Tite-Live, *Praef.* 10-11 ; Strabon, *Géographie* I, 1, 22-23.

40. *Antiquités romaines* XI, 1, 4 ; voir aussi V, 56, 1 ; 75, 1.

patience de le lire jusqu'au bout [41] ! Mais c'est surtout Thucydide que Denys a étudié et critiqué, engageant de ce fait une polémique assez virulente, semble-t-il, avec un certain nombre de lettrés grecs et romains qui appartenaient au même cénacle atticisant que lui, mais qui professaient, contrairement à lui, une grande admiration pour l'historien athénien [42]. Cet engouement de l'élite romaine cultivée pour Thucydide n'était pas nouveau ; il avait pris naissance, une trentaine d'années plus tôt, au sein du premier mouvement atticiste [43], dont le chef de file était un jeune rival de Cicéron, l'orateur et poète C. Licinius Calvus ; parmi ces premiers atticistes, certains vouaient une admiration exclusive à Thucydide, ou plus exactement aux parties rhétoriques de son *Histoire* (discours d'ambassade, harangues, antilogies), au point de voir en lui non pas l'historien idéal mais l'orateur idéal. A l'époque d'Auguste cependant, il n'en est plus tout à fait de même ; les « thucydidéens » que Denys stigmatise dans ses *Opuscules* se fondent sur d'autres critères : considérant que le style de Thucydide est difficile, car insolite et raffiné [44], et par conséquent illisible par la majorité de leurs contemporains [45], ils refusent de voir en lui un modèle pour l'éloquence publique, laquelle, par définition, s'adresse au peuple ; en revanche, prétextant que les ouvrages d'histoire « réclament de la grandeur, de la solennité et du sensationnel » et qu'ils sont uniquement « destinés à des lecteurs ayant fait des études de rhétorique et de philosophie » [46], ils font du style de Thucydide le paradigme du style historique.

A cette théorie Denys répond dans son traité sur *Thucydide* et dans *la Lettre à Pompée Géminos* ; il s'insurge tout d'abord contre la conception élitiste et intellectualiste de l'histoire défendue par les thucydidéens de son temps : pour lui, la lecture d'ouvrages d'histoire ne doit pas être réservée à un public cultivé ; l'histoire s'adresse à tous

---

41. *La composition stylistique* 4, 14-15.

42. Au premier rang de ces atticistes « thucydidéens » se trouvait l'ami et le protecteur romain de Denys, Quintus Aelius Tubéro (cf. *Antiquités romaines* I, 80, 1), qui était lui-même l'auteur d'une histoire de Rome en latin dont le style imitait celui de Thucydide. Sur ce personnage, auquel est dédié le traité de Denys sur *Thucydide*, voir H. Peter, *Historicorum Romanorum reliquiae* I [2], Leipzig, 1914, p. 308-312. Sur les rapports de Denys avec ces atticistes, voir V. Fromentin, *op. cit.* (n. 2), *Introduction*, p. XV-XVIII.

43. Sur ce mouvement, dont le *floruit* est controversé, voir A. Dihle, « Der Beginn des Attizismus », *Antike und Abendland* 23, 1977, p. 162-177, et G. W. Bowersock, « Historical Problems in Late Republican and Augustan Classicism », dans *Le classicisme à Rome aux premiers siècles av. et ap. J.-C.*, Entretiens de la Fondation Hardt, t. 25, Genève-Vandœuvres, 1978, p. 57-75, en particulier p. 59-65.

44. *Thucydide* 50, 2.

45. *Ibid.* 51, 2-3.

46. *Ibid.* 50, 2-3.

et doit donc se présenter sous une forme — c'est-à-dire principalement dans une langue — accessible à tous. Mais il ne se contente pas de reprocher aux admirateurs de Thucydide leur snobisme ; il attaque aussi l'historien athénien lui-même, sur le double plan de la forme et du fond, du style et de la matière.

Il affirme d'abord que le style de Thucydide procède essentiellement d'une volonté de se démarquer de ses prédécesseurs, et d'être original à tout prix, en utilisant un vocabulaire figuré, rare, au lieu du vocabulaire courant à son époque, en bouleversant les règles usuelles de la syntaxe, en multipliant les figures de rhétorique et en contractant beaucoup d'idées en peu de mots, au point de devenir obscur à force d'être bref [47]. Pour Denys, Thucydide pèche contre la nature, contre l'usage, mais aussi contre la tradition, car ses prédécesseurs (Hécatée de Milet, Hellanicos de Lesbos, Damaste de Sigée, Hérodote) avaient, dit-il, un langage clair, pur, concis, qui ne laissait soupçonner aucun procédé de mise en œuvre, ce qui a permis à leurs œuvres de traverser les siècles [48], alors que Thucydide, qui sent la recherche et l'artifice, a toujours été et demeure illisible. On voit donc que les critiques faites par Denys à Thucydide rejoignent en définitive celles qu'il adresse à Polybe, car ces deux historiens incarnent à ses yeux, en matière de style, deux positions extrêmes aussi condamnables l'une que l'autre : chez Polybe se trahit, selon lui, une absence d'intérêt pour les aspects stylistiques et esthétiques du travail d'historien, tandis que Thucydide, au contraire, fait preuve d'une recherche et d'une sophistication excessives dans ce domaine.

Sur le plan du fond, de la matière historique traitée, Denys n'est guère plus indulgent à l'égard de Thucydide ; il lui reproche d'ennuyer son lecteur en « étirant en longueur le récit d'une seule et même guerre, en accumulant sans reprendre haleine bataille sur bataille, préparatifs de bataille sur préparatifs de bataille, et discours sur discours » [49]. Il dit lui préférer pour sa part Hérodote, qui a su « assembler plusieurs sujets différents en un corps unique, bien proportionné » [50], et Théopompe de Chios, dont l'histoire, qu'il qualifie de « polymorphe » [51], « raconte l'installation des peuples, les fondations des villes, décrit la vie des rois et les particularités des mœurs, et rapporte tout ce que contient de remarquable ou d'insolite chaque pays ou chaque mer » [52].

---

47. *Ibid.* 24, 1-10.
48. *Ibid.* 5, 4.
49. *Lettre à Pompée Géminos* 3, 12.
50. *Ibid.* 3, 14.
51. Τὸ πολύμορφον τῆς γραφῆς (*Lettre à Pompée Géminos* 6, 3).
52. *Lettre à Pompée Géminos* 6, 4.

On comprend dès lors que si Denys entend faire de l'histoire pragmatique, il ne veut pas faire que de l'histoire pragmatique [53] ; désireux d'être utile à ses lecteurs en leur livrant sur l'histoire politique et militaire de Rome des informations vraies et précises, il affirme aussi vouloir leur procurer le plaisir d'un simple divertissement [54], en faisant revivre sous leurs yeux [55] la Rome archaïque dans sa totalité, c'est-à-dire en leur offrant une représentation vivante et complète des premiers siècles de cette cité, en un mot, une *mimésis* — picturale ou théâtrale — de son passé. C'est pourquoi, la matière qu'il brasse est aussi diverse que possible : outre les affaires politiques et militaires, Denys présente les rites et les cultes, les mœurs des Romains, décrit la géographie de l'Italie, rapporte toutes sortes de *mirabilia* (sans nécessairement y accorder foi), s'attarde sur la biographie des souverains les plus marquants (Servius Tullius et Tarquin le Superbe en particulier), en insistant sur les grandes réalisations de leur règne, mais sans négliger pour autant « la petite histoire », les intrigues de palais et les secrets d'alcôve.

Sur le plan du style aussi, il entend introduire dans son Histoire une grande variété formelle (ποικιλία) [56], en faisant alterner tous les types d'énoncés : morceaux narratifs, parties oratoires, développements réflexifs et spéculatifs [57]. Ce principe de *variatio* lui permet d'éviter la monotonie, qui lasse le lecteur, mais il sert aussi — notamment par le recours fréquent aux discours — l'exigence de vérité et de vie (ἐνάργεια) [58] qu'il s'est imposée. La chose apparaît clairement à partir du livre VI notamment, après la chute des rois, quand sur la scène politique romaine le conflit entre plèbe et patriciat devient dominant et engendre des crises successives ; Denys a choisi pour en rendre compte un procédé quasi systématique, que Tite-Live, relatant les mêmes événements, n'utilise que rarement, celui de la dramatisation : la caractérisation des différents acteurs, tout comme l'exposé des thèses qu'ils défendent respectivement, se fait par le biais non du récit mais des discours qu'ils prononcent au sénat ou devant le peuple. La critique moderne n'a généralement vu là qu'une sorte de déforma-

---

53. *Antiquités romaines* I, 8, 3.

54. *Ibid.* I, 8, 3.

55. *Ibid.* XI, 1, 2.

56. Sur l'importance de ce terme dans l'esthétique de Denys, voir V. Fromentin, *op. cit.* (n. 2), *Introduction*, p. XL.

57. *Antiquités romaines* I, 8, 2.

58. Sur cette notion, centrale dans l'esthétique de Denys, et qu'il définit comme « le talent de faire percevoir par les sens ce qui est dit et ce par l'indication détaillée des circonstances » (*Les orateurs antiques, Lysias* 7), voir *Lettre à Pompée Géminos* 3, 17 et V. Fromentin, *op. cit.* (n. 2), *Introduction*, p. XLI.

tion professionnelle de l'auteur, alors qu'il s'agit selon moi d'un véritable choix esthétique, lequel procède peut-être d'ailleurs, en partie du moins, d'une volonté de se démarquer nettement du modèle annalistique romain, dont Tite-Live, quant à lui, reste encore, à bien des égards, très dépendant.

Il apparaît donc que Denys se situe délibérément au croisement de deux traditions historiographiques qu'il analyse lui-même comme distinctes et dont il met en évidence les particularités respectives : celle de la *pragmatikè historia*, incarnée par Thucydide et Polybe notamment, et celle de « l'histoire polymorphe » d'Hérodote ou de Théompompe. Certes, pour lui, le champ de l'historiographie grecque ne se réduit pas à ces quatre grands noms, mais c'est d'eux principalement et, qui plus est, d'eux tous ensemble qu'il ose se réclamer, dans un effort de syncrétisme qui peut surprendre, mais qui n'est rien d'autre en définitive que l'application à son propre cas du principe qui gouverne tout son enseignement, à savoir qu'il faut imiter chez chacun des grands modèles du passé ce qu'il y a de meilleur [59].

III. Aspects méthodologiques

Il me reste maintenant, après avoir évoqué les aspects idéologiques et esthétiques de l'œuvre de Denys, à envisager ce que nous, Modernes, appellerions les aspects scientifiques, à savoir ce qui ressortit à sa méthode, en particulier dans un domaine bien précis, que les historiens antiques considéraient, depuis Hérodote au moins, comme fondamental : la recherche et l'analyse des causes des événements historiques. Le problème est très vaste et a fait l'objet d'une bibliographie considérable [60], dans laquelle toutefois le cas de Denys reste presque totalement ignoré. C'est pourquoi je voudrais définir, sur cette question, la position exacte de l'auteur des *Antiquités romaines* et du même coup sa place dans la tradition historiographique.

Si la Préface au livre I [61] affirme de manière convenue que la recherche des causes est une des tâches majeures de l'historien, et si le reste de l'œuvre contient plusieurs allusions à cette exigence [62], c'est la Préface du livre XI qui nous fournit les indications les plus concrètes

59. *Thucydide* II, 2 ; *Les orateurs antiques, Praef.* 4, 2.

60. Pour un état de la question, on se reportera à P. Pédech, *op. cit.* (n. 19), *chap. II, la théorie des causes* (avant Polybe et chez Polybe), p. 56-98.

61. *Antiquités romaines* I, 8, 2.

62. Par exemple *ibid.* V, 56, 1 ; VII, 66, 1.

et les plus précises sur ce sujet. Dans ce prologue, Denys annonce qu'il va relater la chute des décemvirs en 447 av. J.-C. : « J'essaierai de montrer, en commençant par le début, de quelle manière (ὃν τρόπον) les Romains entreprirent de se débarrasser d'un régime qui était déjà bien enraciné, quels hommes furent les chefs de cette entreprise de libération (τίνων ἀνδρῶν ἡγησαμένων) et pour quelles causes et quelles raisons (δι' ἃς αἰτίας καὶ προφάσεις) (s. e. ils agirent ainsi), car je considère que ce genre d'informations est nécessaire et bénéfique à presque tous les hommes [...]. En effet, la plupart des gens ne se satisfont pas d'apprendre seulement d'un ouvrage d'histoire que la guerre contre les Perses a été remportée par les Athéniens et les Lacédémoniens qui, lors de deux batailles navales et d'un combat terrestre, vainquirent le barbare qui était à la tête de trois millions d'hommes, alors qu'eux-mêmes avec leurs alliés n'en comptaient pas plus de onze mille ; mais ils veulent aussi connaître les lieux (τοὺς τόπους ἐν οἷς) où ces actions eurent lieu, apprendre les causes (δι' ἃς αἰτίας) qui firent que ces hommes accomplirent des exploits aussi étonnants et inattendus, et savoir quels chefs (τίνες ἦσαν οἱ τῶν στρατοπέδων ἡγεμόνες) commandaient les armées grecques et barbares... » [63] En un mot, ils veulent « être instruits de toutes les circonstances des événements (πάντα ὅσα παρηκολούθει [64] τοῖς πράγμασιν διδαχθῆναι) » [65].

La terminologie employée ici par Denys mérite attention car elle rappelle celle de Polybe, même si elle ne la reproduit pas rigoureusement dans le détail. En effet, Polybe utilise généralement trois catégories conceptuelles (au moins) pour rendre compte d'un événement [66] : comment, quand, pourquoi (πῶς καὶ πότε καὶ διὰ τί), c'est-à-dire la modalité, le temps et la cause [67]. A cette formule schématique et récurrente s'ajoute parfois une catégorie supplémentaire, celle du lieu (ποῦ) ; parfois aussi à la question πῶς se substitue la locution plus précise διὰ τίνων, qui exprime la notion d'agent [68]. Or ce sont ces mêmes catégories que l'on retrouve, en partie du moins, dans

63. *Ibid.* XI, 1, 2.

64. Bien que le sens le plus usuel du verbe παρακολουθεῖν soit celui de « suivre, succéder », il ne saurait convenir ici, car il ne s'agit pas, d'après le contexte, des *conséquences* des événements, mais de tout ce qui les a entourés, accompagnés, de tout ce qui s'y rattache et entretient avec eux un lien logique, idée que traduit assez bien le français « circonstances ». C'est du reste un des sens spécialisés qu'avait pris ce verbe dans la langue philosophique depuis Aristote, d'après *Liddell-Scott, s. v.*

65. *Antiquités romaines* XI, 1, 3.

66. P. Pédech, *op. cit.* (n. 19), p. 33 sq.

67. Par exemple Polybe, I, 20, 8 ; II, 1, 1-3 ; III, 1, 4 ; II, 71, 7-8.

68. Id., III, 3, 2 ; X, 21, 3.

le passage du livre XI que je viens de citer : le lieu (ἐν οἷς τόποις), la cause (δι' ἃς αἰτίας), la modalité (avec l'agent τίνων ἀνδρῶν / τίνες ἡγεμόνες). On ne peut guère, malheureusement, pousser la comparaison beaucoup plus loin, car le lexique de la causalité historique chez Denys, tel qu'il nous apparaît dans les livres conservés de son œuvre, est beaucoup moins riche que celui de Polybe [69]. En revanche, il est deux points pour lesquels la filiation Polybe-Denys ne fait aucun doute.

Le premier concerne l'importance attribuée à la constitution romaine comme cause historique. Pour Polybe [70], les *politeiai* [71] sont des causes générales, qui permettent de comprendre l'histoire des États. De même que toute l'histoire de Sparte résulte de la constitution de Lycurgue [72] et que la destinée de Carthage a dépendu de ses institutions [73], de même l'exceptionnel essor impérialiste de Rome s'explique par le caractère mixte de sa *politeia* [74]. Or, Denys adopte dans ses *Antiquités romaines* exactement la même perspective : il insiste, dès la Préface [75], sur le fait que la constitution des Romains est la cause de leur grandeur actuelle, et l'on peut aisément relever dans la suite de l'œuvre des allusions précises aux deux théories qui sont indissociablement liées chez Polybe : celle du cycle des régimes et celle de la constitution mixte [76]. Même si Denys ne consacre pas de déve-

69. En particulier, Denys ne distingue pas nettement, comme le fait Polybe, la cause réelle (αἰτία), de la raison invoquée, vraie ou fausse (πρόφασις) et du commencement (ἀρχή) d'une action (sur ce point voir P. Pédech, *op. cit.* [n. 19], p. 80-98). Il distingue toutefois (XI, 1, 6 et 2, 1) « cause première » (ἡ πρώτη αἰτία) et « cause dernière » (ἡ τελευταῖα αἰτία).

70. Sur cette question qui a fait l'objet d'une très nombreuse bibliographie, voir la synthèse de P. Pédech, *op. cit.* (n. 19), p. 303-330.

71. Le terme ne renvoie pas seulement au régime politique de la cité mais aussi à l'ensemble de ses institutions sociales, militaires, religieuses.

72. Polybe, VI, 48-49.

73. Id., I, 13, 12 ; VI, 51.

74. Id., VI, 11-15.

75. *Antiquités romaines* I, 9, 4.

76. Cette théorie du cycle des régimes, qu'on ne peut rapporter ni au platonisme ni à l'aristotélisme, assimile les constitutions à des êtres vivants et se fonde sur le postulat, lui maintes fois énoncé par Platon et Aristote, selon lequel aucun des trois régimes positifs (royauté, aristocratie, démocratie) ne peut se maintenir mais évolue inévitablement vers sa forme pervertie et dégradée : tyrannie, oligarchie, démagogie. Elle suppose en outre que ces six régimes (trois positifs, trois négatifs) ne forment pas seulement des couples antithétiques mais sont tous liés les uns aux autres : la royauté dégénère toujours en tyrannie, laquelle engendre un régime aristocratique, qui se pervertit en oligarchie ; de l'oligarchie naît la démocratie, qui évolue vers la démagogie jusqu'à ce qu'on constitue à nouveau le pouvoir d'un seul. Ainsi, Rome aurait d'abord été, pendant les premiers siècles de son histoire, soumise au cycle des régimes : elle aurait connu la royauté, de Romulus jusqu'à Servius Tullius, puis la tyrannie avec le

loppement spécifique à ces questions, comme Polybe l'avait fait au livre VI, il est évident qu'il connaît le schéma polybien et qu'il s'en inspire pour reconstruire les grandes étapes de l'évolution institutionnelle de Rome [77]. Cette dette intellectuelle de Denys envers Polybe est plus significative qu'il n'y paraît peut-être, parce qu'elle permet de tracer une ligne de démarcation nette entre deux types d'histoire romaine : d'un côté l'historiographie romaine de langue grecque, qui est structurée en profondeur par les catégories conceptuelles de la philosophie politique grecque, et de l'autre l'historiographie romaine de langue latine, qui massivement — Cicéron mis à part — ignore ou refuse ces schémas explicatifs. Il y a là incontestablement deux familles de pensée, deux sensibilités historiques irréductibles l'une à l'autre.

Pour en revenir à la parenté intellectuelle entre Polybe et Denys, on constate aussi — et c'est là mon second point — que Denys, comme Polybe, accorde une part prépondérante aux causes humaines sur les causes divines, et aux causes d'ordre psychologique ou moral sur les causes d'ordre matériel ou physique [78]. Cela revient à dire que la causalité historique, pour l'un comme pour l'autre, réside dans la nature humaine, que les hommes sont non seulement les agents, mais aussi les causes de l'histoire.

Il est à cet égard un exemple remarquable, que je vais tenter de présenter brièvement ici, bien qu'il soit long et complexe, parce qu'il permet de mieux comprendre ce qui apparente Denys à Polybe et ce

---

septième roi, Tarquin le Superbe ; puis un régime aristocratique (c'est-à-dire dominé par le patriciat et le sénat) avec l'instauration de ce que nous appelons la République autour de 507, régime qui aurait dégénéré en oligarchie lors du décemvirat législatif de 450. Cependant, les mesures d'inspiration démocratique prises à Rome après la chute des décemvirs auraient pour effet d'interrompre — miraculeusement — le mouvement cyclique des régimes : en introduisant dans le constitution romaine l'élément démocratique qui lui faisait défaut jusque-là, elles lui auraient permis d'évoluer vers une forme mixte et stable résultant du mélange équilibré des qualités propres à chacune des trois constitutions positives (royauté, aristocratie, démocratie) ; pour Polybe, c'est cette constitution mixte qui caractérise la Rome de son temps, celle des années 150 av. J.-C.

77. Il démontre que Rome a connu des régimes successifs (*Antiquités romaines* I, 8, 2) ; d'abord « royale » de Romulus jusqu'à Tarquin l'Ancien (II, 4 ; II, 57, 4 ; III, 1, 1 ; III, 49, 1 ; IV, 12 ; VI, 74, 1), la *politeia* romaine dégénère en « tyrannie » sous Tarquin le Superbe (IV, 41-42). L'exil des Tarquins marque la fin de la royauté et l'instauration d'un régime dit « aristocratique » (V, 1, 1). Ce régime est bientôt agité par les conflits opposant patriciens et plébéiens et dégénère en « oligarchie » (X, 59-60 ; XI, 2, 1-2 ; XI, 20, 6 ; XI, 22, 1 ; XI, 31, 4) sous les décemvirs (451-447). La perte des livres XII à XX des *Antiquités romaines* rend impossible une reconstitution précise de l'histoire institutionnelle postérieure à 447, mais il est probable (voir notamment l'allusion à la constitution mixte en VII, 55, 3-4) que Denys datait l'avènement de la constitution mixte des années qui suivirent la chute des décemvirs.

78. P. Pédech, *op. cit.* (n. 19), p. 86 sq.

qui l'oppose au contraire à Tite-Live. Il s'agit d'un épisode bien connu, celui de l'assassinat du roi Servius Tullius par son gendre Lucius Tarquin, le futur Tarquin le Superbe, qui était le fils (ou le petit-fils, selon les sources) [79] de Tarquin l'Ancien, auquel Servius avait illégalement succédé. Denys, au livre IV des *Antiquités*, et Tite-Live au livre I de son *Histoire*, relatent tous deux cet assassinat en suivant une trame événementielle identique, mais leurs deux récits s'avèrent diverger profondément, si l'on examine les causes invoquées ici et là pour expliquer ce meurtre.

Chez Tite-Live, en effet, le récit de l'assassinat de Servius Tullius par son gendre Lucius Tarquin, et par sa propre fille cadette, Tullia, est tout entier placé sous le signe du tragique et du divin : l'historien mentionne explicitement l'existence, au sein de la famille des Tarquins, d'une fatalité (*necessitas fati* [80]) qui avait déjà, à la génération précédente, poussé les fils du roi Ancus Marcius à tuer Tarquin l'Ancien ; il raconte comment Servius Tullius, pour tenter d'empêcher l'accomplissement de ce *fatum*, marie ses deux filles, Tullia *major* et Tullia *minor*, aux deux fils de Tarquin l'Ancien, Lucius et Arruns, mais cette précaution s'avère inutile car elle n'empêche pas l'accomplissement de « l'inflexible loi du destin » [81]. L'instrument de ce *fatum* est Tullia *minor*, la propre fille cadette de Servius : après avoir tué sa sœur aînée et son premier mari, elle épouse Lucius Tarquin, son beau-frère ; puis elle devient la proie des Furies de ses deux victimes, qui la poussent à ordonner l'assassinat de son père [82], puis à outrager son cadavre, actes infâmes qui causeront plus tard sa propre perte et celle de son époux. Enfin, il me faut ajouter, pour être complète, que Tite-Live fait aussi intervenir une autre figure du divin, positive celle-là, car il s'agit de la protectrice des Romains (et de Servius), la *Fortuna populi Romani*, qui parvient à retarder pendant quelque temps la réalisation du *fatum* familial, afin que le bon roi Servius Tullius ait le loisir de réaliser son œuvre réformatrice [83].

Chez Denys, au contraire, le divin est totalement absent du récit, qu'il s'agisse du *fatum* ou de *Fortuna*, et les causes désignées sont

79. La tradition romaine est à cet égard divergente, comme l'explique Denys lui-même : Fabius Pictor (que suit ici Tite-Livce) fait de Tarquin le Superbe le fils de Tarquin l'Ancien, alors que Denys préfère la version de Calpyurnius Pison selon laquelle le Superbe était le petit-fils de l'Ancien (*Antiquités romaines* IV, 6-7) ; sur ces questions de généalogies voir O. de Cazanove, « La chronologie des Bacchiades et celle des rois de Rome », *MEFRA* 100, 1988, p. 615-648, et particulièrement p. 622 sq.

80. I, 42, 1-2.

81. *Nec rupit tamen fati necessitatem humanis consiliis quin invidia regni etiam inter domesticos infida omnia atque infesta faceret* (I, 46, 2).

82. I, 48, 5 et 59, 13.

83. I, 46, 5.

toutes strictement humaines ; au lieu de focaliser son récit, comme le fait Tite-Live, sur le personnage tragique de Tullia, il élabore un système à quatre personnages — les deux filles de Servius, les deux Tarquins — dont il fait le véritable moteur de l'action ; il décrit chacune des deux femmes comme l'antithèse psychologique et morale de sa sœur, et chacun des deux hommes comme le contraire de son frère ; puis il montre comment, à l'intérieur de chaque couple, cette opposition de tempérament tourne au conflit ouvert, et conduit le « méchant conjoint » à tuer l'autre [84]. Chacun des personnages ne peut que *« suivre sa nature »* (φέρεσθαι ἐπὶ τὴν ἑαυτοῦ φύσιν) [85], et les influences contraires n'ont sur lui aucune prise [86]. Qui plus est, les « natures mauvaises » [87], et en particulier celle de Tullia *minor*, « se trouvent être aussi les plus dynamiques, les plus tournées vers l'action » [88]. Ce déterminisme purement humain offre donc un contraste puissant avec la vision livienne, qui suppose à l'origine des actes de Tullia et de Lucius Tarquin une fatalité divine ; je serais même assez tentée d'ajouter que l'insistance et la précision avec lesquelles Denys s'attache à mettre en évidence cette causalité psychologique, à en analyser la complexité et la force motrice (au moins aussi puissante que celle de la causalité « divine »), trahissent de sa part une volonté délibérée de se démarquer du modèle livien. On aurait tort cependant de conclure de cet exemple qu'il n'y a pas chez Denys de causalité divine ; à plusieurs reprises dans les *Antiquités romaines*, les dieux ou la *Tychè* sont présentés comme infléchissant le cours de l'histoire [89], mais on a alors l'impression, il est vrai, que Denys ne les invoque que parce qu'il n'a pas trouvé d'explication plus rationnelle à proposer ou parce qu'il hésite à se démarquer d'une tradition annalistique bien établie.

*
* *

J'ai voulu, dans cette présentation de l'œuvre de Denys d'Halicarnasse, mettre l'accent sur les caractéristiques — idéologiques, esthétiques, méthodologiques — qui font selon moi l'originalité de cet auteur. Or, s'il m'a été assez facile de situer Denys dans la tradition historiographique grecque, puisqu'il a clairement exprimé ses propres

84. *Antiquités romaines* IV, 28.
85. *Ibid.* IV, 28, 3 et 4.
86. *Ibid.* IV, 28, 4.
87. Cf. IV, 28, 5 : ἡ κακὴ τὴν φύσιν (pour désigner Tullia *minor*) ; IV, 30, 5 : αἱ ἀνόσιοι καὶ ἀνδροφόνοι φύσεις (pour désigner Lucius et Tullia).
88. IV, 28, 4.
89. Voir V. Fromentin, *op. cit.* (n. 2), *Introduction*, p. L-LI.

jugements sur ses prédécesseurs (Hérodote et Thucydide, Théopompe et Polybe en particulier), il s'est avéré en revanche plus malcommode de le comparer à ses contemporains : avec Tite-Live, qui traite des mêmes événements historiques que lui, la comparaison peut encore se faire sur un terrain assez sûr grâce à la critique interne, comme on l'a vu pour l'épisode de l'assassinat de Servius Tullius ; mais s'agissant de Diodore de Sicile — dont la partie « romaine » de la *Bibliothèque historique* est presque totalement perdue pour nous — une telle *syncrisis* s'avère impossible. La difficulté est d'autant plus grande qu'aucun des auteurs — romains ou grecs — de la fin de la République ou de l'époque augustéenne ne mentionne Denys l'historien [90], et que lui-même reste muet sur ses contemporains et ses possibles rivaux, à l'exception des propagandistes anti-romains dont j'ai parlé plus haut. On peut s'interroger sur les raisons de ce double silence ; toujours est-il qu'il contribue à entretenir bien des zones d'ombre dans la vie et dans la carrière de Denys et qu'il rend donc très imparfaite et très partiale toute tentative pour cerner la personnalité littéraire de l'auteur des *Antiquités romaines.*

Valérie FROMENTIN

90. Si ce n'est Strabon (voir *supra* n.3).

TACITE : LE PESSIMISME HUMANISTE ET LE SALUT DE L'EMPIRE

Je donnerai d'abord la parole à Tacite : voici ce qu'il écrit dans l'introduction de ses *Histoires* : « J'aborde une œuvre que le malheur enrichit, que les combats rendent horrible, que divisent les séditions, qui reste cruelle dans la paix même : quatre princes tués par le fer, trois fois la guerre civile, plus de guerres étrangères et, la plupart du temps, les unes et les autres à la fois... Et puis l'Italie accablée par des désastres nouveaux ou renouvelés après une longue série de siècles : les villes mises à sac ou renversées sur la côte féconde entre toutes de la Campanie ; Rome elle-même dévastée par les incendies, les plus antiques sanctuaires consumés jusqu'au Capitole embrasé par les mains des citoyens. La religion souillée, les grands adultères, la mer remplie d'exilés, les rochers salis par les massacres ; la noblesse, la richesse, les hautes charges qu'elles fussent accomplies ou refusées, tout cela tenu pour crime, et la mort la plus certaine comme prix des vertus. Je dirai que les récompenses des délateurs n'excitaient pas moins de haine que leurs crimes... L'on corrompait les esclaves contre leurs maîtres, les affranchis contre leurs patrons ; et ceux qui n'avaient pas d'ennemis étaient écrasés par leurs amis. Cependant, ce siècle ne fut pas assez stérile en vertus pour ne pas produire aussi de bons exemples... Des mères suivirent leurs enfants en fuite, des femmes leurs maris en exil... La foi des esclaves fut opiniâtre même contre les tortures. Des hommes illustres résistèrent aux suprêmes épreuves avec courage et leur mort égala en gloire celle des Anciens... Jamais plus affreux massacres dans le peuple romain, jamais justice plus significative ne prouvèrent que les dieux ont pour souci non pas notre sécurité mais notre vengeance » (*Histoires* I, 2-3).

Cette sombre et haute éloquence apparaît dans les autres œuvres de l'auteur et notamment dans ses *Annales.* Que penser de sa tristesse ? Et doit-on mettre en balance quelques vertus individuelles et la décadence de tout un peuple illustre autrefois par sa *fides* ? Les Modernes se sont interrogés sur ce pessimisme et sur les espoirs qu'il suggère de manière ambiguë. J'essayerai de réduire les contradictions qui se dessinent ainsi ou de les situer au moins dans une pensée d'ensemble. Car il faut y songer : Tacite est un penseur.

Il convient d'abord de replacer l'homme et l'œuvre dans leur temps. Tacite semble être né au nord de la *prouincia romana*, dans l'actuel Comtat, près de Vaison-la-Romaine, où l'on connaît des *Taciti.* Il fut donc un de ces Gaulois romanisés dont on célébrait l'adhésion loyale à la puissance romaine. Son beau-père Agricola, haut magistrat sous Domitien, avait essayé de pacifier l'Angleterre. Mais il était venu de Fréjus et il avait fait ses études dans les écoles de Marseille. Tacite reçut d'abord auprès de lui sa culture, dont son œuvre est issue. On peut dire, ici surtout, qu'il est, en langue latine, l'un des premiers grands écrivains de la France — qui n'existait pas encore. Il faut souligner surtout qu'il atteste les succès de la colonisation romaine, tout en marquant fortement ses erreurs et les dangers qu'elle court devant les Barbares. L'un de ses proches parents, son père peut-être, avait servi l'Empire en Germanie.

En tout cas, Tacite s'est efforcé de défendre Rome, qui lui confia de hautes fonctions. Il présida en 88, étant préteur sous Domitien, aux cérémonies qui rappelaient la fondation de la cité. Déjà il méditait sur l'histoire, sa grandeur et ses misères. Il fut consul en 97 sous Nerva, puis proconsul d'Asie sous Trajan qui avait conquis la réalité du pouvoir. Il joua un rôle important dans le sénat impérial. Il connaissait les fautes de Rome et des princes qui la gouvernaient. Mais il discernait aussi les dangers que courait la civilisation venue des Grecs et de l'*Vrbs.* Il fut donc pour elle un loyal serviteur, sans accepter de dissimuler les fautes d'un pouvoir qu'il ne voulait pas sauver par le mensonge ou la vaine flatterie.

Son œuvre reflète cet état d'esprit. Dans les courts traités qu'il publia d'abord, la *Vie d'Agricola* au moment où Trajan accédait au rang suprême, puis la *Germanie* (*c.* 98), une conférence sur les plus menaçants parmi les Barbares (99), enfin le *Dialogue des orateurs*, qui constitue en quelque façon son art poétique (*c.* 102) ; il dénonce déjà les erreurs ou la tyrannie de Domitien, mais il cherche surtout à déterminer les tendances majeures qui vont guider sa production d'historien. Au début de l'*Agricola*, il évoque d'une manière optimiste les deux réalités apparemment opposées ou « dissociables » qui gouvernaient jusqu'à ce moment la vie de la cité, *res olim dissociabiles, principatus et libertas.* Il pense que Trajan va les associer. Dans le *Dialogue des orateurs*, il est déjà plus inquiet, mais il justifie le prince au nom des dangers offerts par la liberté. Alors, en 108-109, viennent les *Histoires* dont nous n'avons gardé que les cinq premiers livres, à peu de choses près : dans les parties que nous possédons, l'auteur raconte essentiellement la grande crise de « l'année des trois empereurs » (68-69) qui faillit détruire l'Empire entre Néron et Vespasien ; le livre V décrit, après les troubles de Rome et la destruction du Capitole, le début des révoltes germaines et présente un important *excursus* sur les Juifs. Cette œuvre semblait confirmer le vœu exprimé dans l'*Agricola* et annoncer l'heureux règne de Trajan (99-117). Mais une surprise se produit au début de l'autre ouvrage majeur, les *Annales*, commencées en 111 : au lieu d'en venir à ce sujet, Tacite propose, à partir de Tibère, l'histoire de la dynastie julio-claudienne, qui procède directement d'Auguste et de César et dont il dit les échecs. Ici encore, l'œuvre transmise est lacunaire. Nous n'avons pas le règne de Caligula, ni l'avènement de Claude, ni la fin de Néron. Mais il semble que le scepticisme et le pessimisme l'emportent. On ne sait pas exactement quand est mort l'historien. Il a vraisemblablement connu les débuts difficiles du règne d'Hadrien, en 117, sa lutte contre quatre puissants consulaires, qu'il laisse mettre à mort par son Préfet du Prétoire. L'un d'entre eux, Avidius Nigrinus, héritier de la tradition stoïcienne, avait, semble-t-il, été proche de l'historien.

Tacite s'est donc trouvé mêlé de près à une période singulière qu'on peut juger de plusieurs façons. On comprend que son œuvre permette des interprétations contradictoires. D'une part, le présent est ambigu. Le siècle de Trajan, comme on dit, est celui du plus grand épanouissement de la *pax romana*. Cela ne s'accorde pas à la Préface des *Histoires* qui porte, il est vrai, sur la période précédente. Dès sa jeunesse l'écrivain avait connu les plus graves crises de l'Empire. Elles faillirent se renouveler après la mort de Trajan, à la fin de la vie de Tacite. L'espoir qu'il put éprouver au temps de sa maturité n'était sans doute pas très solide. Dans les fonctions qu'il exerçait au sénat et près du Prince, l'historien avait beaucoup de raisons de douter des humains. Il appréciait sans doute leurs réussites, auxquelles il participait en tant que conseiller et homme de confiance du pouvoir. Mais il voyait celui-ci de près et, comme il arrive aujourd'hui aux grands commis de l'État, il appréciait les fautes et les insuffisances des gouvernants tout en essayant de leur rester fidèle et de prévenir leurs échecs ou leurs crimes. La tentation de la révolte ne lui était pas inconnue.

Les *Histoires* et les *Annales* retracent dans cet esprit une série de grands règnes. A mesure qu'il avance dans le temps, Tacite approfondit son récit et propose de plus en plus ce que Montaigne appellera « jugements d'histoire » ; sa sévérité s'accroît, comme s'il voyait se développer les causes d'une décadence.

Elles naissent en somme d'une synthèse entre les indications données par les historiens qui l'avaient précédé. Salluste avait dénoncé la passion du pouvoir et les conflits qu'elle avait suscités entre les aristocrates et le peuple. Tite-Live, dès sa Préface, avait montré la Rome républicaine dans l'incapacité de supporter sa propre grandeur. Tacite combine les deux observations : les Romains sont incapables de dominer à la fois leur bonheur et leurs ambitions qui les jettent dans les passions et la servitude. Notons tout de suite que les responsabilités se partagent entre la foule ignorante et les magistrats, y compris les plus hauts, lesquels s'enferment dans une solitude qui appelle la terreur, en eux-mêmes comme en leurs administrés. Il faut souligner dès maintenant que Tacite n'ignore pas la complexité des événements qu'il décrit. Il affirme souvent qu'il s'inspire de toutes les sources, et principalement de celles qui critiquaient l'Empire (je pense surtout au large courant qu'Emilio Gabba a décrit en montrant son influence sur la plupart des historiens : il dépendait notamment du stoïcisme, et s'était formé autour de la philosophie, stoïcisme et scepticisme mêlés). Mais Tacite prétendait aussi évoquer les sources favorables au pouvoir (par exemple les *Mémoires d'Agrippine*). Il voulait écrire *sine ira et studio*, sans colère et sans amour (*Histoires* I, 1), et présenter ensemble les vues opposées. Mais s'il refusait les passions, il rejetait plus encore l'impassibilité et il préférait le plus souvent choisir la colère malgré les nuances qu'il ne voulait pas ignorer.

De là une série de portraits individuels qui s'appuient sur la philosophie du pouvoir telle que les Anciens l'avaient connue depuis les Grecs, dans ses formes les plus sévères ou les plus pessimistes. Nous pouvons en évoquer quelques-uns que Suétone, partant des mêmes sources et de la même documentation, complexe parce qu'elle regroupe toutes les traditions, imitera en termes plus mordants et par des caricatures plus sommaires. Pour Tacite, qui pense ici aux dialogues de Sénèque, Néron n'est qu'un héritier des débauches de Marc Antoine qui se serait pris pour un stoïcien et n'aurait pu que trahir et pervertir la doctrine. Claude est un faux intellectuel, qui évolue lâchement vers le modernisme sans défendre la tradition, alors qu'il fallait préserver celle-ci. Mais la figure la plus nuancée appartient à Tibère.

Tacite manifeste ici son génie des contrastes et des nuances. A travers l'histoire des idées, ses différents lecteurs ont fait intervenir des interprétations diverses. Le second empereur a suscité l'admiration de beaucoup de penseurs, qui ont cru trouver en lui un des premiers modèles du machiavélisme. Pour eux, Tibère, tel que le décrit Tacite, sut comprendre que le véritable pouvoir doit associer la force avec la politique, dans la dissimulation, laquelle tient une place essentielle parmi ses secrets (*arcana imperii*). C'est pourquoi, par bien des côtés, et surtout au début de son règne, il fut un grand prince. Mais il était trop intelligent, trop lucide, trop habitué aux nécessités du pouvoir pour se défendre contre les tentations de la tyrannie et contre ses moyens violents. La *lex de maiestate*, la loi de majesté, permettait à l'Empereur de faire mettre à mort quiconque s'opposait, si peu que ce fût, à sa domination. Auguste avait évité de s'en servir et usé, comme César avant lui, d'une clémence hypocrite qui permettait à ses sujets de « se ruer dans la servitude » en toute tranquillité. Mais Tibère, de Capri où il s'était réfugié, fit régner la terreur jusque dans le sénat tout en affectant de le laisser gouverner et en lui adressant seulement des lettres obscures et ambiguës dont les flatteurs et les lâches devaient deviner les intentions. Aussi ce Prince a-t-il fini dans la solitude et dans les angoisses de sa conscience dépravée par le mensonge.

Il n'y a pas de bon prince dans les œuvres de Tacite, ou plutôt de prince bon. Il se rattache ainsi à la tradition platonicienne : le pouvoir déprave l'âme, il rend fou. Tacite décrit cette folie que ses contemporains ont surtout trouvée chez Caligula, qui mêlait le délire à des superstitions inspirées de l'Égypte et qui faisait un consul de son cheval. Parmi les horribles portraits que nous propose l'historien, il en est un pourtant qui semble moins défavorable (*Annales* III, 55). C'est celui de Vespasien. Il n'avait pas de prestance, il était médiocre et avare. Ce vice était précieux chez un administrateur. Mais, dans les guerres civiles, il savait arriver après la bataille et en utiliser l'issue. En somme, il existe une certaine bêtise, au moins apparente, qui réussit aux hommes politiques et surtout aux chefs. Je soupçonne Tacite d'avoir pensé à Trajan, lequel n'avait pas non plus beaucoup de brio. Quant à Hadrien, l'hellénophile, celui-ci le fait peut-être penser à Néron.

Je n'ai pas le temps d'évoquer ici les figures qui gravitent dans l'entourage des princes et qui souvent prennent l'avantage sur eux. Je pense aux grands affranchis, aux sénateurs épris de délation, aux philosophes flatteurs. Nous sommes déjà tout près de Juvénal. Je pense surtout aux femmes. Il ne s'agit pas de simple misogynie mais plutôt, si l'on songe à Sénèque, de tragédie. Selon la tradition romaine, les femmes ne sont pas faites pour régner. Elles ne doivent pas confondre leur dignité naturelle, leur pureté, avec le pouvoir et ses violences ou ses compromissions. Cependant Tacite nous laisse sentir qu'il les admire. Il connaît leur courage, qui se manifeste chez les esclaves subissant la torture, leur fierté, qui donne aux deux Agrippine leur puissance dangereuse, et surtout leur aptitude au malheur, qui apparaît chez Octavie au moment de la mort de Britannicus, lorsqu'elle comprend qu'elle ne peut pas se défendre (*Annales* XIII, 16). L'historien sait, quant à lui, respecter la faiblesse et la pureté. La mère de Néron ne se borne pas à l'orgueil héroïque de la femme de

Germanicus, sa fierté la conduit jusqu'au désir du pouvoir. Cela la distingue de Messaline, tuée par un esclave, méprisée par le centurion qui assiste au crime. Agrippine, abandonnée de tous, lorsqu'elle voit entrer l'assassin qui lui est envoyé par son fils, lui crie, en style tragique : *et tu quoque me deseris*, et toi aussi tu m'abandonnes. Mais la tradition manuscrite, que les éditeurs contestent à tort peut-être, ajoute un autre cri : *uentrem feri*, frappe au ventre. C'est un mot qu'elle a sans doute trouvé dans Sénèque (*Annales* XIV, 8).

La tragédie est donc présente dans l'histoire. Elle y est, semble-t-il, introduite par la philosophie, non sans dégradation de cette discipline, qui n'est guère comprise par le peuple. Dans les tourmentes des guerres civiles que dominent les armées de mercenaires, poussés par leurs chefs quand ils ne les poussent pas eux-mêmes à la révolte et à l'ambition, le peuple ne joue qu'un rôle de spectateur : il applaudit les combattants qui sont venus des pays barbares et constituent désormais les armées impériales (*Histoires* III, 83). Telles sont dans leur diversité les multiples formes de la dépravation romaine ou plutôt de la décadence qui s'étend à la fois sur la politique et sur la morale.

Mais précisément il faut aussi parler de la morale. C'est alors que nous pourrons déceler la véritable beauté de l'histoire ainsi conçue. Elle ne se perd pas dans les passivités du désespoir ; Tacite ne cède pas au dégoût qu'il rencontre si âprement, ou au repliement dans le passé. Rappelons-nous la Préface des *Histoires*. Le présent est atroce. Mais il laisse subsister de beaux exemples qui, les choses étant ce qu'elles sont, suffiront peut-être à le sauver. La lucidité s'allie donc à une forme originale d'équilibre. En matière de morale et de politique, quelques hommes peuvent sauver un peuple et même un empire. Ils fondent ainsi un équilibre original entre la nature, qui tient compte des *consensus* et des passions collectives, et les sages, dont la philosophie savait au moins reconnaître ou pressentir l'idéal.

Nous insisterons maintenant sur ces aspects positifs de la pensée tacitéenne. Il faut reconnaître chez l'historien et dans l'histoire telle qu'il la conçoit l'influence de la sagesse antique, philosophie politique, humanisme et aussi recherche de la beauté.

Tacite, en tant qu'historien, ne s'est pas contenté de donner une description plus ou moins pessimiste de la société. Il se trouvait en présence de divers systèmes de pensée politique qui lui venaient des Grecs et aussi des Romains depuis Salluste et le *De republica* de Cicéron. Les deux hommes étaient sur bien des points plus proches qu'il ne semble. Ils reflétaient l'enseignement que donnait en leur temps l'Académie platonicienne. Depuis Carnéade de Cyrène, qui avait vécu au IIe siècle av. J.-C., celle-ci insistait à la fois sur la réalité de l'idéal et sur un relativisme sceptique dans l'ordre des connaissances humaines. L'homme d'État, d'après cet enseignement qui domine l'œuvre de Cicéron, devait toujours éviter le dogmatisme, qui tend naturellement vers le fanatisme, mais chercher constamment le juste et le vrai, à travers le vraisemblable et le respect des diverses opinions : celles-ci devaient être confrontées dans le dialogue et combinées puisque chacune comportait une part de vraisemblance. Il suffisait donc d'allier les vraisemblances pour s'élever vers les idées et s'en approcher indéfiniment sans saisir pleinement l'absolu du vrai mais aussi sans tomber dans le pur scepticisme. La description que nous donnons ainsi de l'idéologie académique au temps de Tacite coïncide, on le voit, avec celle que nous avons proposée de la pensée de l'historien, puisqu'elle fait coïncider l'exigence morale et le doute réaliste. Le problème qui se pose à lui est d'éviter à la fois l'extrême dureté et l'extrême complaisance. Dans l'ordre de la politique, cela le conduit à poser deux types de questions. Quel est son jugement sur la République et sur les avantages qu'elle pourrait garder dans le présent ? Comment conçoit-il l'impérialisme romain ?

Sur le premier point, il semble bien qu'Auguste, en s'adjugeant le titre de *princeps ciuitatis*, avait voulu donner l'impression qu'il suivait pour l'essentiel la doctrine cicéronienne. Il s'agissait pour l'Arpinate de concilier les diverses formes de l'État, comme l'avait fait Platon et surtout Aristote. Pour y parvenir, il convenait de combiner les différentes sortes de constitutions, la monarchie, l'oligarchie, la démocratie. Le mélange ainsi obtenu permettait de corriger les défauts de chaque système en s'inspirant des autres. Auguste avait sans doute prétendu que la République romaine était une monarchie appuyée sur un sénat oligarchique et sur le peuple, qui votait les lois et contrôlait tous les rouages du pouvoir. Naturellement, la véritable source de l'autorité était le mensonge et le pouvoir militaire, que l'Empereur détenait seul. Tacite indique au début des *Annales* qu'on s'en est aperçu dès la mort du premier prince, qu'alors s'est confirmée la ruée vers la servitude des citoyens de tous ordres, et que Tibère a pu maintenir en aggravant l'hypocrisie initiale. Mais toute l'analyse de l'historien montre que cela ne lui a pas réussi : il est mort dans le désespoir et ses successeurs, qui n'avaient pas son talent, ont décliné progressivement. Aussi Tacite est-il conduit à une solution : il faut abandonner la théorie de Cicéron, ou du moins son interprétation trompeuse. Ni la démocratie ni l'oligarchie ne sont vraiment utiles. Elles n'interdisent ni les conflits ni l'ignorance. Il faut un pouvoir fort assuré par un roi. La constitution mixte est trop faible pour résister aux passions qui peuvent la diviser. Il faut un *optimus princeps*, un principat fondé sur la vertu. On ne peut compter sur un autre système puisque les citoyens, dans leur ensemble, n'ont pas de vertu (*Annales* IV, 33).

Cette doctrine s'affirme dans la pensée de Tacite lorsqu'il écrit les *Annales.* La question qui se pose encore pour lui paraît insurmontable : que faire si, dans la monarchie même, le pouvoir rend fou ? Nous avons déjà parlé de Claude et de Néron. Il faudrait ajouter Galba et Pison. Le second n'a pu trouver dans un sénat faible les secours dont il avait besoin contre la subversion, trop immense dans le grand corps de l'État pour que la République réussît à survivre. Le premier était capable de l'Empire s'il n'avait régné (*Histoires* I, 49). On peut aussi penser à Germanicus qui fut plus digne du pouvoir que Tibère, lequel causa donc sa perte. Il était aussi sincère et généreux que le prince était menteur. Résultat : ses soldats qu'il aimait ont voulu se révolter en sa faveur. Il a refusé. Tacite nous dit qu'en cela il a surpassé Alexandre le Grand (*Annales* II, 73). Que faire ? L'historien est net. Il faut refuser un trône illégal. Depuis le début, Tacite s'est donné un modèle, Verginius Rufus, son prédécesseur au consulat, s'était aussi comporté de cette manière et avait exercé de ce fait une influence profonde.

Ainsi s'esquisse une dernière solution. Il faut refuser le pouvoir mais non l'action morale. Il est possible de se rendre utile même sous les mauvais empereurs. On accorde ainsi, grâce à la modération et à l'esprit de modernité associés à la rigueur, l'*otium*, le repos tel que le concevait Sénèque avec la volonté de ne pas abandonner les devoirs envers la cité et la communauté des citoyens ou des civilisés.

Nous dépassons ici les exigences de la politique. C'est la morale qui est en cause. Elle fait intervenir en plénitude l'humanisme, dont les philosophes et surtout Cicéron dans le *De officiis* avaient défini la valeur de principe.

Il faut précisément définir les devoirs du philosophe. Depuis le temps de Néron, de son contemporain Thrasea Paetus, qui fut martyr de la liberté stoïque, et d'Agricola, celui-ci tenait dans la société impériale une place difficile à occuper. Il plaisait au prince s'il l'appuyait de sa compétence et de son autorité. Mais il s'attirait sa colère s'il entrait dans l'opposition en la justifiant par des raisons fondamentales. Sénèque en avait fait l'expérience. Tacite lui donne dans son œuvre une place importante que les autres historiens ne lui ont pas accordée. Il va jusqu'à justifier jusqu'à un certain point son suicide, que Néron exigea. Le Stoïcien est obligé à la loyauté et à la *fides*. Or Sénèque s'était engagé auprès du prince dont il avait été le maître. Il est donc obligé par sa loyauté même d'obéir à l'ordre de suicide tout en marquant par sa mort que ceux qui tuent Socrate sont toujours punis par le destin. Celui-ci ne se presse pas, il sait attendre, mais il donne toujours le dernier mot à la vertu, même si elle le prononce en mourant.

Ajoutons pourtant que l'historien trouve qu'une telle passivité, manifestée par tant de sages, lui paraît attester trop de soumission et lui inspire une satiété qui l'écœure (*Annales* XVI, 16). Il est parfois possible de résister aux mauvais princes. Les philosophes, depuis Cicéron et les Grecs, avaient proclamé le droit de révolte, qui existe lorsque les princes manquent à la justice et à la sagesse, qui seraient pourtant leur seule justification. Tacite, moins soumis que Socrate, a sans doute accepté de telles solutions à propos de Domitien, de Néron et même de Tibère. Mais il sait aussi que le philosophe, lorsqu'il est seul, doit commencer par l'acceptation de la mort. Elle ne se confondra pas avec une *intempestiua sapientia*, qui pourrait être considérée comme provocation de l'orgueil. Elle mettra les dieux de son côté. Ils étaient aux balcons du ciel lors de la nuit terrible où Néron fit assassiner sa mère (*Annales* XIV, 5-6). Ils ne l'ont pas puni tout de suite, ils ont attendu ses erreurs. Mais on savait désormais qu'elles étaient inévitables.

Des raisons diverses peuvent être alléguées à ce propos par les différents systèmes. La réflexion religieuse, dont l'importance est grande chez l'historien même lorsqu'il fait place au doute, intervient ici. Tacite observe dans les *Annales* VI, 22, que les Épicuriens, qui ne croient pas à l'intervention des dieux, pensent pourtant que nos actes nous suivent et que nous sommes donc toujours punis de nos erreurs et de nos fautes. Les Stoïciens croient en une providence divine et rationnelle qui punit ou récompense selon la justice. Les platoniciens constatent que les deux thèses aboutissent au même résultat : les fautes morales ne réussissent jamais à leurs auteurs. La complexité des opinions nous oblige au sens du dialogue et à une relative tolérance. Mais on s'aperçoit que les règles fondamentales de l'action et de la contemplation gardent une unité profonde qui leur est essentielle. Le poète Maternus, qui est le principal interlocuteur du *Dialogue des orateurs*, s'est réfugié au temps de Néron dans la solitude, dans la beauté de la nature et dans sa pure innocence. Mais, comme il ne peut échapper à son devoir de participation, il écrit en même temps des tragédies contre le prince. Il semble que le pouvoir l'ait obligé à mourir au début du règne de Vespasien, lors d'une réaction du pouvoir contre la philosophie. Mais Maternus n'avait pas caché les exigences du vrai et Tacite, longtemps après, voit en lui son maître.

Tels sont les devoirs qui s'imposent à la personne, à la sagesse ou à la poésie lorsque le devoir d'engagement les place dans une solitude qui n'exclut pas la solidarité. Mais il faut encore, en finissant, parler des peuples et du monde. Au début du IIe siècle, une immense question se pose aux Romains : qu'en en est-il de la barbarie qui menace l'Empire au-delà de ses frontières ? Plusieurs réponses se présentent, où l'on reconnaît les mouvements habituels de la pensée tacitéenne. D'abord, il faut sauver la civilisation, que Rome a élargie aux dimensions de l'Europe. Mais en second lieu, cette civilisation est affaiblie par sa propre décadence qu'on ne doit pas nier. L'*Vrbs* a choisi le confort et la lâcheté qu'il implique. De là naissent deux fautes assez communes : la cupidité et les pillages qu'elle favorise aux dépens des peuples soumis ; l'abandon de l'austérité traditionnelle, qui ne peut être préservée lorsqu'on sort de la nature. A cet égard, comme le montrent la *Germanie* et les *Histoires*, les Barbares sont supérieurs aux Romains. Ils ne pourraient que détruire l'Empire, lorsque ses destins pèsent sur la cité, s'ils n'avaient eux-mêmes les défauts de la nature, qui sont pourtant très moraux pour leur part : ils aiment la liberté, ils l'aiment trop et à cause d'elle ils se battent entre eux. La véritable liberté implique plus d'amour et de modération (*Germanie* 33).

Les Romains ont sans doute entendu la leçon, puisqu'ils ont gardé encore cinq cents ans de domination. Tacite, gendre d'Agricola, avait compris sa politique. D'une part, Rome devait transmettre aux Barbares ses vertus (c'est-à-dire la culture des esprits) et ses défauts (mollesse acquise, goût du luxe et de ses plaisirs). Malheureusement le deuxième remède détruisait le premier à plus ou moins longue échéance. Tacite n'a jamais oublié le discours admirable que son beau-père Agricola avait reçu de Calgacus, chef écossais réfugié dans ses forêts inexpugnables ; il l'avait tenu à ses hommes pour les rassurer en face d'Agricola :

> « Croyez-vous trouver chez les Romains autant de vertu dans la guerre que de débauche dans la paix ? Illustres par nos dissensions et nos discordes, ils tournent les vices de leurs ennemis à la gloire de leur armée ; et cette armée, faite d'un rassemblement des nations les plus diverses, les revers vont la dissoudre. Les Gaulois, les Germains et (j'ai honte de le dire) la plupart des Bretons [...] ont été plus longtemps nos ennemis que nos esclaves ; sont-ils tenus par la loyauté et l'affection ? Non, c'est la crainte, c'est la terreur, et faibles sont les liens d'amour... » (*Agricola* 32).

Agricola avait essayé de créer cet amour, par la parole et par la loi. En somme il y a réussi, malgré les décadences et les princes, les fluctuations de l'histoire et même l'éternel retour des vices. En tout état de cause, même si un jour le peuple romain doit n'avoir ni vertu, ni soldats, ni princes, il faut se rappeler que les dieux ne sont pas pressés, qu'il y aura encore d'autres oscillations, et qu'on peut essayer d'attendre.

Tel est le sublime tacitéen. Comme nous le voyions déjà au début des *Histoires*, il naît continuellement de la rencontre tragique des termes opposés et de ce qu'on pourrait appeler l'oxymore du bien et du mal. Il s'exprime d'abord dans un style fait de concision hautaine et difficile et en même temps de gravité virgilienne. Puissè-je avoir montré dans ces quelques pages que cela tient d'abord à la force de la pensée, toujours à sa tristesse et quelquefois à sa douceur profonde. Il faut défendre le droit, préserver la vérité et la noblesse d'âme, il faut aussi savoir aimer dans l'austérité même. La volonté de se tenir au plus haut, jointe au respect d'une rigueur antique et difficile et tout simplement à l'amour du beau, permet ainsi à un Gallo-Romain, fils de nos terres harmonieuses, d'exprimer, dans Rome qui chancelle, ce que le génie de la Ville a de pur, de durable et même d'éternel.

NOTE BIBLIOGRAPHIQUE

Nous indiquons seulement ici les éditions et les ouvrages que nous avons utilisés.

ÉDITIONS :

K. BÜCHNER, *Tacitus, Die historischen Versuche, Agricola, Germania, Dialogus*, Stuttgart, 1955.

E. DE SAINT-DENIS, *Agricola*, CUF, 1942.

J. PERRET, *Germanie*, CUF, 1949.

A. MICHEL, *Dialogue des orateurs*, Coll. Erasme, 1962.

Histoires :

M. GELZER, Heidelberg, 1963.

P. WUILLEUMIER, H. LE BONNIEC, J. HELLEGOUARC'H, CUF, 1987 sqq.

Annales :

H. KOESTERMANN, Heidelberg, 1963 sqq.

P. WUILLEUMIER, H. LE BONNIEC, CUF, Paris, 1974 sqq.

L'ensemble des œuvres de Tacite ont été traduites et commentées par P. GRIMAL, Bibl. de la Pléiade, 1990.

INDEX :

F. GERBEER, A. GREEF, *Lexicon Taciteum,* Leipzig, 1895-1903.

ÉTUDES D'ENSEMBLE :

R. SYME, *Tacitus,* 2 vol., Oxford, 1938.

E. PARATORE, *Tacito,* 2e éd., Rome, 1962.

A. MICHEL, *Tacite et le destin de l'Empire*, Paris, 1966.

I. BORZSAK, « *P. Cornelius Tacitus* », dans PAULY-WISSOWA, *Real Encyclopädie*, XI, Stuttgart, 1968, p. 373-512.

E. CIZEK, *Tacit*, Bucarest, 1974.

E. AUBRION, *Rhétorique et histoire chez Tacite*, Metz, 1985.

V. POESCHL, « Tacitus », *Wege der Forschung* XCVII, Darmstadt, 1986.

SOURCES :

Ph. FABIA, *Les sources de Tacite dans les* Histoires *et les* Annales, Paris, 1893.

C. QUESTA, *Studi sulle fonti degli* Annales *di Tacito*, Rome, 1963.

Alain MICHEL

HISTOIRE ET BIOGRAPHIE : SUÉTONE

Pour les Anciens, l'histoire et la biographie sont deux genres littéraires distincts. Plutarque, au début de la *Vie d'Alexandre,* l'affirme clairement : « Je n'écris pas des ouvrages d'histoire, mais des biographies. » [1] Histoire et biographie s'opposent par leur contenu et par leur finalité : le biographe s'intéresse à un homme, à la fois dans le déroulement de son existence et dans sa personnalité. L'historien antique s'attache aux événements, aux guerres, aux bouleversements politiques. Lorsque la biographie est celle d'un homme d'État, il existe cependant des points de rencontre entre les deux genres : le biographe ne peut ignorer le fond historique sur lequel se profile l'individu dont il retrace la vie, les événements qu'il a suscités ou dont il a subi le contrecoup, de même que l'historien s'intéresse aux individus en tant que moteurs de l'histoire et introduit parfois des données biographiques au sein même du récit historique. D'autre part, si la biographie n'est pas entièrement un récit, elle comporte toujours au moins une part de récit où elle procède, comme l'histoire, selon l'ordre chronologique. Mais la perspective est différente : le biographe cherche à décrire une personnalité dans sa complexité, ce qui n'est pas l'objet de l'historien. Citons encore Plutarque, dans la même *Vie d'Alexandre* [2] : « Ce ne sont pas toujours les actions les plus éclatantes qui révèlent le mieux les qualités et les défauts des hommes : un acte ou une parole tout ordinaire, une simple plaisanterie font souvent mieux connaître un caractère que les combats les plus meurtriers, les batailles rangées ou les sièges les plus mémorables. »

---

1. *Vie d'Alexandre* 1, 2.Cf. R. Flacelière, *Introduction* à Plutarque, *Vies,* t. I (CUF), Paris, 1957, p. XXIX. Déjà Cornelius Nepos, dans le *Liber de excellentibus ducibus exterarum gentium* XVI, *Pelopidas* 1, avait de même affirmé son intention d'écrire une biographie, et non une histoire : *Cuius de uirtutibus dubito quem ad modum exponam, quod uereor, si res explicare incipiam, ne non uitam eius enarrare, sed historiam uidear scribere* ; « J'hésite sur la façon de traiter de ses vertus, car je crains, si j'entreprends d'exposer les faits, de paraître, non pas raconter sa vie, mais écrire une histoire ».

2. *Loc. cit.*

Cette réflexion pourrait s'appliquer aux *Vies des Douze Césars* de Suétone, plus encore qu'aux *Vies des hommes illustres* de Plutarque : Suétone, en effet, même s'il ne se désintéresse pas entièrement du fond historique sur lequel se déroulent les vies des Césars, est beaucoup plus sélectif dans l'exposé ou l'évocation des grands événements. En outre, en raison du mode très particulier de composition qu'il a adopté, il s'éloigne beaucoup plus d'une présentation chronologique des faits. Il se situe à l'opposé du genre historique si on le compare à Tite-Live ou à son contemporain Tacite. Et pourtant, à bien des points de vue, ce biographe est une source historique de première importance et il se comporte souvent en historien au sens que nous donnons aujourd'hui à ce terme, si nous considérons les intérêts variés qui sont les siens et qui n'ont que peu à voir avec un récit « événementiel ». C'est pourquoi je me propose de montrer en quoi Suétone, de par sa conception de la biographie, est éloigné autant qu'il est possible non seulement de l'histoire traditionnelle, de type annalistique, qui n'est pas son objet, mais encore de ce que nous attendrions d'une présentation historique des faits ; et d'autre part comment, par ses curiosités et ses tendances érudites, il mérite cependant d'apparaître à nos contemporains, en un certain sens, comme un véritable historien.

Suétone expose, dans la *Vie d'Auguste* 9, 1, la façon dont il conçoit la composition de ses biographies impériales : « Ayant présenté en quelque sorte le sommaire de sa vie, je vais en examiner une à une les différentes parties, non point en suivant l'ordre chronologique (*per tempora*), mais par catégories (*per species*), de façon à rendre plus nets leur exposé et leur étude. » [3] Cette opposition entre les *tempora* et les *species*, entre le sommaire chronologique et les « catégories » ou « rubriques » selon lesquelles s'organise la présentation d'une existence, se retrouve dans l'ensemble de ses *Vies*, l'importance respective des uns et des autres pouvant varier, mais les *species* donnant presque toujours lieu à des développements plus considérables que les *tempora*. Le sommaire chronologique de la *Vie d'Auguste* correspond seulement aux quatre chapitres 5 à 8, et l'exposé par catégories ou rubriques, beaucoup plus étendu, aux chapitres 9 à 101 : dans ces chapitres, Suétone distingue successivement la vie publique (chap. 9-60), puis la vie privée (chap. 61-93). Chacune de ces grandes rubriques comporte de multiples sous-rubriques. La rubrique « vie publique » contient les divisions suivantes : guerres civiles ; guerres extérieures ; magistratures ; constructions publiques ; réforme de

3. *Proposita uitae eius uelut summa, partes singillatim neque per tempora sed per species exsequar, quo distinctius demonstrari cognoscique possint.*

l'organisation de la ville de Rome ; législation ; relations avec les grands ordres de l'État et avec la plèbe ; spectacles ; administration de l'Italie et des provinces ; politique à l'égard des rois ; comportement vis-à-vis de l'armée ; vertus publiques d'Auguste. Quant à la vie privée, elle inclut les sous-rubriques suivantes : famille ; amis ; affranchis et esclaves ; conduite privée ; santé ; culture et goûts intellectuels ; attitude devant les choses de la religion. Enfin, la *Vie* se termine par plusieurs rubriques supplémentaires : présages ; mort ; funérailles ; apothéose ; testament. Les autres *Vies* présentent des variantes par rapport à ce schéma. Le récit chronologique y est plus développé et les rubriques et sous-rubriques y sont moins nombreuses et, parfois, différentes. Mais l'organisation en est comparable.

D'un point de vue historique, un tel mode de composition présente d'indéniables inconvénients : la chronologie, aussi bien absolue que relative, est souvent négligée à l'intérieur des rubriques ou *species*, où Suétone énumère souvent des faits sans se préoccuper outre mesure de leur ordre de succession. Ainsi, rappelant quelques-unes des constructions publiques que l'empereur Auguste fit élever, non pas en son nom propre, mais au nom d'autres personnes — *sub nomine alieno* — [4], il parle d'abord du portique et de la basilique de Gaius et de Lucius Caesar, dédiée en 12 ap. J.-C. ; puis des portiques de Livie et d'Octavie, le premier commencé en 15 av. J.-C. et achevé et dédié en 7 av. J.-C., le second dédié en 27 av. J.-C. ; puis du théâtre de Marcellus, dédié en 13 av. J.-C. [5]. L'indifférence à la chronologie est ici complète et paraît être le fruit de la simple négligence, ou plutôt d'une absence d'intérêt pour les dates respectives de ces constructions.

Dans d'autres cas, le bouleversement de l'ordre chronologique semble être intentionnel, par exemple lorsque l'auteur souhaite susciter chez son lecteur un sentiment d'horreur devant le comportement d'un César : si l'on examine la façon dont Suétone énumère dans la *Vie de Domitien* (10, 4-7) les crimes de cet empereur envers les membres de l'ordre sénatorial, on s'aperçoit qu'il place des faits advenus à la fin du règne de cet empereur (la mise à mort d'Acilius Glabrio en 95, puis celle de Mettius Pompusianus, en 91, de Junius Rusticus, en 93) avant les deux derniers crimes de Domitien : le meurtre de son cousin Flavius Sabinus [6], qui date au plus tard de 89, et la répression qui suivit la révolte avortée de L. Antonius Saturni-

4. *Vie d'Auguste* 29, 6.

5. J. Gascou, *Suétone historien,* Rome, 1984, p. 406 ; P. Grimal, « Suétone historien dans la Vie d'Auguste », dans *Rome, la littérature et l'histoire,* Rome, 1986, p. 732.

6. *Prosopographia Imperii Romani* ^{2}, III, 1943, p. 169 sq., n° 355.

nus, qui date sans doute de janvier 89 [7]. Il est manifeste que Suétone a voulu faire apparaître la fureur meurtrière de Domitien comme obéissant à une progression dans la barbarie en plaçant à la fin de son chapitre les crimes les plus révoltants. Flavius Sabinus est un proche parent de Domitien et le prétexte de sa mort est totalement futile [8]. La répression de l'insurrection de Saturninus est entachée de circonstances atroces (tortures et mutilations) propres à mettre le comble à l'indignation du lecteur, et sur lesquelles Suétone s'étend complaisamment. Il a délibérément sacrifié l'ordre réel des événements au profit d'un ordre d'intensité, suggérant par là même une chronologie relative complètement erronée.

Un autre inconvénient de la méthode biographique de Suétone est la façon dont il juxtapose des événements de première importance et des détails pittoresques ou dramatiques, mais d'intérêt historique mineur. De petits faits, de simples anecdotes sont mis sur le même plan qu'une guerre ou qu'une révolution. S'il est un événement capital dans l'histoire de Rome, c'est bien la bataille d'Actium qui valut à Octave la domination suprême et permit le passage de la République à l'Empire. Voici comment Suétone présente la victoire d'Octave [9] : « Bientôt après, il fut victorieux dans une bataille navale auprès d'Actium, et le combat se prolongea jusqu'à une heure tardive, si bien qu'après sa victoire il passa la nuit sur son navire. » Après cette évocation aussi terne que laconique, il s'étend au contraire avec un visible intérêt sur deux tempêtes que subit Octave en revenant en Italie depuis l'île de Samos où il avait pris ses quartiers d'hiver, et auxquelles il accorde plus de place et de poids qu'à la victoire d'Octave sur Antoine [10]. La bataille d'Actium était connue de tous : il juge inutile de la décrire par le menu. Les tempêtes essuyées par Octave, par leur aspect de fait divers sensationnel qui aurait pu changer la face du monde mais n'eut aucune conséquence historique, étaient moins

7. R. B. Weynand, *Real-Encyclopädie* VI, 2, 1909, col. 2567-2568 ; *Prosopographia Imperii Romani* ², I, 1933, p. 169, n° 874.

8. Le héraut qui devait l'annoncer comme consul s'était trompé et l'avait désigné comme empereur, sans que Flavius Sabinus fût pour rien dans ce lapsus.

9. *Vie d'Auguste* 17, 4 : *Nec multo post nauali proelio apud Actium uicit in serum dimicatione protracta, ut in naue uictor pernoctauerit.*

10. *Ibid.*, 17, 5 : *...repetit Italiam tempestate in traiectu bis conflictatus, primo inter promunturia Peloponensi atque Aetoliae, rursus circa montes Ceraunios utrubique parte liburnicarum demersa, simul eius, in qua uehebatur, fusis armamentis et gubernaculo diffracto* ; « Il regagna l'Italie et lors de sa traversée il essuya par deux fois une tempête, d'abord entre les promontoires du Péloponnèse et de l'Étolie, et ensuite auprès des monts Cérauniens ; à deux reprises une partie de ses vaisseaux liburniens sombra, et dans le même temps les agrès de celui qui le portait furent arrachés et son gouvernail brisé ».

connues et possédaient un côté dramatique propre à susciter l'intérêt du lecteur : Suétone fait succéder à une simple mention de la victoire d'Actium une description beaucoup plus étendue d'un événement insignifiant. Une telle juxtaposition écrase la perspective historique. Un biographe comme Plutarque se comporte davantage en historien, en ne consacrant pas moins de neuf chapitres (60-68) à la seule bataille d'Actium dans sa *Vie d'Antoine* et en la décrivant dans ses moindres détails.

Dans d'autres cas, Suétone fausse volontairement la réalité historique pour faire cadrer un même événement tantôt avec une rubrique, tantôt avec une autre. Considérons la *Vie de Caligula*. Pour l'essentiel, cette vie est organisée autour de deux rubriques de longueur inégale : la brève rubrique *princeps*, où Suétone expose ce qui, dans le comportement de Caligula, a été digne d'un Empereur, et la rubrique *monstrum*, où il étale au contraire à loisir les vices, les extravagances et les cruautés de ce personnage. Dans la première rubrique (15, 6), il affirme que, faisant preuve de libéralisme dans les premiers temps de son règne, Caligula ne voulut pas poursuivre les délateurs qui, sous Tibère, avaient fait condamner plusieurs membres de sa famille, et qu'il fit brûler les pièces du dossier qui aurait pu les faire condamner, en jurant qu'il n'en avait lu aucune [11]. Dans la seconde rubrique (30, 4), voulant flétrir l'hostilité de Caligula envers le sénat, il rappelle qu'il accusa tous les sénateurs d'avoir dénoncé auprès de Tibère sa mère et ses frères, rendant inévitable leur condamnation, et qu'à l'appui de son accusation il produisit les pièces qu'il avait feint de brûler, *prolatis libellis, quos crematos simulauerat* [12]. Il y a là une contradiction étonnante : dans le premier cas, l'empereur est censé avoir brûlé les pièces du dossier, dans le second cas, il a seulement feint de les brûler. L'explication est donnée par Dion Cassius (59, 4, 3) : ce n'étaient pas les originaux que Caligula avait fait brûler, mais des copies. Suétone dissimule ce détail pour maintenir artificiellement la division entre *princeps* et *monstrum*, sans s'embarrasser de la contradiction, voire de l'absurdité que, par là, il introduit.

Tributaire d'un genre littéraire, la biographie, et de la conception qu'il en a, Suétone n'a jamais prétendu offrir à ses lecteurs un récit historique. Pourtant, si l'on accepte de dépasser la notion de genre littéraire, et malgré quelques-uns des défauts que j'ai essayé de mettre

---

11. *Commentarios ad matris fratrumque suorum causas pertinentis, ne cui postmodum delatori aut testi maneret ullus metus, conuectos in forum, et ante clare obtestatus deos neque legisse neque attigisse quicquam, concremauit.*

12. *Saepe in cunctos pariter senatores ut Seiani clientis, ut matris ac fratrum suorum delatores, inuectus est prolatis libellis, quos crematos simulerat, defensaque Tiberi saeuitia quasi necessaria, cum tot criminantibus credendum esset.*

en lumière, et qui l'éloignent de l'histoire telle qu'elle était conçue en son temps plus que tout autre biographe, beaucoup plus, en particulier, que son contemporain Plutarque, il n'est pas interdit de considérer qu'il a fait œuvre d'historien, et cela en plusieurs sens.

Lorsque l'on se penche sur les sources utilisées par Suétone, on est frappé par la richesse de sa documentation : documentation littéraire d'abord, documentation de première main ensuite. Suétone, certes, ne cite pas toutes ses sources, imitant par là les auteurs anciens, historiens ou biographes, et se contente souvent de désigner ses autorités par des termes vagues tels que *quidam*, *multi*, *nonnulli*, etc. Il lui arrive cependant d'être plus précis et de citer nommément les auteurs qu'il a utilisés. On peut établir une liste des auteurs qu'il est le seul à citer et dont il a tiré des informations originales qu'il est le seul à rapporter : Actorius Naso [13], Aquilius Niger [14], Julius Saturninus [15], Julius Marathus [16], C. Drusus [17], Q. Elogius [18]. Une étude approfondie des sources de Suétone prouve d'autre part qu'il n'est pas le reflet passif des ouvrages de ses prédécesseurs. Il ne suit pas une source unique, ni une source principale, il sait combiner des sources de provenance diverse, choisir des informations, en écarter d'autres en fonction de l'idée qu'il se fait d'un César [19].

A côté des sources proprement historiques, il ne fait aucun doute que Suétone fait appel à des ouvrages de provenance diverse : biographies, œuvres de propagande, pamphlets, lettres, discours, recueils d'anecdotes ou de bons mots [20]. Mais la principale originalité dont il fait preuve en matière de documentation est l'utilisation de sources d'archives. On a récemment voulu contester l'importance de ces dernières : on a allégué qu'il n'aurait guère profité de sa position de haut fonctionnaire impérial pour avoir accès à des informations privilégiées [21]. Un réexamen des arguments invoqués en ce sens m'a persuadé que ces réserves étaient exagérées [22]. On a prétendu que les précisions données par Suétone sur les testaments des trois premiers Césars se retrouveraient chez Tacite (*Annales* I, 8) et surtout chez

13. *Vie de César* 9, 3 ; 52,1.
14. *Vie d'Auguste* 11, 3.
15. *Ibid.* 27, 3.
16. *Ibid.* 79, 5 ; 94, 3.
17. *Ibid* 94, 9.
18. *Vie de Vitellius* 1, 2.
19. J. Gascou, *op. cit.* (n. 5), p. 3-339.
20. *Ibid.*, *passim.*
21. L. De Coninck, *Suetonius en de Archivalia* [= Suétone et les archives], Bruxelles, 1983, p. 48 sq. (cf. p. 216).
22. J. Gascou, « L'utilisation de documents de première main dans les *Vies des Douze Césars* de Suétone », *Vita Latina* 133, mars 1994, p. 7-21.

Dion Cassius (44, 35, 2-3 ; 56, 32-33 ; 59, 1-2) et ne prouveraient donc pas qu'il ait eu accès à ces documents. Mais Suétone donne plusieurs indications qui ne se rencontrent chez aucun de ces historiens et qui suggèrent une vision directe de ces testaments : dans la *Vie de César*, la phrase *in ima cera Gaium Octauium adoptauit* (« au bas de la tablette de cire, il déclara adopter Gaius Octavius ») semble prouver qu'il a vu les tablettes de cire où était gravé le testament de César [23]. Il est capable de préciser le nombre de cahiers qui constituaient le testament d'Auguste (deux) et de rouleaux de parchemin (trois) qui l'accompagnaient, et de détailler leur contenu. Il sait faire la différence entre l'écriture d'Auguste et celle de ses affranchis [24]. Il est en mesure de distinguer l'exemplaire du testament de Tibère écrit de la main de l'empereur et celui qu'un affranchi avait transcrit, d'affirmer l'identité de leur contenu et de préciser la qualité des signataires [25]. Il est difficile de croire que ces précisions soient empruntées à une source historique, surtout si l'on considère que Suétone est le seul auteur à les donner. La description minutieuse qu'il fait de tablettes et de carnets contenant des essais poétiques de Néron [26] dont il affirme qu'il les a eus entre les mains et dont il garantit le caractère autographe peut avoir sa source dans un examen personnel fait par le biographe dans les archives privées de cet empereur et témoigne en tout cas, de façon indéniable, de l'utilisation d'une documentation de première main. Quand les sources littéraires et les sources de première main entrent en conflit, il sait adopter une méthode digne d'un véritable historien, en préférant les secondes aux premières : ainsi oppose-t-il aux traditions divergentes véhiculées par Cn. Lentulus Gaetulicus et par Pline l'Ancien sur le lieu de naissance de Caligula un document irréfutable, les *acta diurna,* ou « Journal du peuple », sorte de journal officiel de Rome, où étaient notamment consignées les nouvelles concernant la maison impériale, en particulier les lieux et dates de naissance des membres de la famille de l'Empereur [27]. Il prouve ainsi que Caligula n'est pas né à Tibur, comme le prétendait Gaetulicus, ni dans le territoires des Trévires comme le croyait Pline, mais à Antium,

23. *Vie de César* 83, 3.

24. *Vie d'Auguste* 101, 1 et 6.

25. *Vie de Tibère* 76.

26. *Vie de Néron* 52, 3 : *Venere in manus meas pugillares libellique cum quibusdam notissimis uersibus ipsius chirogapho scriptis.* Voir la description qui suit.

27. Sur les *acta diurna* (ou *acta populi*), voir J. W. Kubitschek, *Real-Encyclopädie* I (1893), col. 290-295 ; G. Boissier, « Le Journal de Rome », dans *Tacite,* Paris, 1903, réimp. 1923, p. 237-278 ; A. Mastino, *Il « giornalismo » nell'antica Roma : gli* Acta Urbis, Urbino, 1978 ; B. Baldwin, « The *acta diurna* », *Chiron* 9, 1979, p. 189-203.

comme il ressort des *acta diurna* [28], et il conclut son raisonnement par une affirmation qui possède à ses yeux une valeur de principe : « On doit donc s'en tenir au témoignage qui seul garde son autorité et provient d'un document officiel. » [29]

On ne peut donner qu'un idée rapide des autres sources documentaires utilisées par Suétone : il n'a pas négligé les inscriptions. Il a fait usage des *Res Gestae Diui Augusti*, comme le prouvent aussi bien des ressemblances verbales entre ce célèbre document épigraphique et quelques passages de la *Vie d'Auguste*, que les informations qu'il apporte sur les dépenses, les jeux et les triomphes d'Auguste [30]. Mais il a aussi utilisé l'inscription d'une statuette prouvant que le premier surnom d'Auguste fut *Thurinus* [31]. Il indique que les lettres claudiennes se rencontrent sur les inscriptions des monuments du règne de Claude [32]. Il fait référence aux inscriptions des statues de Galba pour prouver que cet empereur comptait au nombre de ses ancêtres Quintus Catulus Capitolinus [33].

Il ne néglige pas non plus les documents matériels, tels que les tombeaux des *Vespasii*, démontrant par là l'éclat de la famille maternelle de Vespasien, et les situant avec la précision d'un auteur de guide archéologique [34], et donne mainte autre précision sur les lieux de naissance de Galba [35] et de Domitien [36], ou sur le tombeau de Néron, attestant qu'il a visité les lieux dont il parle.

Enfin, il utilise des informations orales et invoque les récits de son père, de son grand-père, ou de garants anonymes [37], et raconte même une scène dont il fut témoin sous le règne de Domitien à propos de la perception du *fiscus Iudaicus* (*Interfuisse me adulescentulum memini*) [38].

Si ses sources sont multiples, ses curiosités ne le sont pas moins. Il s'intéresse au plus haut point à ce que nous appelons le « nonévénementiel ». Plus qu'aucun historien ou biographe antique, il nous informe sur la famille et sur la carrière des Césars avant leur avène-

28. *Vie de Caligula* 8.
29. *Ibid.* 8, 12 : *Sequenda est igitur quae sola restat et publici instrumenti auctoritas.*
30. J. Gagé, *Res Gestae Diui Augusti* [3], Paris, 1977, p. 39 sq., 210.
31. *Vie d'Auguste* 7, 2.
32. *Vie de Claude* 41, 6.
33. *Vie de Galba* 2.
34. *Vie de Vespasien* 1, 6.
35. *Vie de Galba* 4, 1.
36. *Vie de Domitien* 1, 1.
37. *Vie de Caligula* 19, 3 ; *Vie de Claude* 15, 11 ; *Vie de Néron* 29, 2 ; *Vie de Titus* 3, 3.
38. *Vie de Domitien* 12, 6.

ment. C'est lui qui nous livre les détails les plus nombreux et les plus précis sur l'origine sociale et géographique de la famille d'Auguste, tant du côté paternel que maternel [39]. C'est encore à lui que nous devons l'essentiel de ce que nous savons sur la carrière de Galba avant son accession à l'Empire [40] : Plutarque, Tacite et Dion Cassius nous apportent à ce sujet des renseignements fragmentaires très inférieurs en nombre et en précision.

Il manifeste un intérêt très vif pour les réalités administratives et juridiques. Ses études et sa carrière, sa situation de haut fonctionnaire auprès de Trajan, puis d'Hadrien [41], l'ont familiarisé avec ce type d'informations auxquelles l'histoire annalistique n'accordait qu'un intérêt médiocre, mais qui sont précieuses aux yeux des historiens d'aujourd'hui désireux de comprendre en profondeur le fonctionnement de l'Empire et de la société impériale. A cet égard, Suétone est supérieur à Tacite et même, parfois, à Dion Cassius lui-même, l'historien de l'époque du principat le plus attentif à la politique administrative des Empereurs. Qu'il s'agisse des réformes juridiques et de l'activité législative d'Auguste et de Claude [42], de certains aspects de l'administration de l'Italie et des provinces [43], des questions relatives à la citoyenneté romaine [44], de l'organisation des carrières des sénateurs et des chevaliers [45], Suétone est une de nos meilleures sources. Son œuvre enrichit notablement les connaissances que, sans elle, nous aurions de ces réalités à la fin de la République et sous les premiers Empereurs.

L'évergétisme impérial — les libéralités de tout ordre dont le peuple était redevable aux Césars en matière de jeux et de spectacles, de distributions, de constructions publiques — jouait un rôle capital dans les relations du prince et de la plèbe romaine. L'Empereur qui voulait agir dignement se devait de répandre autour de lui les fruits de sa générosité. C'était un attribut presque obligatoire de sa puissance. Les souverains qui, comme Tibère, manquaient à ce devoir, étaient sévèrement jugés, et Suétone s'associe à ce jugement [46]. Touchant de près aux rouages du pouvoir impérial, il n'ignore pas l'importance de l'évergétisme. Cela explique l'abondance de ses informations sur les

39. *Vie d'Auguste* 1-4.

40. *Vie de Galba* 6-9.

41. Sur la carrière de Suétone, le travail le plus précis est celui de G. B. Townend, « The Hippo Inscription and the Career of Suetonius », *Historia* 10, 1961, p. 99-109.

42. *Vie d'Auguste* 32, 5-35 ; *Vie de Claude* 14, 2-15 ; 23, 1-5.

43. *Vie d'Auguste* 46, 1-47, 2.

44. *Ibid.* 40, 5-7 ; *Vie de Claude* 18, 4-19 ; 25, 7-8.

45. *Vie d'Auguste* 35, 2-37 ; 38, 3-40, 2.

46. *Vie de Tibère* 47-48.

spectacles du théâtre, de l'amphithéâtre et du cirque, sur les distributions d'argent ou de vivres, sur les constructions [47] — bien supérieures à celles que nous livrent Tacite et Dion Cassius. Aucun historien, par exemple, n'apporte autant de précisions sur les grands travaux de Claude ou sur l'œuvre monumentale de Domitien [48].

Mais l'originalité la plus remarquable de Suétone en tant qu'« historien » est sans doute l'importance qu'il attache à la relation des Césars avec la culture : la description de leurs goûts intellectuels, de leur style, de leurs aptitudes littéraires, de leurs écrits, de leur langage parlé ou épistolaire, fait partie à ses yeux des éléments qui permettent de caractériser leur personnalité. Par ce biais, il nous livre une précieuse ébauche d'une histoire intellectuelle des Césars, aux développements inégaux, mais unique dans les lettres latines. C'est en vain que nous chercherions chez un historien latin ou grec de l'Empire romain quelqu'une des nombreuses précisions qu'il nous apporte sur les ouvrages d'Auguste, sur son style, sur les locutions qu'il affectionnait, sur son goût pour la culture grecque, sur l'encouragement qu'il donna aux talents de son siècle [49]. C'est un tableau très riche et très vivant qui intéresse au premier chef non seulement l'historien de la littérature, mais l'historien tout court.

Il y a donc, pour qui se penche sur la relation de Suétone avec l'histoire, un paradoxe. Voilà un écrivain qui n'a jamais pensé écrire des ouvrages d'histoire, qui, dans l'Antiquité, n'a jamais été considéré que comme un auteur de biographies ou d'ouvrages spécialisés dans des domaines variés, et qui, jusqu'à une époque très proche de la nôtre, a été principalement perçu comme un érudit attaché à des minuties, ou occupé à donner la chronique scandaleuse de l'Empire. Un chercheur italien de notre siècle l'a même accusé, comme si ce grief devait le dévaluer à tout jamais, d'avoir « souillé la pourpre des Césars » [50]. Et pourtant, ce biographe si indifférent à la grande histoire, cet érudit relativement peu intéressé par les événements les plus saillants de la fin de la République et des premières décennies de l'Empire, est peut-être l'écrivain qui, par la variété de ses curiosités et l'abondance des informations qu'il fournit sur la famille des Césars, sur les réalités administratives et juridiques qui ont marqué leur règne, sur l'évergétisme impérial, sur la relation des Césars avec la culture, se rapproche le plus de l'histoire telle que nous la concevons aujourd'hui : une histoire qui se veut totale, n'éludant aucun aspect de

47. J. Gascou, *op. cit.* (n. 5), p. 654-668.
48. *Vie de Claude* 20 ; *Vie de Domitien* 5.
49. *Vie d'Auguste* 84-89.
50. G. Funaioli, *Real-Encyclopädie* IV A, 1, 1931, col. 619, *s. v.* « C. Suetonius Tranquillus ».

la réalité, ne négligeant pas la chronologie mais n'en faisant pas l'essentiel de son objet, où l'économie, le droit, les structures administratives, la culture n'ont pas moins d'importance que le récit des événements, et qui puise ses sources, au premier chef, dans les documents de première main. En ce sens, on peut dire que Suétone fait de l'histoire à son insu et qu'à travers une forme littéraire aussi inadaptée que possible au récit historique, il a, d'une certaine manière, fait véritablement œuvre d'historien.

Jacques GASCOU

UN « COMPILATEUR » TÉMOIN DE SON TEMPS : APPIEN D'ALEXANDRIE ET LA RÉVOLTE JUIVE DE 117 AP. J.-C.

Je tenterai d'abord d'expliquer pourquoi l'œuvre historique du rhéteur alexandrin Appien, l'un des plus brillants représentants de la *paideia* grecque, telle qu'elle refleurit sous les Antonins, est si peu connue en France du public cultivé.

D'Appien, on savait seulement qu'il avait exercé les plus hautes fonctions municipales dans sa patrie, probablement sous Hadrien, avant d'obtenir sur le tard d'Antonin le Pieux, par l'entremise de son ami Cornelius Fronton, une procuratèle. En 1998, dans une communication à l'Académie des Inscriptions [1], j'ai montré que sa faveur remontait au règne d'Hadrien et qu'il avait obtenu de ce prince la dignité de prêtre de la Fortune de Rome. Un grand rhéteur distingué par un souverain aussi lettré qu'Hadrien, un collaborateur de Cornelius Fronton, le Cicéron de son époque, pouvait-il vraiment avoir été le pâle compilateur stigmatisé par la critique moderne ? On me permettra d'en douter et de revenir aux vues, autrement plus saines, exposées à la fin du siècle des Lumières par Jean Schweighäuser.

La première édition critique d'Appien, accompagnée d'une traduction latine, fut en effet entreprise par le savant strasbourgeois Jean Schweighäuser (1742-1830), disciple de Reiske (1716-1774), et enseignant, comme lui, le latin, le grec et les langues orientales. Préparée par deux opuscules, parus à Strasbourg en 1781 [2], cette édition critique d'Appien fut publiée à Leipzig, chez Weidmann, en 1785 [3].

1. P. Goukowsky, « Appien d'Alexandrie, prêtre de Rome sous Hadrien », *CRAI*, 1998, p. 835-856.

2. *Exercitationes in Appiani Alexandrini Romanas Historias*, Strasbourg, 1781 ; *Commentatio hist. crit. de impressis ac manuscriptis Historiarum Appiani Alexandrini codd.*, Strasbourg, 1781. La notice de Fabricius-Harles, IV, p. 252 sq., s'en inspire étroitement.

3. J. Schweighäuser, *Appiani Alexandrini Romanarum Historiarum quae supersunt*, I-IV, 1785.

Ce fut la première d'une longue série, que la cécité put seule interrompre : Polybe, publié de 1789 à 1799, dans des circonstances souvent difficiles [4] ; Épictète (1799) ; Athénée (1801-1807) ; Sénèque (*Lettres à Lucilius,* 1809) ; Hérodote (1816). Elle marque un progrès dans l'histoire de la philologie. Comme l'écrit le biographe Ch. Rabany [5], « <Schweighäuser> avait su reconstituer un texte jusque-là singulièrement altéré, l'avait complété par de nombreuses et savantes notes, et avait refondu entièrement les anciennes traductions latines faites sur des originaux pleins de leçons fautives ».

Le premier souci de Schweighäuser fut assurément de donner un texte « exact et correct » d'Appien. Il se livra à cet effet à une enquête minutieuse, qu'il a résumée dans la Préface de son édition. Mais, s'il connut presque tous les manuscrits d'Appien, il n'en vit que quatre, conservés l'un à Augsbourg, les trois autres à Paris. Ce n'étaient d'ailleurs que des apographes d'apographes. Pour le reste, il dut se contenter de collations, peu fiables, exécutées par des correspondants. Constatons que Schweighäuser possédait la méthode, mais non les moyens matériels. Son édition marque en tout cas un progrès, en ce sens qu'il reconnut l'existence de deux familles de manuscrits (i et O) : les éditions Teubner successives [6] restèrent fidèles à ce principe et n'améliorèrent le texte que dans la mesure où leurs auteurs eurent le loisir de collationner des manuscrits dont Schweighäuser avait seulement entendu parler.

Le savant strasbourgeois écarta également d'Appien la fâcheuse réputation de plagiaire attachée à un livre apocryphe (la *Parthikè*) inséré très tôt dans l'*Histoire romaine.* Dès 1557, Xylander avait supposé que, le livre authentique s'étant perdu, un faussaire avait fabriqué à partir de Plutarque le texte que nous lisons. Henri Estienne, dont l'édition fit autorité jusqu'à Schweighäuser, n'en répandit pas moins l'idée que la *Parthikè* était une œuvre authentique, qu'Appien l'avait composée en raboutant la *Vie de Crassus* et la *Vie d'Antoine*, et que, par extrapolation, l'ensemble de son œuvre relevait probablement du plagiat. Beaucoup de philologues se crurent dès lors autorisés à juger Appien avec sévérité. Il fallait donc réhabiliter l'historien

4. Des « Patriotes » le soupçonnèrent de correspondre avec l'ennemi pour la simple raison que la lampe de cet homme d'étude, ami du maire Dietrich, demeurait allumée fort avant dans la nuit...

5. Ch. Rabany, *Les Schweighäuser*, Paris, 1884, p. 9.

6. L. Mendelssohn, *Appiani Historia Romana*, I, 1879 ; II, 1881 ; P. Viereck, *Appiani Historia Romana* ex recensione Ludovici Mendelssohni, editio altera correctior, volumen alterum, Leipzig, 1905 ; P. Viereck, A. G. Roos, *Appiani Historia Romana*, vol. I, Leipzig, 1939 ; en 1962, une édition stéréotypée a été donnée par E. Gabba. La maison Teubner a également mis sur le marché, en 1986, une réimpression anastatique de l'édition de 1905.

alexandrin, et Schweighäuser, dans un plaidoyer solidement argumenté [7], rassembla tout ce qui tendait à prouver qu'un bon écrivain ne pouvait être l'auteur d'une aussi pitoyable compilation, et que si Appien (qui parle toujours de la *Parthikè* au futur) avait formé le projet de consacrer un livre aux guerres des Romains contre les Parthes, celui-ci devait figurer à la fin de son œuvre, ou peut-être même constituer un ouvrage à part [8].

Sur le texte de Schweighäuser fut bientôt établie une traduction française partielle, due à Combes-Dounous. Connu principalement par ses traductions de philosophes (Platon et Maxime de Tyr), ce juriste, tôt retiré de la vie politique [9], publia en 1808 à Paris, chez Mame, un ouvrage en trois volumes intitulé *Histoire des Guerres Civiles de la République Romaine, traduite du grec d'Appien d'Alexandrie*. Il formait le projet de traduire ensuite les autres livres conservés d'Appien. Mais ce projet ne vit jamais le jour.

Si Combes-Dounous se consacre en priorité aux *Guerres civiles*, c'est qu'il leur trouve un parfum d'actualité au lendemain de la tourmente révolutionnaire [10] et après l'établissement de l'Empire. Il souligne, dans sa Préface [11], des analogies entre l'expérience vécue par ses contemporains et le récit donné par Appien des derniers moments de la République romaine.

Cette préface rassemble d'ailleurs tout ce que l'on savait alors d'Appien et de son œuvre. Avec modestie, Combes-Dounous reconnaît paraphraser Schweighäuser, qu'il met ainsi à la portée d'un plus large public [12]. Il a préparé soigneusement sa traduction et dispose des anciennes versions de Seyssel et de Desmares, ainsi que des éditions d'Estienne, Tollius et Schweighäuser. Son style est clair, volontiers déclamatoire ; il entend correctement le sens général de son auteur, et se montre parfois vétilleux sur des détails, ergotant avec ses prédécesseurs, même Schweighäuser. Mais sa langue — celle d'un

7. *Ad Historiam Parthicam Appiano temere tributam adnotatio,* t. III de l'édition de 1785, p. 905-922.

8. Cf. p. 921 : « *Et quoniam Historiam Romanam per singulas imperii provincias describendam Appianus susceperat, Parthia autem numquam provinciarum numero fuit adscripta, videri poterant res Parthicae quodammodo extra instituti illius rationem et ultra terminos operi circumscriptos positae.* »

9. Né à Montauban en 1758, mort dans la même ville en 1820, avocat et magistrat, Combes-Dounous fut membre du conseil des Cinq-Cents, puis du Corps législatif jusqu'en 1804. Il était hostile à l'établissement du régime impérial.

10. Il avait été emprisonné sous la Terreur et libéré par Thermidor. Les proscriptions n'étaient pas pour lui un vain mot.

11. P. VII sq.

12. « Le docte Schweighäuser, à qui je suis redevable des matériaux que je viens de mettre en œuvre. » Voir aussi la p. L, où il avoue n'avoir fait « à peu de chose près », que de traduire en français le latin de sa Préface.

honnête homme du siècle des Lumières — paraît un tantinet surannée. Surtout, il cède à la tentation d'améliorer son auteur, soit pour le rendre, croit-il, plus exact [13], soit pour en abréger les longueurs, soit enfin pour satisfaire aux exigences du bon goût.

Combes-Dounous jugea utile d'accompagner sa traduction de notes érudites. Il possédait une bonne bibliothèque, connaissait ses auteurs et procédait, souvent à bon escient, à des rapprochements qui éclairent le texte. Mais il lui arrivait aussi de s'abandonner à des considérations morales, ou à des professions de foi politiques, auxquelles Appien servait de prétexte [14]. L'historien des idées y trouverait à glaner [15], et l'on peut estimer que ces digressions n'étaient pas déplacées en ce sens qu'elles tiraient la leçon des événements anciens à la lumière de la crise terrible que la France venait de traverser.

Après Schweighäuser et Combes-Dounous, Appien ne sera plus ni traduit, ni étudié en France, mais seulement survolé, et de très haut, dans des ouvrages généraux. Les raisons de cette désaffection apparaissent dès 1885 chez Émile Burnouf [16], qui porte sur lui un jugement mitigé.

A la même époque, la *Quellenforschung* s'employait Outre-Rhin à transformer l'œuvre d'Appien en un *patchwork* multicolore. On trouvera le résumé de ce fatras dans l'article *Appianus* d'Ed. Schwartz [17], qui tient l'historien alexandrin pour un « dilettante » auquel il reconnaît, du bout des lèvres, le mérite d'avoir choisi de bonnes sources, principalement latines. Mais, posant en principe que l'Alexandrin n'était qu'un « amateur » porté au « roman histori-

13. « j'ai cru devoir être un peu plus exact qu'Appien », écrit-il par exemple t. I, p. 245, n. 1.

14. C'est ainsi que la mort de Tiberius Gracchus, devant les statues des anciens rois (*Guerres civiles* I, 16, 70), lui inspire le commentaire suivant : « De la statue des rois ! Junius Brutus, et les autres républicains de Rome qui le secondèrent, n'avoient donc pas songé, au milieu même de la fièvre révolutionnaire qui expulsa les Tarquins, à faire la guerre à la royauté jusques à exterminer les bois ou les marbres placés dans l'enceinte sacrée du Capitole, qui représentoient Romulus, Numa et leurs successeurs ? Quelle différence de nos prétendus républicains de France, qui firent disparoître toutes les statues de nos anciens rois, sans épargner celle du brave, du vertueux, du bon Henri IV, devant laquelle il n'y avoit pas un homme de bien qui passât sans jeter sur elle des regards de vénération ! La différence est, en effet, remarquable. C'est qu'à Rome, ce fut le vrai zèle des principes républicains qui chassa les rois, et que Junius Brutus, le Caton de son temps, proclama la république ; au lieu que chez nous, elle fut proclamée par un misérable histrion mis en avant par des factieux dont les mains fumoient encore du sang répandu dans les massacres de septembre. »

15. Il est clair que Napoléon est parfois visé à travers Octavien. Notre tribun, que l'on a fait taire, se joue ainsi de la censure.

16. E. Burnouf, *Histoire de la littérature grecque*, II, 1885, p. 361 sq.

17. *Real-Encyclopädie* II, 1, col. 216-237 [1895].

que », donc dépourvu de sérieux et incapable de procéder au vaste travail d'information et de synthèse que réclamait l'*Histoire romaine*, Schwartz fut amené à supposer l'existence de sources intermédiaires, qu'il fut naturellement incapable d'identifier. Son influence fut néanmoins considérable et s'étendit bien au-delà des limites de l'Empire allemand.

Maurice Croiset [18] reprocha à Appien de manquer « d'idée fondamentale ». Plus grave, l'ordonnance de son œuvre était « profondément défectueuse », car on y cherchait en vain le « plan organique » qui en eût fait autre chose qu'un « recueil de monographies mal cohérentes ». Bref, la copie d'Appien ne répondait pas aux critères de la bonne leçon d'Agrégation, et l'on conçoit qu'un auteur jugé si défectueux n'ait plus guère suscité d'intérêt parmi les historiens et les littéraires. On peut encore mesurer l'effet dévastateur de ces vues aberrantes dans l'étude consacrée par J. Carcopino à Tiberius Gracchus [19]. Après avoir reconnu dans les chapitres VII-XVII du Livre I des *Guerres civiles* « une des pages maîtresses de l'historiographie antique », cet auteur croit en effet nécessaire d'ajouter (p. 4) : « Esthétiquement, c'est un chef-d'œuvre, qu'Appien n'a plus jamais recommencé, et dont il était, certes, tout à fait incapable », sans toutefois apporter de cette « incapacité » aucune autre preuve que l'opinion d'Ed. Schwartz. Après avoir ainsi réduit Appien à la médiocre condition de compilateur [20], il lui faut toutefois expliquer l'excellence de son récit. D'où l'intervention d'une source intermédiaire, un contemporain de Tibère, Cremutius Cordus — hypothèse aventureuse lancée quelques années plus tôt par Kornemann [21]. Carcopino revint longuement sur cette question à la fin de son ouvrage, mêlant sans y prendre garde, dans son réquisitoire contre Appien, deux reproches contradictoires [22] : à l'en croire, notre historien était tout à la fois « un

18. *Histoire de la littérature grecque*, V, 1899, p. 672-678.

19. J. Carcopino, *Autour des Gracques*, Paris, 1928. Je cite les pages de la seconde édition (Paris, 1967).

20. « Le mérite en revient à l'auteur, demeuré inconnu, qu'il a démarqué pour notre plus grand profit... »

21. E. Kornemann, « Die Unmittelbare Vorlage von Appians Emphylia », *Klio* 17, 1921, p. 33-43.

22. *Ibid.*, p. 210 : « Nous avons eu déjà l'occasion d'admirer la beauté de ce récit, faite de logique serrée, de concision substantielle, de mouvement intérieur, et pour tout résumer d'un mot, d'intelligence. Ce ne sont pas là des qualités dont on soit accoutumé de louer Appien et, de fait, quelques chapitres plus loin, dès le livre II de ses *Guerres civiles*, son naturel de rhéteur négligent et confus reprend fâcheusement le dessus. Ces pages frémissantes et pleines ouvrent une parenthèse remarquable dans son œuvre ordinairement floue et verbeuse. De toute évidence, il s'y pare des plumes d'autrui ; et tous les critiques s'entendent pour en rapporter les mérites à l'auteur dont il a reproduit la propre narration en quelque sorte mécaniquement. »

rhéteur négligent et confus » et un compilateur reproduisant « mécaniquement » la narration de ses sources.

Ces critiques n'avaient d'Appien qu'une vue partielle, que l'éditeur (et le traducteur...) de l'ensemble de l'œuvre ne saurait partager. Certes inégale, dans la mesure où Appien passe rapidement sur tout ce qui lui paraît hors sujet, l'*Histoire romaine* abonde en pages intelligentes, bien informées, soigneusement travaillées, qui respirent l'émotion et ne le doivent qu'au talent de leur auteur, un grand rhéteur qui n'avait pas encore subi les effets pervers de la seconde sophistique, habile à mettre en œuvre les données glanées au cours de lectures bien choisies. Le *Livre mithridatique* et le *Livre africain*, qui paraîtront dans quelques mois dans la collection des Universités de France, en administreront la preuve. Appien existe bien, comme l'avait reconnu, il y a une dizaine d'années, un philologue allemand dont le solide travail rachète un siècle d'aberration [23].

Étant entendu que la *Quellenforschung* ne fonctionne que dans le cas d'une compilation mécanique — pour reprendre l'expression de Carcopino — dont, même chez Diodore, on ne trouve que peu d'exemples indiscutables, il fallut, si je puis dire, abêtir Appien pour autoriser des constructions académiques qui se seraient écroulées si l'on avait osé admettre qu'Appien était doté de ce qu'il faut d'esprit critique et d'esprit de synthèse pour s'inspirer de plusieurs sources à la fois. Mais on a préféré recourir aux « *Zwischenquellen* » [24] et autres fantaisies érudites, après quoi l'on a bataillé contre des moulins à vent.

Je donnerai deux exemples de ces sources potentielles dont il ne reste rien, et d'abord Asinius Pollion. On admet généralement que les *Histoires* de Pollion couvraient, à raison d'un livre par an, la période 60-42 av. J.-C. Il ne semble pas en effet qu'il ait poussé bien au-delà de la bataille de Philippes, à laquelle se réfère le dernier fragment conservé. Il ne semble pas non plus qu'il soit remonté au-delà de la conclusion du premier Triumvirat, qui lui fournissait le point de départ « de la guerre entre César et Pompée ». Ed. Meyer avait

23. B. Goldmann, *Einheitlichkeit und Eigenständigkeit der Historia Romana des Appian*, 1988.

24. Dans un opuscule qui marque une réaction estimable contre les excès de la *Quellenforschung*, N. I. Barbu (*Les sources et l'originalité d'Appien dans le deuxième livre des Guerres civiles*, thèse complémentaire, Strasbourg, 1933) ne parvient pas à se libérer du carcan : constatant (p. 81 sq.) qu'Appien donne de la conjuration de Catilina une version proche de Salluste, mais avec des variantes d'une autre origine, il ne lui vient même pas à l'esprit d'attribuer cette synthèse à l'auteur lui-même, et l'on voit réapparaître l'hypothèse d'une source intermédiaire anonyme, déjà envisagée par Ed. Schwartz, *Real-Encyclopädie*, II, *s. v.* « Appianus », col. 224 où la *Zwischenquelle* est créditée du mérite d'avoir contaminé Salluste et Posidonius.

toutefois suggéré, en passant [25], qu'il était peut-être remonté jusqu'à l'époque des Gracques, à supposer qu'il fût la source d'Appien. L'hypothèse fut reprise par E. Gabba en 1956 dans un ouvrage complexe [26], novateur à certains égards, mais encore très dépendant de la *Quellenforschung*. Constatant que, des Gracques jusqu'à la fin de la guerre sociale, Appien se montre favorable aux Italiens, Gabba crut pouvoir démontrer qu'il reflétait le point de vue « non-romain » d'un « grand historien » qui avait su apprécier l'importance du problème agraire et du problème allié, assurément parce qu'il était lui-même originaire de l'Italie profonde — bref, celui du Marrucin Asinius Pollion, qui détrônait ainsi Cremutius Cordus. Gabba se fit certes à lui-même l'objection qu'Appien avait peut-être senti de lui-même l'importance du problème allié. Mais il la balaya d'un mot par l'un de ces axiomes dogmatiques qui tiennent souvent lieu de raisons : on devait admettre qu'Appien « vale per le fonti che usa ». Bref, hormis un intermède « livien », les *Guerres civiles* d'Appien pouvaient être considérées comme une adaptation des *Histoires* de Pollion, qui aurait donc poussé son récit jusqu'à la paix de Brindes. On aborde ici une forme plus élaborée de *Quellenforschung* qui ne consiste plus à comparer des bouts de phrase, mais à définir des tendances, à esquisser des profils, puis à avancer des noms. Cette méthode conduit parfois à des conclusions séduisantes. Mais la critique est ici facile dans la mesure où l'hypothèse se heurte au double *terminus* de 60 et 43/2 av. J.-C., qui paraît incontournable. Le reste relève du subjectif, comme la refléxion, originale mais souvent trop imaginative, conduite par I. Hahn dans plusieurs articles érudits [27]. Dans l'une de ces études, considérant à juste titre qu'Appien répartit les luttes sociales et politiques des Romains en trois périodes d'intensité croissante, et que cette vision des choses se retrouve, avec quelques nuances, chez Florus, Hahn crut pouvoir en conclure qu'Appien et Florus s'inspiraient sur ce point d'un même auteur, à coup sûr les *Histoires* de Sénèque le Père, dont on trouverait également le reflet dans la *Pharsale* de Lucain. Cette construction ne résiste pas à l'examen. Tout

25. Ed. Meyer, *Kleine Schriften*, 1910, p. 397-401, reprenant une étude publiée en 1896.

26. E. Gabba, *Appiano e la storia delle Guerre Civile*, Florence, 1956.

27. Voir en particulier I. Hahn, « Appien et le cercle de Sénèque », *Acta Antiqua Academiae Scientiarum Hungaricae* 12, 1964, p. 169-206. L'hypothèse avait déjà été formulée par Piganiol dans son compte rendu de la thèse de Barbu, dans *Revue des Études grecques*, 1935, p. 615 sq. — Il ressort de Sénèque le Philosophe (fragment du *De vita patris* cité par Peter, *Vet. Hist. Rom. Rel.*, II, p. 98) que les *Histoires* de Sénèque le Père commençaient *ab initio bellorum civilium* et s'étendaient *paene usque ad mortis suae diem*. De fait, le second (et dernier...) fragment évoque les circonstances de la mort de Tibère.

d'abord, les prétendus parallélismes entre Appien et Lucain s'évanouissent dès que l'on y regarde de près. Ensuite, le contenu des *Histoires* de Sénèque est reconstruit à partir de Florus, entreprise fort aléatoire. Enfin, la théorie de la « croissance organique », qui aurait fourni son ossature à l'œuvre historique de Sénèque le Père, n'a laissé aucune trace chez Appien. L'imagination se révèle ici, une fois de plus, « maîtresse d'erreur ». Abstraction faite de cette étrange théorie, I. Hahn porte sur Appien un jugement sensé, admettant qu'il ne recopiait pas servilement ses sources, qu'il avait des lectures étendues et le moyen de s'informer dans les bibliothèques d'Alexandrie et de Rome.

Le manque de rigueur des méthodes d'analyse n'explique pas seul l'échec de l'entreprise critique engagée vers le milieu du XIXe siècle dans quelques universités allemandes et hollandaises. Il faut également tenir compte de l'insuffisance des données objectives permettant d'établir les comparaisons dont on attendait la lumière. Théoriquement, Appien peut en effet s'être inspiré, dans tout passage de son œuvre immense, de n'importe quel historien grec ou latin antérieur aux années 150. Or quiconque a l'habitude de fréquenter les recueils de Jacoby et de Peter (que remplace progressivement l'édition Chassignet) sait que de ces « historiens perdus » subsistent seulement de rares et brèves citations qui rendent quasi improbable la possibilité d'une coïncidence occasionnelle avec Appien. Un seul fait est certain : Appien et Plutarque se recoupent souvent, parfois presque *verbatim*, et cela vaut aussi bien pour les livres κατὰ ἔθνος que pour les *Guerres civiles*. Mais qu'en déduire, sinon qu'ils avaient l'un et l'autre de bonnes lectures et qu'il existait des sources historiques incontournables [28] ? Il arrive que nous en sachions davantage quand Plutarque, plus loquace qu'Appien en la matière, cite nommément ses autorités. Mais ces cas sont relativement rares, et n'autorisent pas les extrapolations abusives qui ont fleuri. Il me paraît donc sage de reprendre l'enquête au point où l'avait laissée I. A. Wijnne, *De fide et auctoritate Appiani in bellis Romanorum civilibus enarrandis, exploratis fontibus quibus usus esse videtur* (Groningue, 1855). Posant nettement le problème tel qu'on le concevait en ce temps-là (Appien est-il un historien ou un compilateur ? [29]), Wijnne, avec intelligence, mesure et bon sens,

---

28. Et non point une unique source commune, le roi Juba, comme le supposa J. C. Vollgraff, *Greek Writers of Roman History, some reflections upon the authorities used by Plutarch and Appianus*, Leyde, 1880, en particulier p. 54 sq.

29. Rappelons que des savants aussi éminents que Wachsmuth, (dans J. S. Ersch, J. G. Gruber, *Allgemeine Encyclop. der Wissensch. u. Künste*, Leipzig, 1820, 5, 6 sq. *s. v.* « Appianos ») ou Niebuhr, *Römische Geschichte*, 1832, III, p. 246, considéraient encore Appien comme un compilateur, bien que Wyttenbach, *Bibliotheca Critica*, Amsterdam,

définit Appien comme un rhéteur historien — ce qui était déjà l'opinion d'Émile Egger [30] —, soigneux dans le choix de ses sources, soucieux de comprendre les mobiles des acteurs de l'Histoire, équilibré dans ses jugements, mais pressé de résumer ses modèles et de ce fait exposé aux inexactitudes et aux obscurités. Les chapitres où Wijnne tenta d'élucider le problème des sources d'Appien constituent évidemment la partie faible de ce mémoire et ses émules ne surent jamais qu'échafauder des hypothèses plus ou moins assises, dont l'érudition doit certes faire état, mais sans leur accorder plus de crédit qu'elles n'en méritent [31].

Dans sa Préface, Appien se pose évidemment la même question que Polybe, I, 1, 5 : « Quel homme au monde serait en effet assez stupide ou frivole pour ne pas vouloir connaître comment et par quel mode de gouvernement presque tout le monde habité, conquis en moins de cinquante-trois ans, est passé sous une seule autorité, celle de Rome ? » Mais il la reformule en sujet d'un Empire désormais indiscuté et en rhéteur [32], ajoutant deux paramètres empruntés à Denys d'Halicarnasse (*Antiquités romaines* I, 2, 1) : l'étendue de l'espace dominé (*mégéthos*) et la durée de la domination (*chronos*). Il croit pouvoir discerner deux facteurs permanents de succès, la prudence (εὐβουλία) et la bonne fortune (εὐτυχία), secondés par quatre vertus cardinales : la valeur (ἀρετή), l'aptitude à supporter les épreuves (φερεπονία), la constance dans ces épreuves (ταλαιπωρία) et enfin la modération (μετριοπαθεία). Ces concepts ont été étudiés par B. Goldmann, dans l'ouvrage cité plus haut, et je ne m'attarderai pas sur cet aspect de la question, en rappelant seulement qu'Appien était avant tout soucieux de donner des exemples du comportement, bon ou mauvais, des Romains et de leurs adversaires. Les préocupations morales sont aussi présentes dans son œuvre que dans les *Vies paral-*

1808, III, 1, p. 29 sq., convaincu par les arguments de Schweighäuser, se fût employé à défendre son originalité.

30. Émile Egger, *Examen critique des historiens anciens de la vie et du règne d'Auguste*, Paris, 1844, p. 244 sq., avait porté sur Appien un jugement favorable, avec toutefois une réserve, p. 261 : « Sous les habitudes graves et sérieuses de l'historien qui parle à la postérité perce encore chez lui l'ambition du rhéteur qui flatte le faux goût de ses contemporains. » Voir aussi p. 269 : « Appien et Plutarque sont des rhéteurs historiens. » Laissons de côté cette notion de « bon goût », qui n'est pas immuable.

31. On ne peut qu'approuver l'attitude prudente de G. T. Griffith, « The Greek Historians », dans *Fifty Years of Classical Scholarship*, M. Platnauer éd., Oxford, 1954, p. 174 sq. : « ...all these factors, added to an occasional unwillingness to decide (as it seems) between discrepant versions at his disposal, would appear to point to a method of composition not of the very simplest. »

32. Praef., § 29 et 43.

lèles de Plutarque, et c'est sans doute pourquoi il néglige délibérément la chronologie.

*
* *

Beaucoup connaissent, au moins de nom, les *Guerres civiles*. Mais celles-ci ne représentaient qu'une petite partie de l'*Histoire romaine*. Quand en effet, au début de sa Préface, Appien annonce qu'il va en premier lieu délimiter les frontières ὅσων ἐθνῶν ἄρχουσι Ῥωμαῖοι [33], on comprend qu'il se représente l'Empire romain comme une mosaïque d'*ethné*, dont il va retracer la conquête. Encore faut-il souligner la plurivalence du terme ἔθνος, employé pour désigner tantôt une nation [34] (au même titre que γένος [35]), tantôt une province romaine (ce qui est conforme à l'usage), parfois même une vaste entité géographique formée de plusieurs provinces [36].

De fait, si elle comprend en majorité des noms de grands peuples (Maures, Libyens jusqu'à Carthage, Libyens jusqu'à Cyrène, Numides, Marmarides, Ammoniens, habitants du lac Mariout, Arabes, Phéniciens, Palmyréniens, Ciliciens, Cappadociens, populations pontiques, Galates, Bithyniens, Mysiens, Phrygiens, Pisidiens, Lydiens, Pamphyliens, Lyciens, Mysiens et Thraces d'Europe, Macédoniens, *ethné* thraces, illyriens et pannoniens, *ethné* celtes, Celtibères), la liste des *ethné* dressée par Appien [37] comporte également des noms de villes (Cyrène, Alexandrie d'Égypte) et d'entités géographiques (Égypte, Syrie, Palestine, Cœlé-Syrie, Petite Arménie, Ionie, Carie, Grèce, Thessalie, Italie, Ibérie). Ce mélange, à première vue déconcertant, surprendra moins si l'on songe que les émissions monétaires d'Hadrien à la gloire des provinces visitées ou « restaurées » célébraient également des villes ou des régions, dont l'Espagne [38].

C'est pourquoi l'on se gardera d'attribuer à Appien le projet d'écrire une « histoire ethnographique ». Le terme prêterait d'autant

33. *Ibid.*, § 1.

34. Cf. *Ibériké* 58, 243 : ἔνια τοῦ Οὐεττώνων ἔθνους ; 66, 279 : les Arvaques, les Titthes et les Belloi, ἔθνη μαχιμώτατα ; 72, 305 : les Bracares, οἵ εἰσιν ἔθνος...

35. Cf. *ibid.*, 51, 215 : εἰς Οὐακκαίους, ἕτερος γένος Κελτιβήρων...

36. Un exemple pertinent est fourni par *Guerres civiles* IV, 83, 350 : τὴν Ἰβηρίαν, εὐρυτάτην ἐθνῶν οὖσαν.

37. Praef., § 3-11.

38. Et non pas telle ou telle des provinces ibériques. Sur ces émissions, voir P. L. Strack, *Untersuchungen zur römischen Reichsprägung des zweiten Jahrhunderts*, II, 1953, p. 139-166 et, plus accessible, D. Magie, *Roman Rule in Asia Minor*, Princeton, 1950, p. 628. Le sénat émit des séries analogues lors de l'avènement d'Antonin : cf. Magie, *ibid.*, p. 631.

plus à confusion que les notations ethnographiques sont rares dans l'*Histoire romaine* [39]. Il vaut sans doute mieux parler d'une histoire des conquêtes romaine province par province, à ceci près que les monographies composées par Appien regroupaient souvent l'histoire de plusieurs *provinciae* formant un ensemble géographique.

Dans cette Préface, l'Empire romain est circonscrit par deux lignes concentriques correspondant l'une à un périple imaginaire le long des côtes de la Méditerranée [40], l'autre à un trajet terrestre, également imaginaire, suivant les frontières extérieures de l'*orbis Romanus* [41] depuis le pays des Maures, voisins des Éthiopiens du Couchant [42], jusqu'au *limes* formé par le Danube et le Rhin. Les Romains exploitent la vaste étendue des terres utiles ainsi délimitées autour du *Mare nostrum*, dont ils possèdent également toutes les îles, grandes ou petites [43].

39. Dans l'*Ibérikè* (48, 204), Appien rapporte que les Nergobriges envoyèrent un héraut, enveloppé dans une peau de loup qui lui tenait lieu de caducée ; puis il évoque (53, 224) la danse guerrière accomplie par un champion celtibère, ou encore (67, 284) la longue chevelure des Barbares, qu'ils secouent pour effrayer l'adversaire ; enfin (75, 317) les rites accompagnant les funérailles de Viriathe. Dans la *Carchédoniakè* (46, 197), il est fait mention du bouclier en cuir d'éléphant de Massinissa. Dans l'*Illyrikè,* Appien note (17, 49) que les Salassiens manquent de sel, et plus loin (22, 63) que les Pannoniens ne possédaient ni villes, ni halles publiques où se réunir en assemblée, ni magistrats obéis de tous. Dans le *Mithridateios* (88, 400), il nous montre Mithridate, blessé, soigné par les Scythes Agares, qui se servaient comme remèdes de venins de serpents. C'était peut-être la *Keltikè* qui fournissait la moisson la plus abondante, à en juger d'après le fr. 12, évoquant le cortège d'un ambassadeur allobroge accompagné de ses gardes du corps, de ses chiens et d'un barde. — L'ethnographie est évidemment absente des *Guerres civiles*, à moins que n'en relèvent les allusions, nombreuses, à des usages romains.

40. Appien prend soin de signaler que les Romains possèdent dans l'Océan la majeure partie de l'île de Bretagne (Praef., § 2). Mais le périple proprement dit commence aux Colonnes d'Hercule (διὰ δὲ τῶν Ἡρακλείων στηλῶν ἐς τήνδε τὴν θάλασσαν ἐσπλέοντί τε καὶ ἐπὶ τὰς αὐτὰς στήλας περιπλέοντι). Le navigateur longe les côtes de l'Afrique jusqu'à Péluse, puis change de cap (§ 4 : ἐπιστρέφοντι δὲ τὸν πλοῦν καὶ περιιόντι) pour remonter vers l'Asie Mineure, dont il longe le littoral jusqu'à l'Hellespont. Celui-ci traversé (§ 8 περάσαντι δὲ), il continue à suivre les côtes européennes jusqu'à son point de départ. Les provinces intérieures sont également mentionnées à mesure que le navigateur pase à leur hauteur, comme il est d'usage dans les *Périples*, en particulier celles du plateau anatolien et de son versant pontique (§ 5-7).

41. Cf. Praef., § 13-15. Le désert africain, l'Euphrate, le Caucase, le Danube et le Rhin (fleuves que les Romains ont toutefois franchis par endroits) marquent les limites de l'Empire.

42. Pausanias, I, 33, 5, assimile ceux-ci aux Lixites de la côte marocaine. Appien partageait probablement cette opinion.

43. Les îles de la Méditerranée sont énumérées à part (Praef., § 16-17), avec la Bretagne (§ 18).

Cette présentation sous forme de périple est d'autant plus surprenante qu'Appien ne montre pas, dans le reste de son œuvre, une connaissance approfondie de la géographie [44], ce qui le distingue d'un Strabon, historien autant que géographe. Il faut chercher ailleurs les raisons d'une approche régionale dont l'originalité a surpris. On a pensé parfois qu'en consacrant près des deux-tiers de son œuvre à retracer les conquêtes de Rome et en distribuant sa matière κατὰ ἔθνος, Appien s'était inspiré d'Hérodote [45] ou encore de la disposition κατὰ γένος d'Éphore, dont l'œuvre perdue permet toutes les hypothèses. Ce n'est pas impossible. Encore faut-il rappeler, avec E. L. Bowie [46], la vogue de l'histoire régionale (ou locale) sous les Antonins [47]. Les *Bithyniaques* d'Arrien, qui traitaient précisément l'histoire d'une province depuis ses origines jusqu'à son annexion par Rome, ou les *Getica* de Dion de Pruse [48], constituaient à mon sens des modèles moins lointains [49], étant entendu qu'Appien ne traitait que rarement l'histoire régionale pour elle même, dans la mesure où cette dernière n'était pas son véritable sujet [50].

Il faut surtout, ce me semble, tenir compte d'un phénomène plus général qui, à l'époque d'Hadrien, puis sous Antonin, affecte tout l'Empire : l'émisssion massive de monnaies d'or, d'argent et de

---

44. Dès le XVIe siècle, ses erreurs furent montées en épingle, et je n'y reviendrai pas ici.

45. Voir par exemple G. Zecchini, « Modelli e problemi teorici della storiografia greca nell' età degli Antonini », *Critica Storica* 20, 1983, p. 7.

46. E. L. Bowie, « Greeks and their past in Second Sophistic », dans M. I. Finley, *Studies in Ancient Society*, 1974, p. 184-188.

47. C'est ainsi que le médecin Hermogène de Smyrne (cf. Bowie, *art. cit.* [n. 46], p. 186 sq.) avait de composé un Περὶ Σμύρνης. — Aux exemples cités par Bowie, ajouter le décret d'Athènes en l'honneur de Ti. Claudios Anteros de Mylasa (*c.* 127 ap. J.-C.) [J. Crampa, *Labraunda*, III/1, 1969, n° 66, p. 134 ; L. Robert, *Bulletin épigraphique*, 73, n° 414 ; A. Chaniotis, *Historie und Historiker*, Stuttgart, 1988, p. 317-218]. On y remercie ce grammairien ὅτι τὰ τῆς πατρίδος καλὰ εἰς μέσους τοὺς Ἕλληνας προήγαγεν δὶα τῶν ἐπιχωρίων ἱστοριῶν ἐνδοξότερα εἶναι.

48. Cet ouvrage (*Fragmente der griechieschen Historiker* 707), fruit des années d'exil chez les « Scythes », racontait l'histoire des Daces depuis les origines jusqu'aux guerres de Trajan, auxquelles Dion avait peut-être participé (cf. C. P. Jones, *The Roman world of Dio Chrysostom*, 1978, p. 122 sq.). Le médecin de Trajan, Criton, avait lui aussi composé des *Getica* (*Fragmente der griechischen Historiker* 200), dont il ne reste presque rien. Trajan avait lui-même écrit des *Commentaires* sur cette guerre, s'il faut en croire Priscien, 6, 13.

49. On remarquera aussi qu'Étienne de Byzance emprunte la substance de plusieurs notices aux Καρικά d'Apollonios d'Aphrodisias. Cet auteur, dont la date n'est pas exactement connue (cf. *Souda, s. v.*), pourrait avoir vécu lui aussi sous les Antonins.

50. Il revient souvent sur le fait qu'il écrit une *Histoire romaine*, ou plus exactement une histoire de l'*arétè* des Romains, comme il le déclare dans sa Préface (§ 46 et 61).

bronze, dont les revers célèbrent les provinces [51]. On conçoit aisément qu'en ce « siècle d'or » où les entités régionales, prospères et solidement structurées, bénéficiaient des faveurs d'Empereurs eux-mêmes d'origine provinciale, Appien, mettant au goût du jour le programme de Polybe, qu'il connaît bien sans jamais le recopier, se soit demandé comment chacune d'entre elles était passée sous la domination de Rome.

Un remarquable monument, le *Sébasteion* d'Aphrodisias, en Carie, a fait récemment l'objet d'études [52] qui, ce me semble, permettent une compréhension encore plus exacte du projet d'Appien. Il s'agit d'un ensemble architectural, formé de deux portiques parallèles édifiés par des notables locaux à la gloire d'Aphrodite, la grande déesse locale, et de la dynastie Julio-Claudienne. Le portique nord était orné de statues représentant des *ethné* soumis par Auguste [53], ou des îles méditerranéennes, qui semblent avoir été regroupées dans un même secteur [54]. Il est peu probable qu'Appien ait jamais visité ce monument conçu, semble-t-il, pour créer l'impression que l'Empire fondé par Auguste s'étendait jusqu'aux limites du monde [55]. Mais s'il

51. J. Beaujeu, *La religion romaine à l'apogée de l'Empire*. I, *La politique religieuse des Antonins*, Paris, 1955, écrivait fort justement, p. 238 : « Ces revers célèbrent soit l'*adventus* de l'Empereur dans le pays, soit l'armée qui y stationne, soit la province personnifiée, soit sa *restitutio* par Hadrien. »

52. Voir K. T. Erim, *Aphrodisias, city of Venus Aphrodite*, Londres, 1986, p. 106 sq. ; J. M. Reynolds, « New evidence for the imperial cult in Julio-Claudian Aphrodisias », *Zeitschrift für Papyrologie und Epigraphik* 43, 1981, p. 317-327 ; R. Smith, « The Imperial reliefs from the Sebasteion at Aphrodisias », *Journal of Hellenic Studies* 77, 1987, p. 88-138 ; Id., « *Simulacra Gentium* : the *ethne* from the Sebasteion at Aphrodisias », *ibid.* 78, 1988, p. 50-77. Cette dernière étude me paraît particulièrement éclairante.

53. R. Smith, *art. cit.* (n. 52), 1988, p. 55 sqq., donne une liste de treize peuplades indentifiées par les inscriptions figurant sur les bases des statues : Égyptiens, Andizètes, Arabes (?), Besses, habitants du Bosphore Cimmérien, Daces, Dardaniens, Iapodes, Juifs, Callaiques, Piroustae, Rhètes, Trumpilini. Certaines d'entre elles sont fort peu connues.

54. Les représentations de trois îles (Crète, Chypre, Sicile) ont été identifiées. Cf. R. Smith, *art. cit.* (n. 52), 1988, p. 57 : « Sicily, a western island found at the very east end of the portico, was no doub placed here to be kept with the other two major Greek islands, Crete and Cyprus. »

55. Cf. *ibid.*, p. 77 : « It seems clear that in the Sebasteion the selection of outlandish peoples was meant to stand as a visual account of the extent of the Augustan empire, and by the sheer numbers and impressive unfamiliarity of the names, to suggest that it was coterminous with the ends of the earth. We may note how many of the *ethne* we have were from the edges of the empire <...>. This meaning is complemented by the universal allegories of time and place in the storey above. Combined, the allegories and the *ethne* stated that the Roman empire extends from furthest west to furthest east, from the rising to the setting sun, from Day to Night, bounded only by Ocean. »

est vrai, comme le pensait R. Smith [56], que les architectes d'Aphrodisias s'étaient inspirés d'un édifice romain, le portique *ad Nationes* édifié par Auguste [57], qu'ils avaient adapté à l'échelle locale [58], on peut supposer qu'Appien, qui vécut longtemps à Rome et connaissait bien ses monuments, avait été frappé par l'ordonnance du portique augustéen. Je ne crois donc pas déraisonnable d'imaginer que le projet de raconter comment avaient été soumises les diverses nations de l'Empire lui fut inspiré par ce monument grandiose. Et si les *simulacra omnium gentium* y étaient disposés, comme à Aphrodisias, dans l'ordre géographique [59], il n'est même pas impossible que le *conspectus* qui ouvre la Préface soit en quelque sorte la traduction littéraire de l'impression laissée au visiteur alexandrin [60].

On serait tenté d'avancer quelques arguments en ce sens. Le premier, c'est évidemment que le regroupement des îles, caractéristique du portique d'Aphrodisias (et probablement d'inspiration augustéenne), se retrouve chez Appien, d'abord dans la Préface, mais aussi dans le corps de l'*Histoire romaine*, qui consacrait un livre entier aux possessions insulaires de Rome [61]. Remarquons toutefois qu'un contemporain d'Appien, le poète Denys d'Alexandrie regroupe lui aussi, dans sa *Périégèse*, les îles de la Méditerranée [62], puis celles de l'Océan [63]. Il serait téméraire d'affirmer, sur ce point précis, une influence directe de l'idéologie augustéenne et sur Appien et sur Denys. Les allégories ornant l'étage supérieur du portique nord du *Sébastéion* d'Aphrodisias, dont deux subsistent (*Héméra* et *Okéa-*

56. Cf. *ibid.*, p. 75.

57. Connu seulement par une glose de Servius, *ad Æn.* 8, 721 : *Porticum enim Augustus fecerat in qua simulacra omnium gentium conlocaverat : quae porticus appellabatur « ad Nationes »*. Pline, *Histoire naturelle* 36, 39, confirme l'existence du monument. Mais on ne connaît pas son emplacement exact : cf. S. B. Platner, T. Ashby, *A topographical Dictionary of Ancient Rome*, 1929, *s. v.* « Porticus ad Nationes ».

58. Il s'agissait d'une adaptation, puisque le portique sud évoque des faits postérieurs à Auguste : la conquête de la Bretagne par Claude et celle de l'Arménie par Néron, d'ailleurs associé à Hélios : cf. J. Reynolds, dans *Zeitschrift für Papyrologie und Epigraphik* 43, 1981, p. 323 sq. Les succès de Néron sont également évoqués dans un esprit similaire dans *Anthologie palatine* 16, 61 : Ἀντολίαι, δύσιες, κόσμου μέτρα· καὶ τὰ Νέρωνος / ἔργα δ' ἀμφοτέρων ἵκετο γῆς περάτων. Ἥλιος Ἀρμενίην ἀνιὼν ὑπὸ χερσὶ δαμεῖσαν / κείνου · Γερμανίην δ' εἶδε κατερχόμενος.

59. Cf. R. Smith, *art. cit.* (n. 52), 1988, p. 57.

60. On peut même se demander si Appien ne s'est pas inspiré de la fameuse carte d'Agrippa, exposée au Champ de Mars, à propos de laquelle je renverrai seulement à Cl. Nicolet, *L'inventaire du Monde, Géographie et politique aux origines de l'Empire romain*, Paris, 1988, p. 116 sq.

61. Le *Livre de la Sicile et des îles*, perdu.

62. Vers 447-554.

63. Vers 555-619.

nos) [64] offrent peut-être un fil conducteur plus sûr. Ces figures (et celles qui ont disparu — probablement *Gè et Hespéra*) [65] transmettaient au visiteur un clair message : l'Empire des Césars s'étendait du levant au couchant, jusqu'aux limites de la terre habitée bordées par l'Océan. Or c'est précisément un empire de cette sorte qu'évoque Appien dans sa *Préface* [66] :

> « Je crois en outre que l'étendue de la domination exercée par ces anciens peuples n'équivalait même pas à la moitié de l'Empire actuel. J'en veux pour preuve que la souveraineté de Rome s'étend depuis le Couchant et l'Océan occidental jusqu'au mont Caucase et au fleuve Euphrate, jusqu'aux Éthiopiens qui habitent au-dessus de l'Égypte et, en passant par l'Arabie, jusqu'à l'Océan du Levant. Ils ont pour frontière l'Océan, où le dieu solaire [67] commence et achève sa course, et leur souveraineté s'exerce sur toute la mer Méditerranée et sur toutes ses îles, ainsi que sur les Bretons de l'Océan. »

Faut-il ne voir là qu'un tissu de *topoi* littéraires ? C'était le point de vue de G. Gernentz, qui rassembla les nombreux passages de poètes ou de prosateurs évoquant un empire immense, bordé par l'Océan et parcouru par le soleil [68]. Cette approche est légitime. Mais on peut faire remarquer que, sous Antonin, une émission monétaire datée de 145/6 représente précisément le Soleil conduisant son quadrige au dessus de *Tellus* personnifiée, tenant une gerbe d'épis et une

64. Cf. R. Smith, *art. cit.* (n. 52), 1988, p. 51 sq.

65. Cf. *ibid.*, p. 53 : « However, the presence of Day and Ocean implies other universal figures. Ocean should be matched somewhere with an Earth, and Day with an Evening or Night. »

66. § 35.

67. La périphrase revient plusieurs fois chez Appien. Cf. *Libyké* 113 : ἤδη δὲ τοῦ θεοῦ περὶ δείλην ἑσπέραν ὄντος ; *Guerres civiles* IV, 79 : δύνοντος ἄρτι τοῦ θεοῦ ; *ibid.* IV, 85 : κλίνοντος ἐς δείλην ἑσπέραν ἤδη τοῦ θεοῦ. Voir G. Kramer, *Theologumena Appiani*, Vratislava, 1889, p. 21. Il ne peut guère s'agir ici que de Sarapis-Hélios, déjà ressenti comme *Cosmocratôr*.

68. G. Gernentz, *Laudes Romae*, Diss. Rostock, 1918, p. 99-124. Cette étude, toujours utile, juxtapose des textes de nature et de date différentes, censés traiter le même *topos*. Il est dès lors facile de rapprocher notre pasage d'Appien de Denys d'Halicarnasse, *Antiquités romaines* I, 3, 3 <ἡ Ῥωμαίων πόλις> πρώτη καὶ μόνη τῶν ἐκ τοῦ παντὸς αἰῶνος μνημονευομένων ἀνατολὰς καὶ δύσεις ὅρους ποιησαμένη τῆς δυναστείας, ou en encore d'Ælius Aristide, Εἰς Ῥώμην, 10 ὅπερ γάρ τις ἔφη τῶν λογοποιῶν περὶ τῆς Ἀσίας, λέγων ὅσην ὁ ἥλιος πορεύεται, ταύτης πάσης ἄρχειν ἄνδρα ἕνα <...>, τοῦτο νῦν ἐξενίκησεν ἀληθὴς εἶναι, τὴν ἴσην τε ἡλίου πορείαν εἶναι κτῆσιν ὑμετέραν καὶ τὸν ἥλιον διὰ τῆς ὑμετέρας πορεύεσθαι, avec le commentaire de J. H. Oliver, *The Ruling Power, a study of the Roman Empire in the second century after Christ through the Roman Oration of Ælius Aristides*, Philadelphie, 1953, p. 809-910, pour qui le *topos* serait antérieur à Denys. — En fait, la présence d'un topique chez trois auteurs (qui le traitent chacun à sa manière) ne permet pas d'affirmer que l'un imite l'autre

corne d'abondance [69]. A l'évidence, il ne s'agit plus là d'un *topos*, mais d'un message politique et, dans la mesure où Appien, quand il écrivait sa Préface, était déjà lié à l'Empire par les fonctions de *procurator Augusti* dont il fait fièrement état, on peut aussi se demander s'il n'a pas repris à son compte un thème de l'idéologie officielle.

Ce n'est pas une hypothèse en l'air. Dans la Préface de l'*Histoire romaine* 7, 24, Appien vante la stabilité et la paix que le monde doit au régime impérial. Or cette εὐστάθεια, qui correspond au latin *stabilitas*, est un thème récurrent de la propagande : chacun connaît le slogan *tellus stabilitata*, diffusé par les monnaies. Il se trouve même que l'adjectif εὐσταθής, combiné avec εἰρήνη, apparaît dans une lettre de Trajan aux Alexandrins, datée de 98 : l'empereur déclare avoir écrit au préfet d'Égypte ἵνα μετὰ πάσης φροντίδος προνοῇ ὑμῶν τῆς εὐσταθοῦς εἰρήνης [70]. Le même thème apparaît dans un fragment, très mutilé, d'une autre lettre du même empereur, trouvé à Milet en 1990 [71]. Est-ce donc rhétorique si Appien reprend un thème cher à Trajan ? On me permettra d'en douter, de même que je me refuserai à reconnaître dans la division κατὰ ἔθνος une maladroite fantaisie.

Constatons plutôt que, dès l'époque de Pompée, dont le théâtre était orné de quatorze statues représentant des nations conquises [72], puis sous Auguste et ses successeurs, les Romains ont représenté sur des monuments [73] ou fait parader dans des processions [74] les nations conquises. Ils ont ainsi créé l'image d'un Empire formé d'une collection de peuples divers dont chacun possédait une image spécifique et une histoire. L'entreprise d'Appien s'explique aisément si l'on part de cette réalité concrète. Il a voulu savoir et expliquer aux autres comment chacune de ces nations, dont il pouvait voir les images sur le portique *ad Nationes* et sur d'autres monuments plus récents, était

69. Cf. R. Beaujeu, *op. cit.* (n. 51), p. 324 sq., qui parle de « théocratie solaire », ce qu'autorise un revers de la même année, commun aux *aurei* et aux sesterces, avec l'effigie d'Antonin auréolée d'un nimbe héliaque et la légende *Pax Augustana*.

70. Cf. J. H. Oliver, *Greek constitutions of early Emperors from inscriptions and papyri*, 1989, n° 46, 12 sq.

71. Cf. N. Ehrhardt, P. Weiss, « Trajan, Didyma und Milet. Neue Fragmente von Kaiserbriefen und ihr Kontext », *Chiron* 25, 1995, p. 316 : ἵν]α μετ' εὐσταθείας [καὶ . . . πρ]ὸς τὰς ἄ[λ]λας π[όλε]ις μετέχητε τῆς δεδομένης ὑ[π' ἐμοῦ χάριτος.

72. Cf. Pline, *Histoires naturelles* 36, 41 ; Suétone, *Néron* 46.

73. L'ouvrage de référence demeure celui de P. Bienkowski, *De simulacris barbararum gentium apud Romanos*, 1900, qui traite, entre autres sujets, des vaincus représentés sur les arcs triomphaux, dont Appien a certainement vu plus d'un exemple.

74. Il ressort de Dion Cassius, 56, 14, 2 et de Tacite, *Annales* I, 8, 4, que l'on porta en procession, lors des funérailles d'Auguste, des statues représentant toute les nations vaincues.

passée sous la domination de Rome [75]. D'où cette division κατὰ ἔθνος — contestable pour un Croiset mais naturelle de la part d'un contemporain d'Antonin — de ce que nous appelons les conquêtes de Rome. S'il y a difficulté, elle tient seulement à l'hypertrophie du récit consacré à la dernière de ces conquête, celle de l'Égypte, patrie d'Appien — trois ou quatre livres d'*Aigyptiaka* liés aux cinq livres traitant des guerres civiles.

Cela dit, la démarche d'Appien était aussi dictée par un souci de commodité sur lequel il s'est expliqué. « J'ai réuni pour moi-même les morceaux épars », écrit-il (Praef., § 46), ce qui revient à dire, ce me semble, qu'il avait composé à son propre usage une sorte de florilège historique disposé selon un classement régional. En constituant ainsi des recueils, Appien se comportait comme d'autres auteurs de son temps. Tel un Valère-Maxime, un Aulu-Gelle, un Frontin, un Polyen, il lit et découpe, et les traces de ce travail préparatoire ont persisté, quasiment à l'état brut, dans certaines parties de son œuvre [76]. Puis, « afin de rendre service à d'autres » (Praef., § 49), il a publié le fruit de son travail, mais après une élaboration rhétorique qui le distingue des rédacteurs d'*excerpta*. On trouverait par exemple dans son œuvre autant de stratagèmes que chez Polyen. Mais, au lieu de former une poussière, ils sont liés par un récit soigneusement agencé et souvent dramatique.

Ce morcellement préparatoire de la matière historique et cette recomposition sectorielle vont à l'encontre des ambitions synthétiques développées par Polybe dans la Préface de ses *Histoires*. Pour Polybe, l'histoire d'événements particuliers ne saurait conduire ni à une vue d'ensemble de la période qu'il traitait, ni à une juste compréhension des choses [77]. Or la période couverte par Polybe est précisément celle dont l'étude conduisit Appien à définir sa propre conception de l'histoire κατὰ ἔθνος, qui n'est rien de plus, me semble-t-il, que l'adaptation aux structures de l'Empire romain de l'histoire κατὰ μέρος critiquée par Polybe. J'irai même plus loin. Il est probable que, pour s'instruire des conquêtes de Rome à l'époque des guerres puniques, Appien s'est d'abord référé à Polybe, et qu'il a réellement mesuré l'incommodité des *Histoires* pour un lecteur antique obligé de dérouler plusieurs rouleaux de papyrus pour suivre les événements d'une guerre répartie entre plusieurs livres. Justifiée par des raisons

75. Cf. R. Smith, *art. cit.* (n. 52), p. 76.

76. Le récit de la guerre Sociale, en *Guerres civiles* I, se réduit ainsi à une série de vignettes, de même qu'en *Guerres civiles* IV une longue série d'*exempla* veut montrer la sauvagerie de la proscription édictée par les IIIvirs.

77. Pour une critique de l'histoire κατὰ μέρος, voir Polybe, I, 4, 3 ; 6 ; 7 ; 10.

pratiques, l'entreprise de démontage et de remontage à laquelle Appien s'est livré interdisait évidemment toute vue synthétique. Le simple fait qu'il soit revenu dans le *Livre mithridatique* à des principes de composition plus flexibles semble indiquer qu'il avait compris les limites et les inconvénients de sa méthode. Il n'était d'ailleurs nullement dépourvu de l'esprit de synthèse, ni hostile par principe à la méthode polybienne, ainsi que le prouvent les neuf livres des *Guerres civiles* qui, conduisant le lecteur du tribunat de Tiberius Gracchus jusqu'à la conquête de l'Égypte par Octavien, répondaient à la question καὶ πόθεν ὡρμήθη καὶ πῶς ἔσχε τὴν συντέλειαν que, selon Polybe, doit se poser le bon historien [78].

*
* *

C'est donc à bon droit que la Préface de l'*Histoire romaine* fait allusion à deux séries de livres. D'une part, les livres κατὰ ἔθνος, dont Appien énumère les neuf premiers titres [79]. D'autre part, les *Guerres civiles* et les *Aigyptiaka*, qui en étaient la continuation [80]. Soulignons en effet que, si Appien s'est intéressé aux guerres civiles, c'est uniquement parce qu'il estimait, à tort ou à raison, que, sans elles, l'Égypte lagide aurait conservé son indépendance. Le dernier livre mentionné traitait de l'organisation militaire, administrative et financière de l'Empire [81]. Si ce livre a bien été rédigé, ce qui n'est pas absolument certain puisqu'il ne figurait pas dans le *pinax* de l'édition résumée par Photius, il venait logiquement à la fin des *Aigyptiaka* et décrivait l'empire fondé par Octavien après la défaite d'Antoine et de Cléopatre.

78. Id., I, 4, 3.

79. Préface, § 54-57 : (dans l'ordre) *Basiliké*, *Italiké*, *Saunitiké*, *Keltiké*, *Sikeliké*, *Ibériké*, *Annibiaké*, *Carchédoniaké*, *Makedoniké*. Cet ordre, assez arbitraire, est justifié par Appien : cf. Préface, § 58, « Leur ordre de succession dépend de la date à laquelle éclata le premier conflit entre Rome et chacun de ces peuples, même si le peuple concerné n'en a vu la fin qu'après les autres ».

80. Dans le préambule de *Cuerres civiles* V, 1, 2, Appien dit explicitement que l'on pourrait considérer ce livre comme faisant partie des *Aigyptiaka*, mais que les guerres civiles y tiennent encore une telle place qu'il ne mériterait pas encore ce titre : ὅθεν ἄν τι καὶ Αἰγύπτιον εἴη τῆσδε τῆς βίβλου μέρος, ὀλίγον τε καὶ οὐκ ἄξιον ἐπιγραφῆς πω, διὸ δὴ καὶ τοῖς ἐμφυλίοις πολὺ πλείοσιν οὖσιν ἐπίμικτον.

81. Préface, § 61 : « Le dernier livre montrera la puissance militaire de Rome, les revenus que les Romains tirent de chaque peuple, tout ce qu'ils dépensent pour les bases navales et les garnisons frontalières, et autres questions de ce genre. »

Cl. Nicolet [82] a très justement rapproché ce livre perdu [83] du *Breviarium totius imperii*, rédigé par Auguste à la fin de sa vie, dont le contenu nous est connu par les témoignages convergents de Dion Cassius [84], Suétone [85] et Tacite [86]. On y trouvait, comme dans le livre annoncé par Appien, un descriptif des forces terrestres et navales, un état des recettes et des dépenses publiques. Or l'explication la plus simple de cette coïncidence me paraît d'admettre que notre auteur, qui connaît les écrits d'Auguste et s'en inspire volontiers, avait formé le projet de clore son œuvre par un vaste panorama de l'Empire qui n'eût été, en somme, qu'une adaptation littéraire du *Breviarium*, de même que la seconde partie de l'*Illyriké* est présentée sans ambages comme une paraphrase de l'*Autobiographie* du souverain [87].

C'est pourquoi je ne crois pas qu'Appien ait jamais envisagé de mettre à jour, comme le suppose Cl. Nicolet [88], le *memorandum* d'Auguste, sinon peut-être sur des points de détail [89]. L'Empire qu'il souhaitait décrire, c'était à mon sens celui que le *Princeps* avait constitué après Actium, enserré dans des limites qui ne furent véritablement modifiées que par Trajan.

82. Cl. Nicolet, *op. cit.* (n. 60), p. 192-199.

83. Cf. p. 198 : « Mais le rapprochement le plus frappant, à nos yeux, se trouve chez Appien » ; p. 199 : « On ne peut qu'être frappé par la coïncidence presque parfaite avec ce que nous savons du *Breviarium* d'Auguste. »

84. Dion Cassius, 56, 33, 2 : τὸ δὲ τρίτον τά τε τῶν στρατιωτῶν καὶ τῶν προσόδων τῶν τε ἀναλωμάτων τῶν δημοσίων, τό τε πλῆθος τῶν ἐν τοῖς θησαυροῖς χρημάτων, καὶ ὅσα ἄλλα τοιουτότροπα ἐς τὴν ἡγεμονίαν φέροντα ἦν, εἶχε.

85. Suétone, *Auguste* 101, 4 : *Tertio breviarium totius imperii, quantum militum sub signis ubique esset, quantum pecuniae in aerario et fiscis et vectigaliorum residuis.*

86. Tacite, *Annales* 1, 11 : *Opes publicae continebantur, quantum civium sociorumque in armis, quot classes, provinciae, tributa aut vectigalia, et necessitates et largitiones. Quae cuncta sua manu perscripserat Augustus addideratque consilium coercendi intra terminos imperii, incertum metu an per insidiam.*

87. Cf. *Illyriké* 14, 42-15, 43. Cette autobiographie s'arrêtait en 23 av. J.-C. selon Suétone, *Auguste* 85, 1.

88. *Op. cit.* (n. 60), p. 199 : « Bref, un véritable " état de l'Empire ", naturellement remis à jour pour la date de rédaction de l'œuvre (entre 150 et 165 ap. J.-C.), où du moins à celle des derniers événements abordés, sous les règnes de Trajan et d'Hadrien. »

89. Cette dernière hypothèse me paraît toutefois peu probable : seul l'Empereur disposait de l'ensemble de la documentation nécessaire. Et, même si Appien y eut lui-même accès, en sa qualité de procurateur, ce que je n'exclus pas, encore faudrait-il être sûr qu'Antonin souhaitait la publication d'une synthèse de documents plus ou moins confidentiels. — Le cas de Flavius Josèphe est très différent. Il donne certes un tableau de l'Empire, probablement inspiré d'Auguste, mais mis à jour, dans la *Guerre des Juifs* II, 16, 345-401. Il l'insère toutefois dans un discours attribué au roi Agrippa et n'entre pas dans les détails, puisqu'il s'agit pour l'orateur d'impressionner les Juifs en leur assénant l'image d'un immense empire confronté à une minuscule Judée.

On doit souligner en effet qu'Appien ne fait état, dans sa Préface, ni de l'*Hécatontaétéia* (livre XXII) [90], ni des deux livres consacrés aux guerres de Trajan (*Dakiké* [XXIII] et *Arabios* [XXIV]), qui supposent un retour à la méthode κατὰ ἔθνος. Rien ne permet dans ces conditions d'affirmer qu'au moment où il rédigeait cette Préface (vers 150 ap. J.-C.), Appien songeait déjà à donner à son œuvre une extension contemporaine. Et il n'est pas impossible que cette extension — aujourd'hui perdue, mais certainement publiée — l'ait précisément amené à renoncer au livre annoncé sur l'organisation de l'Empire, ou encore à le publier à part. L'hypothèse la plus vraisemblable me paraît toutefois que le traité fut écrit, puis adjoint au dernier livre des *Aigyptiaka* comme une sorte d'appendice [91]. On s'expliquerait ainsi qu'il n'ait pas figuré dans le *pinax* de l'édition utilisée par Photius.

On voit que l'œuvre d'Appien, telle que nous pouvons nous la représenter dans sa totalité à travers Photius, est le fruit d'une construction plus complexe qu'on ne le suppose d'ordinaire. Un examen attentif des références internes, que je ne puis développer ici, autorise toutefois, ce me semble, à formuler les hypothèses suivantes :

a) L'*Histoire romaine* rentre probablement dans la catégorie des monuments inachevés, puisqu'il n'existe aucune trace de la *Parthiké* dont, comme l'avait reconnu Schweighäuser, Appien parle toujours au futur ;

b) Appien semble avoir remanié à plusieurs reprises son projet [92]. Il est vraisemblable que l'idée de pousser son récit au-delà de la

90. Ce livre traitait (rapidement selon Photius) les Julio-Claudiens et les Flaviens. On relève en *Illyriké* 30, 88 (à propos des Mysiens d'Europe) une allusion possible à l'*Hékatontaétéia* : ὡς ἂν εἴη τὸ σύγγραμμα ἐντελές, ἐδόκει προειπεῖν, ὅτι καὶ Μυσοὺς Λεύκολλός τε . . . ἐπέδραμε καὶ Τιβέριος εἷλε κατὰ τὴν μόναρχον ἐξουσίαν. Appien se promettait donc de traiter plus amplement de la soumission des Mysiens d'Europe par Marcus Lucullus, puis par Tibère. L'*Hékatontaétéia*, malgré son caractère succinct, notait donc les extensions de l'Empire. Mais on peut également envisager qu'Appien soit revenu rétrospectivement sur l'œuvre de Tibère dans la *Dakiké*, consacrée aux guerres danubiennes de Trajan. — Le titre du livre renvoie évidemment à Thucydide, avec lequel notre rhéteur souhaitait sans doute rivaliser.

91. Le problème est mal posé par E. Famerie, *Le latin et le grec d'Appien*, 1998, p. 19 sqq., qui suppose, comme Cl. Nicolet, qu'il s'agissait d'une description de l'Empire romain au IIe siècle ap. J.-C. : or le dernier livre de l'*Histoire romaine* n'était autre (le témoignage de Photius, qui disposait encore d'une édition complète en trois tomes paraît irréfutable) que l'*Arabios*, dont le fragment étudié *infra* occupait la fin. Le tableau de l'Empire ne pouvait donc trouver place qu'après Actium, et il s'agissait selon toute vraisemblance de l'empire d'Auguste.

92. On sait que Polybe fut lui aussi amené à modifier son projet initial. Ses *Histoires*, qui devaient s'arrêter en 168/7 av. J.-C., furent prolongées jusqu'a l'année 145 av. J.-C. Sur cette question, voir la mise au point critique de J.-L. Ferrary, *Philhellénisme et impérialisme*, BEFAR, 1988, p. 276 sq.

conquête de l'Égypte et de la fondation de l'Empire lui vint assez tardivement, et que l'ajout des livres d'histoire contemporaines (*Hékatontaétéia*, *Dakiké*, *Arabios*) ou projetés (*Parthiké*) lui fit abandonner son intention première, qui était de faire du livre consacré à l'organisation de l'Empire la conclusion de son œuvre. A cette conclusion en forme de bilan, il substitua, ce me semble, une conclusion ouverte sur l'avenir — la *Parthiké*, où il touchait à l'actualité la plus brûlante, livre qu'il n'eut pas le temps de rédiger. En d'autres termes, je crois pouvoir suggérer qu'après l'achèvement d'un premier cycle historique consacré à l'ancienne Rome royale et républicaine, Appien voulut montrer que la nouvelle Rome impériale était entrée à son tour dans une phase d'expansion victorieuse et de confrontation avec l'Orient parthe ;
c) Il paraît également probable que la série des *Guerres civiles* n'a pas été écrite après la série κατὰ ἔθνος, mais qu'Appien travaillait aux deux simultanément. Des personnages comme Sylla ou Pompée ayant joué un rôle de premier plan aussi bien dans les guerres mithridatiques que dans les guerres civiles, il tombe sous le sens que, pour cette période, notre historien glanait chez les mêmes auteurs les matériaux relatifs à l'histoire intérieure de Rome et à celle des guerres étrangères. On peut dès lors envisager que le premier livre au moins des *Guerres civiles* ait été sur le chantier à l'époque où Appien rédigeait le *Mithridateios*.

Au terme de cet examen, l'*Histoire romaine* apparaît donc comme une sorte de montage empirique résultant de la juxtaposition de monographies et de séries composées à des époques diverses de la vie d'Appien. Il me semble que celui-ci s'est d'abord, pour des raisons diverses [93], intéressé au duel entre Rome et Carthage, et le *Livre africain*, ouvrage soigné orné de nombreux discours, pourrait représenter le noyau initial d'une œuvre étoffée par la suite d'autres monographies consacrées à diverses provinces de l'Empire. Mais, simultanément peut-être, Appien aurait aussi entrepris de retracer la conquête d'Alexandrie et de l'Égypte par les Romains, et la recherche des causes de leur intervention l'aurait conduit à une vaste enquête

93. Cet intérêt pour les guerres puniques peut remonter au temps de sa jeunesse. On sait en effet que l'empereur Claude avait composé des Τυρρηνικά et des Καρχηδονιακά (cf. Suétone, *Claude* 42), dont le texte, déposée au Musée d'Alexandrie, faisait l'objet d'une lecture publique annuelle. A. Chaniotis, *Historie und Historiker...*, Stuttgart, 1988, p. 296, signale un cas analogue : la Πολιτεία Σπαρτιανῶν de Dicéarque (fr. 1 Wehrli) était lue chaque année à Sparte dans l'*archéion* des éphores devant les éphèbes. Il me paraît donc à peu près certain qu'Appien assista, comme éphèbe et comme gymnasiarque, à des lecture des *Carchédoniaques* de Claude.

sur les difficultés intérieures de Rome et les malheurs des Romains [94]. Il aurait ensuite élargi son sujet en rappelant les origines de celle-ci et les étapes de la conquête de l'Italie, probablement à l'occasion du 900e anniversaire de Rome, auquel fait allusion la Préface. Enfin auraient été ajoutées l'*Hekatontaétéia* et deux livres d'histoire contemporaine. Bref, Appien aurait composé une sorte d'encyclopédie hybride, dont une partie relevait certes de l'histoire locale (ou plus exactement provinciale), tandis que le reste ne différait guère, à première vue, du récit événementiel diachronique, tel que le concevaient les Anciens.

Les livres d'histoire contemporaine, où Appien donnait véritablement sa mesure comme témoin de son temps, ont disparu, et l'on peut même préciser quand ils ont disparu. Il se trouve en effet que Zonaras cite deux fois Appien, en XI, 16, p. 50 sq. Dindorf et en XI, 21, p. 65 sq. Dindorf. Il paraît ainsi acquis que Zonaras disposait au moins du troisième tome d'Appien, et qu'il s'est référé à cet auteur pour confirmer le témoignage de Flavius Josèphe en s'appuyant sur le livre XXII (*Hekatontaétéia*) et pour garantir la forme « ionienne » [95] d'accusatif Δακούς en invoquant le livre XXIII (*Dakiké*) [96]. On soulignera que, dans l'édition consultée par Zonaras — peut-être dans son couvent de la Propontide [97] — les livres portaient la même numérotation que chez Photius.

Qu'il existait au moins un manuscrit complet d'Appien avant le sac de Constantinople par les Croisés (1204) est d'ailleurs confirmée par l'*adnotatio* du Vaticanus gr. 141, manuscrit du XIe siècle complété au XIIe siècle. Le texte de cette *adnotatio* fut publié par Schweighäuser

94. A la *Makédoniké*, traitant des guerres de Macédoine, Appien avait joint pour des raisons de proximité géographique l'*Illyriké*, consacrée pour l'essentiel aux guerres d'Octavien, ce qui rompait la série formée par les guerres de Macédoine et de Syrie : l'on conçoit qu'un libraire, passant outre à la volonté d'Appien, l'ait insérée à la place que lui donnent les manuscrits médiévaux, entre les *Guerres civiles* et les *Aigyptiaka*, avec cette fâcheuse conséquence que l'on ne sait si Photius l'inclut ou non dans la série des neuf livres de « *Guerres civiles* ». De ce fait, les *Aigyptiaka* peuvent avoir compté soit trois, soit quatre livres, et l'on doit souligner que les rares citations de cette partie de l'œuvre ne vont pas au delà du livre III.

95. Les « Ioniens » dont il est question ici sont probablement des historiens de Trajan qui avaient employé ce dialecte, comme le fera un peu plus tard Arrien dans son traité sur l'*Inde*. — Sur la survie de l'ionien comme langue littéraire à l'époque impériale, voir P. Goukowsky, « Un imitateur tardif d'Hérodote : Eusèbe historien des Césars », dans Cl. Brixhe, *La koiné grecque antique. II, la concurrence*, 1996, p. 171-201.

96. K. Brodersen, « Appian und sein Werk », *Aufstieg und Niedergang der römischer Welt* II, 34, 1, p. 342, me paraît confondre l'*Hekatontaéteia* (Zonaras bezieht sich auf das Buch des [*sic* !] 22) et les *Ioudaïka* / *Pontika* (Zonaras bezieht sich auf das Buch als 23). En fait, on ne trouve chez Zonaras aucune allusion aux *Ioudaïka*, puisque la prédiction relative à Vespasien est explicitement tirée de l'*Hékatontaéteia*.

97. Après avoir vécu dans le siècle, Zonaras se retira au monastère d'Hagia Glykéria, dans la Propontide, où il écrivit sa chronique.

(*op. cit.*, III, p. 10 sqq.) d'après des apographes peu fiables, puis d'après l'original par L. Mendelssohn [98] et récemment K. Brodersen [99]. Mendelssohn a donné de ce texte une explication embrouillée [100] qu'il ne me paraît pas nécessaire de discuter. Mieux vaut, semble-t-il, entendre dans sa simplicité littérale un avertissement destiné évidemment à d'éventuels lecteurs. Venant juste après la Préface de l'*Histoire romaine*, que le rédacteur vient d'ajouter au noyau initial du manuscrit, ces lignes n'ont d'autre objet que d'expliquer pourquoi les deux volumes de cette « édition » (l'un conservé, l'autre perdu) contenaient non pas l'ensemble de l'œuvre, mais une sélection réduite à quelques livres ou fragments de livres. Si le recueil perdu comprenait principalement des livres κατὰ ἔθνος (dont la *Sikéliké* et l'*Helléniké* perdues), son auteur avait également recopié ou fait recopier une partie des *Aigyptiaka* et des extraits des livres d'Histoire contemporaine, en particulier des Ποντικά, certainement empruntées à la *Dakiké*, et des Ἰουδαικά extraits probablement de l'*Hékatontaétéia* où Appien, pour expliquer l'avènement des Flaviens, devait donner une relation synthétique des rapports entre Rome et le peuple juif.

On ne s'étonnera donc pas que le Parisinus Suppl. gr. 607A, copié vers 950 et apporté de l'Athos par Minoides Mynas vers le milieu du XIXe siècle, contienne plusieurs fragments d'Appien, dont deux de l'*Arabios*, le plus long étant relatif à la révolte juive de 115-117 [101].

Ce dernier extrait fut publié, traduit et commenté par Emmanuel Miller dans la *Revue archéologique*, N. S., 19/1, 1869, p. 101-110, sans indication d'origine [102]. Mais Miller avait certainement découvert ce texte dans le Parisinus Suppl. gr. 607A, qui venait d'être acquis par la Bibliothèque impériale [103]. L'éditeur apporta au texte, sans toujours daigner s'en expliquer, quelques menues corrections. Le texte ainsi publié fut admis par C. Müller dans les addenda des *Hist. Gr. Fr.*,V, p. LXV-LXVI.

98. « Quaestiones Appianeae », *Rheinisches Museum* 31, 1876, p. 209.

99. *Wiener Studien* 103, 1990, p. 51

100. *Op. cit.* (n. 6), p. 209 sq.

101. Voir P. Goukowsky, « Trois nouveaux extraits d'Appien », dans *Hellènika Symmikta II* (= *Études d'Archéologie classique* VII, 1995), p. 62-70, et, depuis, M. L. Amerio, « Ancora sui novi frammenti di Appiano », *Invigilata Lucernis* 21, 1999, p. 35-42.

102. « J'ai eu la bonne fortune de trouver un fragment curieux et d'une certaine étendue, provenant de ce vingt-quatrième livre. »

103. Aucun manuscrit d'Appien ne figurait dans la bibliothèque privée de ce grand collectionneur : voir H. Omont, *Catalogue des manuscrits grecs, latins, français et espagnols, et des portulans recueillis par feu Emmanuel Miller*, Paris, 1897.

Une édition moins fiable fut donnée par M. Treu, *Programm des Gymn. in Ohlau*, 1880, p. 37 sq. : c'est néanmoins ce texte qui constitue le fr. 19 de l'édition Viereck-Roos, *Appiani Historia Romana*, I, p. 534 sq., reproduit par M. Stern, *Greek and Latin authors on the Jews and Judaism*, II, 1980, n° 348. Le texte a été récemment étudié par E. Famerie, *Le Latin et le grec d'Appien*, 1988, p. 2 sq. — On se gardera toutefois d'imaginer, comme Viereck-Roos et Stern, pour rendre compte des divergences existant entre l'édition de Miller et celle de Treu, un « *codex Milleri* » distinct d'un « *codex Treuii* ». Voici ce texte, revu sur l'original, assorti d'un apparat critique qui contredit parfois celui de Viereck-Roos.

Περὶ Ἀράβων μαντείας

1 Ἀππιανός φησι τῷ τέλει τοῦ κδ' βιλίου. « Φεύγοντί μοι ποτε τοὺς Ἰουδαίους ἀνὰ τὸν πόλεμον τὸν ἐν Αἰγύπτῳ γενόμενον καὶ ἰόντι διὰ τῆς Πετραίας Ἀραβίας ἐπὶ ποταμόν, ἔνθα με σκάφος περιμένον ἔμελλε διοίσειν ἐς Πηλούσιον, Ἄραψ ἀνὴρ δ' ἡγεῖτό μοι τῆς ὁδοῦ νυκτός, οἰομένῳ <δὲ> πλησίον εἶναι τοῦ σκάφους κρωζούσης ἄρτι πρὸς ἕω κορώνης ἔφη συνταραχθείς· « πεπλανήμεθα ». Καὶ κρωζούσης αὖθις εἶπεν· « ἄγαν πεπλανήμεθα ». **2** Θορυβουμένῳ δέ μοι καὶ σκοποῦντι, εἴ τις ὁδοιπόρος ὀφθήσεται, καὶ οὐδένα ὁρῶντι ὡς ἐν ὄρθρῳ ἔτι πολλῷ καὶ γῇ πολεμουμένῃ, τὸ τρίτον ὁ Ἄραψ τοῦ ὀρνέου πυθόμενος εἶπεν ἡσθεὶς « ἐπὶ συμφέροντι πεπλανήμεθα καὶ ἐχόμεθα τῆς ὁδοῦ ». **3** Ἐγὼ δὲ ἐγέλων μέν, εἰ καὶ νῦν ἑξόμεθα τῆς πλάνης, καὶ ἀπεγίνωσκον ἐμαυτοῦ, πάντων πολεμίων ὄντων, οὐκ ὄν μοι δυνατὸν οὐδ' ἀναστρέψαι διὰ τοὺς ὄπισθεν, οὓς δὴ καὶ φεύγων ἠρχόμην, ὑπὸ δ' ἀπορίας εἰπόμην ἐκδοὺς ἐμαυτὸν τῷ μαντεύματι. **4** Οὕτω δὲ ἔχοντί μοι παρὰ δόξαν ἕτερος ποταμὸς ἐκφαίνεται, ὁ ἀγχοτάτω μάλιστα τοῦ Πηλουσίου, καὶ τριήρης ἐς τό Πηλούσιον παραπλέουσα, ἧς ἐπιβὰς διεσωζόμην· τὸ σκάφος δέ, ὅν με ἐν τῷ ἑτέρῳ ποταμῷ ὑπέμεινεν, ὑπὸ Ἰουδαίων ἐλήφη. Τοσοῦτον ὠνάμην τῆς τύχης καὶ τοσοῦτον ἐθαύμασα τοῦ μαντεύματος.

5 Οὗτοι μὲν οὖν εἰσι θρησκευτικοί [104], μαντικοί, θεουργοί, φαρμάκων ἐπιστήμονες· οὓς εἰκος ἐν Αἰγύπτῳ γῆν εὑρόντας ἀγαθὴν — οἷα γεωργοὺς — καὶ ἔθνος ὁμοίως θεοσεβές τε καὶ μαντικὸν καὶ φαρμάκων οὐκ ἄπειρον οὐδ' ἄστρων ἐμμεῖναι χαίροντας ὡς παρ' ὁμοίοις ».

104. Il est possible que l'auteur de ces *excerpta* ait sauté quelques lignes. Mais θρησκευτικοί amène naturellement la comparaison entre Arabe et Égyptiens. Apollonides Horapiôn, cité par Théophilus, *Ad Autolyc.* 2, 6 [Müller, *Hist. Gr. Fragm.*, IV, p. 309], avait écrit un ouvrage « sur la religion des Égyptiens », περὶ . . . τῆς θρησκείας τῆς Αἰγυπτιακῆς. Le mot θρησκεία signifie simplement « religion » dans le grec de l'époque impériale, sans nuance péjorative : cf. E. Famerie, *op. cit.* (n. 91), p. 5, renvoyant à L. Robert.

1, 4 δ' ἡγεῖτο Mendelssohn : διηγεῖτο codex quem secutus est Famerie || **1, 5** δὲ add. C Müller || **3, 2** νῦν om. Miller || πλάνης nos : πλανῶς codex, ης supra lineam adscripto, unde *πλανώσης Treu Viereck-Roos Stern Famerie πλανωμήνης legit Miller || **4, 4** ὅ με Mendelssohn : ὃ μὲν codex || **4, 5** τοσοῦτον ὠνάμην τῆς τύχης codex : τοσούτου Treu, qui τῆς τύχης omisit || **5, 1** θεουργοί Herwerden : γεωργοί codex quem secutus est Famerie || **5, 2** εἰκὸς Miller : εἰκῶς codex || εὑρόντας Miller : ἑυρόντες codex.

Traduction :

1 Appien dit, à la fin du livre XXIV : « Alors qu'un jour je fuyais les Juifs, au cours de la guerre qui eut lieu en Égypte, et que j'allais à travers l'Arabie Pétrée en direction du fleuve [105], où une barque, qui m'attendait, devait me conduire à Péluse [106], un Arabe guidait ma route, de nuit [107], et, alors que je m'imaginais être à proximité de la barque, il me dit, bouleversé, comme une corneille croassait exactement à l'aube [108] : « Nous nous sommes égarés ! » Et, comme elle croassait une nouvelle fois, il dit : « Nous nous sommes vraiment beaucoup égarés ! » [109] **2** Troublé, j'examinais si quelque voyageur n'allait pas apparaître à nos yeux et, comme je n'en voyais aucun, attendu que c'était encore le petit matin, dans un pays en guerre, l'Arabe, ayant entendu une troisième fois l'oiseau, me dit tout joyeux : « C'est pour notre bien que nous nous sommes égarés, et nous maintenons notre route ! » **3** Pour ma part, je n'arrêtais pas de rire [110], même si c'était notre errance [111] que nous

105. L'expression ἐπὶ ποταμόν ne signifie rien de plus que « vers le fleuve », c'est-à-dire « vers l'ouest » pour un voyageur venant d'Arabie. Elle est donc inutilisable pour l'historien moderne qui cherche où situer l'épisode. Soulignons qu'Appien n'est pas « perdu dans le delta du Nil », comme l'écrit à tort E. Famerie, *op. cit.* (n. 91), p. 2.

106. Cette embarcation fluviale attend forcément Appien au sud de Péluse.

107. E. Famerie propose, *op. cit.* (n. 91), une traduction fantaisiste : « Je croyais être presque arrivé au bateau quand mon guide de nuit (*sic* !), un Arabe, fut troublé etc... » Mais νυκτός est un génitif de temps ! Il faut d'autre part conserver la correction introduite par Mendelssohn, pour deux raisons : a) διηγεῖτο ne pourrait se construire avec le génitif τῆς ὁδοῦ ; b) ce verbe ne saurait signifier « il guidait ».

108. E. Famerie traduit ἄρτι πρὸς ἕω par « droit vers le Levant », ce qui est grammaticalement possible, mais peu naturel : comme le coq, la corneille se fait entendre à l'aube. Stern traduit plus exactement par « just about day-break ».

109. Ce qui paraît signifier que le guide est remonté rapidement vers le nord durant toute cette marche de nuit. Les deux hommes ont pu couvrir entre vingt et trente kilomètres, à en juger d'après les étapes des armées hellénistiques et romaines.

110. E. Famerie traduit par « je me mis à rire », démontrant une fois de plus son ignorance de la syntaxe : l'aoriste est inchoatif (Bizos, *Syntaxe grecque*, p. 120), tandis que l'imparfait marque l'effort ou la répétition (Bizos, p. 119). Je m'excuse d'avoir à rappeler des vérités aussi élémentaires.

111. Depuis Treu, tous les éditeurs écrivent πλανώσης, qui n'est même pas un *monstrum libri*, puisque le copiste, qui avait d'abord écrit πλανῶς, s'est corrigé lui-

allions maintenir tout à l'heure, et je désespérais de mon salut, tout n'étant qu'ennemis [112], puisqu'il ne m'était même pas possible de revenir sur mes pas à cause de ceux qui se trouvaient sur mes arrières et que je fuyais en venant [113] ; mais, dans l'embarras où je me trouvais, je suivais <mon guide> [114] en m'abandonnant à la prédiction. **4** Alors que je me trouvais dans cette situation, voici que, contre toute attente, m'apparaissent un cours d'eau différent [115] — celui qui se trouve à proximité immédiate de Péluse — ainsi qu'une trirème qui longeait la rive [116] en direction de Péluse : je montai à son bord et fus sauvé, tandis que la barque, qui m'attendait dans l'autre cours d'eau, fut prise par les Juifs. Voilà combien j'ai bénéficié de l'aide de la Fortune [117], et combien j'ai été rempli d'étonnement par la prédiction.

5 Ainsi donc, ces gens [les Arabes] sont religieux, adonnés à la divination [118] et aux rites religieux, experts en philtres. Aussi est-il naturel que des agriculteurs comme eux [119], ayant trouvé en Égypte une terre favorable et un peuple tout comme eux adonné à la divination et nullement dépourvu d'expérience en matière de philtres et d'astrologie

---

même en ajoutant -ης au dessus de la ligne : il faut évidemment lire πλανῆς. On est surpris que l'auteur d'une thèse sur « le grec d'Appien » n'ait pas vu le problème.

112. Πάντων est-il masculin ou neutre ? Dans l'incertitude, j'ai opté pour une traduction prudente.

113. E. Famerie propose une traduction surprenante : « et auxquels je commençais justement à échapper. » Mais ἠρχόμην (forme d'imparfait « frequent in later prose » selon Liddell-Scott) vient de ἔρχομαι et non de ἄρχομαι. Dans une phrase de ce type, le participe exprime « l'idée essentielle » et le verbe principal grec doit se traduire par une expression circonstancielle : encore une vérité élémentaire dont la connaissance se perd.

114. Et non « <je> poursuivis » (E. Famerie). C'est un imparfait, et il faut suppléer le complément sous-entendu.

115. « Un autre bras du fleuve » (E. Famerie) me paraît trop précis : il peut s'agir d'un canal.

116. Et non « qui passait par là » (E. Famerie). Une traduction n'est pas une paraphrase.

117. N'est-ce point le prêtre de la Fortune de Rome qui s'exprime ici ? Cela donne, dans la traduction de E. Famerie : « Je me félicitai (ὠνάμην ?) de tant de chance. » Mais ce spécialiste de la « langue d'Appien » paraît ignorer que les adverbes, comme leur nom l'indique, portent d'ordinaire sur les verbes.

118. Le copiste écrit γεωργοί, judicieusement corrigé en θεουργοί par Herwerden : la correction introduite par ce savant, qui appartenait à une génération sachant réellement le grec, ne mérite pas d'être rejetée.

119. Alors que Diodore, probablement d'après Hiéronymos de Cardia, brosse le tableau d'un peuple nabatéen ignorant tout de l'agriculture (voir en particulier XIX, 94, 3 : νόμος δ' ἐστὶν αὐτοῖς μήτε σῖτον σπείρειν μήτε φυτεύειν μηδὲν φυτὸν καρποφόρον μήτε οἴνῳ χρᾶσθαι) tout en reconnaissant plus loin (§ 10) que d'autres Arabes pratiquaient celle-ci (ἔστι δὲ καὶ ἄλλα γένη τῶν 'Αράβων, ὧν ἔνια καὶ γεωργεῖ), les Arabes d'Appien (= les habitants de la province romaine d'Arabie) sont des « cultivateurs », au sens le plus large du terme. Cela ne surprendra pas, si l'on songe que quatre siècles s'étaient écoulés depuis les diadoques.

— aient été heureux de s'y fixer [120] comme parmi des gens semblables à eux ».

Cet extrait paraît littéral — au moins pour l'essentiel. A la fin du livre XXIV de l'*Histoire romaine* (l'*Arabios*), Appien brossait donc un portrait moral des Arabes, en insistant sur leur religiosité : il évoquait à ce propos un souvenir personnel remontant aux années 116-117. Il notait également que de nombreux Arabes s'étaient fixés en Égypte — dont peut-être son guide hellénophone, sans doute un Nabatéen, peut-être un auxiliaire de l'armée romaine [121]. On voit en tout cas qu'à l'occasion de la révolte juive Grecs et Arabes avaient fait cause commune.

Ce passage permet de se faire une idée de l'*Autobiographie*, perdue, d'Appien. Le récit est précis, vif, mouvementé, avec une teinte d'humour : perdu dans les sables du désert, le jeune Appien, que favorise déjà la Fortune, est sauvé par des corneilles, de la même manière qu'Alexandre le Grand sur la route de Siwah [122] ! L'auteur analyse magistralement ses propres émotions : malgré l'inquiétude justifiée qui l'habitait, il riait des croyances superstitieuses [123] de son guide pour se donner bonne contenance. Mais ce passage, si bref soit-il, éclaire un épisode particulièrement sombre de l'Histoire, sur lequel je m'attarderai en hommage à notre hôte Théodore Reinach.

*
* *

Appien raconte, on l'a vu, comment il fut poursuivi dans le désert à l'est de Péluse par des Juifs rebelles. Le premier éditeur du texte, E. Miller [124], suivi par Reuss [125], avait suggéré, avec raison,

120. Strabon, XVII, 1, 44 remarque déjà que Coptos était une ville commune aux Égyptiens et aux Arabes : πόλιν κοινὴν Αἰγυπτίων τε καὶ Ἀράβων. Mais Appien semble envisager une immigration plus nombreuse.

121. Cf. A. Kasher, *Jews, Idumæans, and Ancient Arabs*, 1988, p. 201 sq.

122. Il ressort des *Guerres civiles* II, 149, 622 qu'Appien connaissait parfaitement cet épisode fameux.

123. Porphyre, *De abstinentia* 3, 4, tient pour assuré que certains peuples connaissaient le langage des oiseaux : Ἄραβες μὲν κοράκων ἀκούουσι, Τυρρηνοὶ δ' ἀετῶν. Bibliographie chez Famerie, *op. cit.* (n. 91), p. 2, n. 10.

124. E. Miller, *art. cit.*, *Revue archéologique*, p. 108 : « Il est probable qu'il remplissait alors en Égypte les fonctions municipales dont nous avons parlé. »

125. Fr. Reuss, dans *Rheinisches Museum* 54, 1899, p. 463 : « Im Jahre 116 musste er (Appian) vor den Juden fliehen und erreichte nach seiner Flucht durch das peträische Arabien eine Triere, die ihn nach Pelusium brachte. Die erzählung darüber legt die Vermuthung nahe, dass an seiner Ergreifung der Juden besonders gelegen sein musste, dass er daher sich damals wohl in einer angeseherenen öffentlichen Stellung befand. »

qu'Appien accomplissait alors une mission officielle, ce qui expliquerait l'acharnement de ses poursuivants.

Rappelons brièvement les grandes lignes d'une révolte juive [126] qui a retenu l'attention d'auteurs païens et chrétiens [127], mais nous est également connue par une riche documentation papyrologique [128]. Marquée par des actes de sauvagerie [129] et de vandalisme [130], le soulèvement dont les causes exactes sont incertaines [131], éclata

126. Voir principalement la synthèse de M. Pucci, *La Rivolta Ebraica al tempo di Traiano*, Pise, 1981, et les études toujours utiles de A. Fuks, « Aspects of the Jewish Revolt in A. D. 115-117 », *Journal of Roman Studies* 51, 1961, p. 98-104, et de S. Applebaum, *Jews and Greeks in Ancient Cyrene*, Leyde, 1979, p. 242 sq.

127. Cette tradition a été analysée par L. Motta, « La tradizione sulla rivolta ebraica al tempo di Traiano », *Ægyptus* 32, 1952, p. 474-490. Voir aussi M. Pucci, « Qualche osservazione sulla tradizione litteraria della rivolta ebraica al tempo di Traiano (115-117 d. C.) », *Rivista storicha dell'Antichità* 9, 1979, p. 61-67, développé dans « La rivolta ebraica in Egitto (115-117 d. C.) nella storiografia antica », *Ægyptus* 62, 1982, p. 195-217. Rappelons que les *Parthiques* d'Arrien sont perdus (hormis de brefs extraits transmis par la *Souda*) et que le livre 68 de Dion Cassius ne nous est connu qu'à travers le résumé de Jean Xiphilin et quelques citations des *Extraits Constantiniens*.

128. Cf. A. Fuks, « The Jewish Revolt in Egypt (A. D. 115-117) in the light of the Papyri », *Ægyptus* 33, 1953, p. 131-158 ; M. Pucci, *op. cit.* (n. 126), p. 116-198. La plupart de ces documents figurent dans V. A. Tcherikover, A. Fuks, *Corpus Papyrorarum Judaicarum* (= *CPJ*).

129. J. Juster, *Les Juifs dans l'Empire Romain*, II, 1914, p. 186, estime que Dion Cassius, qui insiste sur les aspects les plus atroces de la révolte, pourrait avoir été influencé par des auteurs alexandrins suspects d'antisémitisme. Mais lesquels ? M. Pucci émet pour sa part l'hypothèse (*art. cit.* [n. 127], 1979, p. 64 sq., développé dans *art. cit.* [n. 127], 1982, p. 204 sq.) que Dion Cassius reproduit une tradition orale sujette à caution. J. Schwartz, « En marge du dossier d'Apollonios le Stratège », *Chronique d'Égypte* 37, 1962, p. 348-358, ne voit dans ces horreurs que l'effet pervers de la propagande anti-juive sur l'imagination des Grecs d'Égypte. On acceptera difficilement ces explications lénifiantes qui reviennent à nier l'horreur pour ne pas avoir à la regarder en face.

130. M. Pucci, *art. cit.* (n. 127), 1982, p. 202, insiste avec raison sur le caractère iconoclaste de cette guerre, dont Appien donne deux exemples dans *Guerres civiles* II. Il attribue explicitement aux Juifs (90, 380) la destruction « pour les besoins de la guerre » du temple de Némésis, édifié par César pour ensevelir la tête de Pompée — tout ce qui restait de Magnus ! Il signale d'autre part (86, 362) qu'Hadrien fit rechercher et restaurer les statues de bronze du grand Pompée, mutilées et entassées dans l'*adyton* du sanctuaire de Zeus Casios, à l'est de Péluse. Qui, hormis les Juifs révoltés, pouvait avoir mutilé ainsi les statues d'un général romain honni pour avoir pris la Ville Sainte ? Dans ce cas précis, où Appien ne fournit aucune explication, le vandalisme doit être interprété comme une manifestation de vengeance. — Les déprédations des Juifs sont encore décelables sur le site de Cyrène : cf. A. Laronde, « La Cyrénaïque romaine, des origines à la fin des Sévères », *Aufstieg und Niedergang der römischen Welt*, II, 10, 1, 1988, p. 1047 sqq.

131. On y reconnaît généralement une flambée de fanatisme religieux alimenté par la propagande des Zélotes : voir L. Motta, *art. cit.* (n. 127), p. 481, et surtout S. Applebaum, *op. cit.* (n. 126), p. 257 sq. — Il n'est pas impossible que le tremblement de

semble-t-il en Cyrénaïque [132] d'où il gagna Chypre, la Mésopotamie (Trajan y combattait les Parthes), la Judée [133] et surtout l'Égypte [134] où les Juifs étaient nombreux aussi bien dans les villes que dans les campagnes [135]. Dans Alexandrie même, le préfet Rutilius Lupus [136] réussit à maintenir un semblant de calme [137], grâce à la présence d'une garnison romaine [138], d'autant que la haute-société juive demeura loyale à Rome [139]. Il ne put cependant empêcher entre Grecs et Juifs des affrontements dont les circonstances exacerbèrent la violence [140]. Dans la *chôra* en revanche, les milices grecques, sévèrement éprouvées, abandonnèrent le plat-pays aux bandes juives [141]. Trajan lui-même ne fut informé que tardivement de la gravité de la situation, au

---

terre qui dévasta Antioche, Rhodes et diverses cités d'Asie Mineure au début de 115 ait été ressenti dans ce milieu comme un signe annonçant la venue d'un Messie.

132. Voir toutefois les réserves de S. Applebaum, *op. cit.* (n. 126), p. 266.

133. Cf. S. Applebaum, *ibid.*, p. 300 sq. ; M. Pucci, *op. cit.* (n. 126), p. 104 sq.

134. Où la situation était depuis longtemps tendue, de graves incidents ayant marqué les règnes de Caligula, Claude et Néron : cf. H. J. Bell, *Jews and Christians in Egypt*, 1924, p. 10 sq.

135. Voir A. Kasher, *op. cit.* (n. 121), p. 106 sq.

136. Rutilius Lupus fut préfet d'Égypte d'avril 113 à janvier 117 : cf. A. Stein, *Die Praefecten von Aegypten in der Römischen Kaiserzeit*, Berne, 1950, p. 55-58.

137. Le texte-clef est un papyrus (*CPJ*, n° 435), daté du 13 octobre de la 19e année régnale d'un empereur (probablement Trajan), où l'on croit reconnaître un édit de Rutilius Lupus (Cf. A. Fuks, *art. cit.* [n. 128], p. 135 ; Id., dans *Journal of Roman Studies*, 51, 1961, p. 100) intervenu après une bataille « des Romains contre les Juifs » (Ῥωμαίων πρὸς Ἰουδαίους μάχη) dont Fuks (*art. cit.* [n. 128], p. 153) tient pour assuré qu'elle fut livrée dans Alexandrie même, de même que S. Applebaum, *op. cit.* (n. 126), p. 266. Je suis loin de partager leur certitude et croirais plutôt qu'elle fut livrée *extra muros*, peut-être dans le secteur du temple de Némésis.

138. La IIIe légion Cyrenaïca était normalement stationnée à Alexandrie. Mais il semble qu'une partie de ses effectifs avaient été prélevés pour les besoins de la guerre contre les Parthes : cf. F. A. Lepper, *Trajan's Parthian war*, Oxford, 1948, p. 115 ; G. W. Bowersock, dans *Zeitschrift für Papyrologie und Epigraphik* 5, 1970, p. 40.

139. Cf. A. Fuks, *art. cit.* (n. 137), 1961, p. 100. Constatons simplement qu'il y a toujours des Juifs à Alexandrie après la révolte, et que l'extermination des Juifs décidée par Trajan concernait, Appien le dit nettement, l'Égypte — ce qui exclut implicitement Alexandrie.

140. Cf. *CPJ*, n° 435. Il semble que certains Grecs, qui avaient armé leurs esclaves, provoquèrent (sous prétexte de venger des offenses et des blessures réelles ou supposées) des troubles graves (incendies, pillages) dont les Juifs furent probablement les victimes. Le préfet entend mettre un terme à ces règlements de comptes et rétablir le cours régulier de la justice.

141. Les indigènes furent eux aussi touchés par ces événements. Un papyrus de Brême (*CPJ*, n° 438) signale que des villageois, rassemblés par le stratège Apollonios, avaient été battus par les Juifs : [σ]υμβαλόντες οἱ ἡμέτερο[ι] ἡττ[ή]θησαν καὶ πολλοὶ [α]ὐτῶν συνεκόπησαν. Voir P. J. Sijpesteijn, « Trajan and Egypt », *Papyrologica Lugduno-Batava* 14, 1965, p. 108 sq. — Le même papyrus annonce l'arrivée d'une légion à Memphis, peut-être la XXIIe Déjotarienne.

cours du siège de Hatra (hiver 116-117) [142]. Il dépêcha au plus vite en Égypte Q. Marcius Turbo, ancien préfet de la flotte de Misène, avec des moyens considérables. Mais l'ordre ne fut rétabli qu'après l'avènement d'Hadrien (été 117) [143].

De ces événements, Eusèbe (*Histoire ecclésiastique* IV, 2, 1-5) a laissé un résumé rapide inspiré de sources grecques [144] parmi lesquelles on a pensé reconnaître Appien [145]. Il paraît utile de citer ce passage et de le traduire :

> **IV, 2, 1** Ἤδη γοῦν τοῦ αὐτοκράτορος εἰς ἐνιαυτὸν ὀκτωκαιδέκατον ἐλαύνοντος, αὖθις Ἰουδαίων κίνησις ἐπαναστᾶσα πάμπολυ πλῆθος αὐτῶν διαφθείρει. **2** Ἔν τε γὰρ Ἀλεξανδρείᾳ καὶ τῇ λοιπῇ Αἰγύπτῳ καὶ προσέτι κατὰ Κυρήνην, ὥσπερ ὑπὸ πνεύματος δεινοῦ τινος καὶ στασιώδους ἀναρριπισθέντες, ὥρμηντο πρὸς τοὺς συνοίκους Ἕλληνας στασιάζειν, αὐξήσαντές τε εἰς μέγα τὴν στάσιν, τῷ ἐπιόντι ἐνιαυτῷ πόλεμον οὐ σμικρὸν συνῆψαν, ἡγουμένου τηνικαῦτα Λούπου τῆς ἁπάσης Αἰγύπτου. **3** Καὶ δὴ ἐν τῇ πρώτῃ συμβολῇ ἐπικρατῆσαι αὐτοὺς συνέβη τῶν Ἑλλήνων· οἳ καὶ καταφυγόντες εἰς τὴν Ἀλεξάνδρειαν τοὺς ἐν τῇ πόλει Ἰουδαίους ἐζώγρησάν τε καὶ ἀπέκτειναν, τῆς δὲ παρὰ τούτων συμμαχίας ἀποτυχόντες οἱ κατὰ Κυρήνην τὴν χώραν τῆς Αἰγύπτου λεηλατοῦντες καὶ τοὺς ἐν αὐτῇ νομοὺς φθείροντες διετέλουν, ἡγουμένου αὐτῶν Λουκούα· ἐφ' οὓς ὁ αὐτοκράτωρ ἔπεμψεν Μάρκιον Τούρβωνα σὺν δυνάμει πεζῇ τε καὶ ναυτικῇ, ἔτι δε καὶ ἱππικῇ. **4** Ὁ δὲ πολλαῖς μάχαις οὐκ ὀλίγῳ τε χρόνῳ τὸν πρὸς αὐτοὺς διαπονήσας πόλεμον, πολλὰς μυριάδας Ἰουδαίων, οὐ μόνον τῶν ἀπὸ Κυρήνης, ἀλλὰ καὶ τῶν ἀπ' Αἰγύπτου συναιρομένων Λουκούᾳ τῷ βασιλεῖ αὐτῶν, ἀναιρεῖ. **5** [Trajan charge aussi Lusius Quietus de détruire les Juifs de Mésopotamie].

142. Cf. M. Pucci, *op. cit.* (n. 126), p. 97 sq.

143. Les SHA, *Vita Hadr.* V, 2, décrivent en ces termes la situation au moment de son avènement : *Ægyptus seditionibus urgebatur, Libya denique ac Palestina rebelles animos efferebant...*

144. Il le déclare (IV, 2, 5) : Ταῦτα καὶ Ἑλλήνων οἱ τὰ κατὰ τοὺς αὐτοὺς χρόνους γραφῇ παραδόντες αὐτοῖς ἱστόρησαν ῥήμασιν. Il avait donc utilisé des historiens de Trajan — dont Appien relatait précisément les guerres dans la partie perdue de son œuvre.

145. M. Pucci, « La rivolta Ebraïca al tempo di Traiano », *Rivista storicha dell'Antichità* 9, 1979, p. 64, voit dans les *Parthiques* d'Arrien la source possible d'Eusèbe. Mais elle revient sur la question dans *Ægyptus* 62, 1982, p. 209, où, reprenant une hypothèse ancienne de H. J. Lawlor, J. E. L. Oulton, *Eusebius, Bishop of Caesarea*, Londres, 1928, 2, p. 119, elle avance le nom d'Appien, témoin oculaire qu'Eusèbe, généralement scrupuleux dans le choix de ses sources, aurait pu consulter. Encore qu'indémontrable, l'hypothèse paraît séduisante. — Rufin d'Aquilée, dans son *Histoire ecclésiastique*, se borne à transposer Eusèbe en latin avec de menues additions. Il est tout à fait invraisemblable qu'il se soit reporté au texte même d'Appien, comme le suppose sans fondement M. Pucci, « Some historical remarks on Rufinus' *Historia Ecclesiastica*, IV, 2, 1-5 », *Rivista storicha dell'Antichità* 11, 1981, p. 123-128.

Traduction :

Or donc, comme l'empereur Trajan entrait désormais dans sa dix-huitième année de règne, une révolte des Juifs éclata de nouveau et provoqua la perte d'un grand nombre d'entre eux. **2** A Alexandrie en effet et dans le reste de l'Égypte, ainsi qu'en Cyrénaïque, enflammés comme sous l'effet d'une sorte de terrible vent de discorde, ils se mirent soudain à se quereller avec les Grecs qui vivaient dans les mêmes contrées qu'eux et, après avoir donné à cette discorde une dimension considérable, ils engagèrent l'année suivante une guerre de quelque importance, alors que Lupus gouvernait l'Égypte entière. **3** Et, au cours du premier engagement, il arriva qu'ils l'emportèrent sur les Grecs [146] qui, s'étant réfugiés à Alexandrie, capturèrent et mirent à mort les Juifs résidant dans la ville [147], tandis que les Juifs de Cyrénaïque, qui n'avaient pas réussi à obtenir le soutien militaire qu'ils attendaient de ces derniers, continuaient à piller le plat-pays égyptien et à ruiner les nomes qui s'y trouvent [148], sous le commandement de Loukouas [149]. Contre eux, l'empereur envoya Marcius Turbo avec des troupes terrestres, une flotte et en outre de la cavalerie. **4** Marcius, ayant péniblement mené à bien la guerre contre ceux-ci en leur livrant de nombreuses batailles [150] durant une période assez longue, tue plusieurs dizaines de milliers de Juifs, non seulement de ceux de Cyrène, mais aussi des Juifs d'Égypte qui avaient pris le parti de Loukouas, leur roi.

Notre fragment prend place au cours de la période la plus sombre de cette guerre [151]. Des Juifs sont maîtres du désert à l'est de

146. Et non sur les troupes romaines. Ce premier succès des Juifs me paraît antérieur à l'édit censé émaner de Lupus. Lorsque le préfet déclare (*CPJ*, n° 435, col. III, l. 20 sq.) : παυσάσθωσαν οἵ τε ἀληθῶς οἵ τε ψευδῶς τραυματίας ἑαυτοὺς εἶναι λέγοντες καὶ βιαίως ἅμα καὶ ἀδίκως δίκην ἐπαιτοῦντες, on peut se demander si ces Grecs qui se disent à tort ou à raison « blessés » et tirent « injustement » vengeance des Juifs d'Alexandrie ne sont pas précisément des citoyens vaincus par les bandes venues de Cyrénaïque. C'est pourquoi je crois nécessaire d'abaisser autant que faire ce peut la date de cette proclamation, au moins jusqu'à la bataille de Memphis, à laquelle le préfet ferait à mon avis allusion *ibid.*, l. 26 : πρὸ τῆς Ῥωμαίων πρὸς Ἰουδαίους μάχης.

147. Cf. M. Pucci, *op. cit.* (n. 126), p. 55.

148. Rufin, *Histoire écclesiastique* IV, 2, 3 traduit « *velut desperantes ad agros Ægypti et castella vastanda vertuntur* ». Mais les νομοί ne sont pas des postes fortifiés ; sans doute faut-il admettre qu'Eusèbe joue sur le double sens du terme (district administratif et lieu de résidence de l'administration) et que les Juifs ont détruit ou tenté de détruire les capitales administratives des nomes, parcequ'elles symbolisaient l'administration grecque et romaine.

149. Dion Cassius nomme ce personnage Andreas.

150. Le stratège Apollonios, déjà mentionné, semble avoir participé à une bataille victorieuse livrée près de Memphis (*CPJ*, 2, 439, 11, 1-17) — mais à une date imprécise : cf. A. Fuks, *art. cit.* (n. 128), p. 133.

151. Ainsi que l'avait reconnu E. Miller

Péluse [152] et poursuivent Appien qui, à travers l'Arabie Pétrée [153], tente de rejoindre une barque qui doit le conduire jusqu'à cette ville frontière [154]. Il s'égare, mais finit par être sauvé par un navire de guerre, sans aucun doute romain [155], qui remontait précisément vers Péluse. Ses poursuivants réussissent seulement à s'emparer de la barque qui l'attendait.

---

152. Ces Juifs n'ont probablement rien à voir avec les bandes venues de Cyrène. Je m'efforcerai de les identifier *infra*, p. 202.

153. L'Arabie commençait sitôt franchie la branche Pélusiaque du Nil. Cf. Strabon, XVII, 1, 21 : ταύτῃ δὲ καὶ δυσείσβολός ἐστιν ἡ Αἴγυπτος ἐκ τῶν ἑωθινῶν τόπων τῶν κατὰ Φοινίκην καὶ τὴν Ἰουδαίαν, καὶ ἐκ τῆς Ἀραβίας δὲ τῆς Ναβαταίων, ἥπερ ἐστὶ προσεχής. Διὰ τούτων ἐπὶ τὴν Αἴγυπτον ἡ ὁδός. Voir aussi Solin, *Collectanea* 33, 1 : *ultra Pelusiacum ostium Arabia est, ad Rubrum pertinens mare.* Ælius Aristide, Εἰς Ῥώμην, 100, évoque de son côté les στεναὶ καὶ ψαμμώδεις δι' Ἀράβων ἐπ' Αἴγυπτον πάροδοι. — L'Arabie Pétrée n'est autre que l'ancien royaume des Nabatéens de Pétra, que les Romains avaient annexé pacifiquement en 106 : cf. G. W. Bowersock, « The annexation and initial garrison of Arabia », *Zeitschrift für Papyrologie und Epigraphik* 5, 1970, p. 37-47. Le Sinaï en faisait partie.

154. E. Miller, *art. cit.*., p. 109, s'était efforcé de replacer sur le terrain tout cet épisode : « Voici maintenant, je crois, comment on peut expliquer le passage d'Appien. Prenons la carte de la partie basse de l'Égypte, et dirigeons nos regards sur l'endroit où le Nil, se séparant en plusieurs branches, forme ce qu'on appelle le Delta et va se jeter dans la mer Méditerranée. Le grand cours d'eau le plus oriental se sépare en deux dans les environs d'Aphroditopolis, et forme deux branches qui vont se jeter l'une à Tanis et l'autre à Péluse, d'où les noms de Tanitique et Pélusiaque. Appien venait de l'Arabie Pétrée, qui confinait à ce grand cours d'eau. La barque qui l'attendait se trouvait probablement au dessus du canal qui conduit à la branche Tanitique. Il n'est pas à supposer qu'elle (la barque) devait descendre jusqu'à Tanis pour aller à Péluse. Il est probable, au contraire, qu'elle devait descendre jusqu'à la séparation indiquée plus haut, et prendre le cours d'eau qui conduisait à Péluse. Le mot ποταμός dont se sert l'auteur dans les deux cas prouve qu'il s'agit de fleuve. Appien, pendant la nuit, n'ayant pas reconnu son chemin, aura dévié vers la droite et rencontré la portion du fleuve qui se dirigeait vers Péluse, et où se trouvait une trirème faisant voile pour ce port. » L'explication est plausible, et on y souscrirait volontiers, n'était que ποταμός peut aussi désigner un canal, comme par exemple le canal du Nil à la mer Rouge, remis en état sur l'ordre de Trajan, et de ce fait appelé « canal de Trajan » (cf. *Pap. Ox.* 1426, 9-11 : τῶν ἀποστελλομένων ἐπὶ τὸν Τραιανὸν ποταμόν). Voir P. J. Sijpesteijn, « Der ΠΟΤΑΜΟΣ ΤΡΑΙΑΝΟΣ », *Ægyptus* 43, 1963, p. 70-83. — Strabon, XVII, 1, 24, décrit d'ailleurs les canaux, lacs, marais et autres « variantes » de la branche Pélusiaque, qui ont connu depuis l'Antiquité des modifications trop sensibles pour que l'on ne mette pas en garde contre la tentation d'une identification trop précise.

155. Ce navire de guerre appartient non pas à la brigade fluviale (ποταμοφυλακία), dont on verra qu'elle était composée de Juifs, mais à la *classis Augusta Alexandrina* — la flotte de guerre impériale stationnée à Alexandrie, sur laquelle renvoyons seulement à M. Reddé, *Mare nostrum, les infrastructures, le dispositif et l'histoire de la marine de guerre sous l'Empire romain*, Rome, 1986, p. 241 sqq. et 288 sq.

Il est clair qu'Appien ne fuit pas l'Égypte, comme on l'a parfois écrit [156], mais qu'il tente de la rejoindre [157] après l'avoir quittée quelques temps auparavant [158]. Or que fait-il seul, avec un guide arabe [159], sur les routes désertes d'un pays en guerre [160] ? S'il a réellement, comme il l'affirme, traversé l'Arabie Pétrée, on peut penser qu'il a

---

156. Par exemple A. Fuks, *art. cit.* (n. 128), p. 149, n. 3 : « Appianos' flight from Egypt via Pelusion and his narrow escape from the hands of the Jews who had seized the water-ways there. » Rien n'indique dans le texte que les Juifs contrôlaient les voies d'eau. Appien dit simplement que ses poursuivants, qui avaient perdu sa trace, parvinrent jusqu'à la barque qui l'attendait et s'en emparèrent. Or ces Juifs se trouvaient comme Appien, en Arabie Pétrée. Le témoignage d'Appien « cercando di mettersi in salvo dalla furia dei combattimenti (?) che si svolgevano nel Pelusio... » est invoqué abusivement par M. Pucci, *op. cit.* (n. 126), qui, p. 60 sq., pour soutenir que les Juifs avaient conçu le plan ambitieux de couper les communications par eau. — Le texte est mal compris par S. Applebaum, *op. cit.* (n. 126), p. 295, qui écrit : « Appian informs us of fighting in Pelusium (!) ; he himself escaped from the rebels who had seized control of the town (!) and held the roads in vicinity. » — On retrouve la « fuite » d'Appien jusque chez G. W. Bowersock, *Greek sophists in the Roman Empire*, Oxford, 1969, p. 112 : « Appian came from a well-placed family in Egyptian Alexandry, and he did his part for the city until he fled at the time of the Jewish revolt in the last years of Trajan's reign. »

157. On peut penser que, de Péluse, Appien a ensuite regagné Alexandrie par le canal Boutique. C'est ce que font Leucippe et Clitophon dans le roman d'Achille Tatios, 3, 9, 1 : « Après deux jours passés à Péluse... nous louons un navire... et empruntons un canal transversal au Nil (le canal Boutique, qui partait d'Hérakléous Polis Mikra), en direction d'Alexandrie. » Le témoignage du romancier est fiable : cf. L. Plazenet, « Le Nil et son delta dans les romans grecs », *Phoenix* 49, 1995, p. 9 sq. — Je présume qu'Appien avait suivi le même itinéraire à l'aller.

158. Sa barque ne l'aurait pas attendu indéfiniment.

159. Probablement un Nabatéen. Des graffiti trouvés dans le Sinaï attestent que ceux-ci fréquentaient les pistes du désert : cf. G. W. Bowersock, *art. cit.* (n. 153), p. 38 et n. 8 avec bibl. ; sur les routes commerciales suivies par les Nabatéens, voir P. C. Hammond, « The Nabataeens, their History, Culture and Archaeology », *Studies in Mediterranean Archaeology* 37, 1973, p. 65 sq. Sur les Arabes comme douaniers et gardiens des frontières, cf. M. E. Abd-El-Ghany, « The Arabs in Ptolemaic and Roman Egypt », dans *Egitto e storia antica dall'Ellenismo all'età Araba*, L. Criscuolo et G. Geraci éd., Bologne, 1989, p. 233-242. — J. Desanges, « L'Empire et l'Afrique nilotique et Érythréenne », *Aufstieg und Niedergang der römischen Welt*, II, 10, 1, 1988, p. 20, souligne avec raison « que les Nabatéens non seulement contrôlaient la côte orientale du golfe de Suez, mais encore une bonne partie du trafic caravanier dans les déserts orientaux de l'Égypte ». Voir aussi E. Paltiel, *Vassals and Rebels in the Roman Empire* (Coll. Latomus, 212), 1991, p. 29 sq. — Appien n'avait aucune raison de se défier de son guide, si l'on songe que Vespasien, selon Tacite (*Histoires* V, 1), se faisait accompagner d'Arabes, parce qu'ils détestaient les Juifs...

160. Appien parle d'une « guerre » contre les Juifs, alors que les papyrus évoquent plus volontiers des troubles (θόρυβος ; τάραχος) : cf. J. Schwartz, *art. cit.* (n. 129), p. 351. Mais on voit dans *CPJ*, n° 450 que les Grecs d'Oxyrhynchos, sous les Sévères, commémoraient encore leur victoire « dans la guerre contre les Juifs ». Voir S. Applebaum, *op. cit.* (n. 126), p. 308 sq.

voulu contourner par le sud la route côtière [161] coupée par les rebelles [162], bref qu'il a tenté discrètement [163] d'atteindre un objectif qui pourrait être Pétra, la capitale de la nouvelle province d'Arabie [164], d'où une voie stratégique [165] rejoignait la Syrie et le quartier général romain.

Reprenant à mon compte l'hypothèse formulée par Miller et Reuss, je crois possible qu'Appien ait été chargé par les Grecs d'Alexandrie de transmettre un message à Trajan et qu'il ait été contraint pour ce faire d'emprunter les pistes du désert, la mauvaise saison ayant complètement arrêté la navigation [166] (*mare clausum*, comme disaient les Romains [167]). Réussit-il à accomplir sa mission ? Les Juifs l'en empêchèrent-ils ? Le fragment n'autorise aucune

161. Cette route, utilisée dès l'époque pharaonique, partait d'el-Kantarah (ou de Péluse) et rejoignait Gaza en passant par el-Arisch. C'est celle qu'emprunte Titus : cf. Flavius Josèphe, IV, 11, 661, qui compte quatre étapes entre Péluse et Rhaphia.

162. Appien, *Guerres civiles* II, 86, signale qu'Hadrien fit restaurer la tombe de Pompée et les statues qui lui avaient été consacrées dans le sanctuaire de Zeus Casios, proche de Péluse. S. Applebaum, *op. cit.* (n. 126), p. 295 sq., attribue à bon droit ces déprédations aux Juifs révoltés, qui infestaient sans doute le plat-pays au moment de l'équipée d'Appien.

163. Rappelons qu'Appien suit au retour un itinéraire régulier, puisqu'il cherche d'abord des voyageurs pour le renseigner. Or la *Table de Peutinger* (cf. K. Miller, *Itineraria Romana, Römische Reisewege an der Hand der Tabula Peutingeriana*, Stuttgart 1916, col. 820-822), confirmée par l'*Itinéraire Antonin*, énumère les étapes (Clysma, Medeia, Phara, Haila) de la piste reliant Suez à Élath, sur le golfe d'Akaba, à travers le désert de Tîh, décrite ultérieurement par les géographes arabes (Ibn Khordadbeh, Moukaddasi, Edrisi), et sur laquelle on verra R. Weil, *La presqu'île du Sinaï, étude de géographie et d'histoire*, Paris, 1908, p. 108 et 114 sq. C'est peut-être le chemin emprunté par le guide nabatéen d'Appien. Encore faut-il souligner qu'il existait de nombreux itinéraires, qui permirent encore aux Turcs, au cours de la première guerre mondiale, d'acheminer les troupes qui tentèrent d'enlever le canal de Suez. Seul fait certain, à l'aller comme au retour, Appien a voulu éviter les zones d'insécurité.

164. Pétra semble avoir été en effet, au moins sous Trajan, la capitale administrative de la province d'Arabie : cf. G. W. Bowersock, *art. cit.* (n. 153), p. 44 sq.

165. La *via nova Traiana*, dont on connaît des miliaires : cf. F. A. Lepper, *op. cit.* (n. 138), p. 112 ; J. Desanges, *art. cit.* (n. 159), p. 21.

166. E. Miller (*art. cit.*, p. 108) place en revanche la mission d'Appien en 115, avant ou après les inondations du Nil, donc soit au printemps, soit à l'automne. Il estime en effet que, pendant l'inondation « le Delta devenait un immense marais dans lequel disparaissaient les diverses branches du Nil, par conséquent les fleuves dont parle Appien ».

167. Voir E. de Saint-Denis, « Mare clausum », *Revue des Études latines* 25, 1947, p. 196, qui allègue de nombreux textes. Voir aussi J. Rougé, « La navigation hivernale sous l'empire romain », *Revue des Études anciennes* 54, 1952, p. 316-325, qui s'appuie en particulier sur Végèce, *De re milit.* 4, 32. Les Alexandrins passaient pour de bons marins : cf. le *Bellum Alexandrinum* 12, 4 : *praeterea nautici homines urbis et regionis maritimae cotidianoque usu a pueris exercitati ad naturale ac domesticum bonum refugere cupiebant*. Mais ils prenaient leurs quartiers d'hiver comme les autres.

réponse. Mais, s'il est bien parvenu à Pétra, où il vit de ses propres yeux l'idole aniconique de Dusarès, ainsi que je crois l'avoir naguère établi [168], sa démarche a pu influer sur la stratégie de Trajan [169] et l'on mesure l'intérêt que présenterait l'*Autobiographie* perdue.

Cet épisode aventureux de la vie d'Appien ne doit pas surprendre. Il n'était pas rare, dans des cités grecques, que des magistrats fussent félicités pour avoir accompli de périlleuses ambassades en temps de guerre : l'épigraphie fournit d'assez nombreux exemples [170] de cet usage et l'expérience vécue par Appien éclaire les expressions stéréotypées des décrets honorifiques. Il est même possible que ces années troublées aient permis à Appien d'acquérir une réelle compétence militaire. Car la correspondance d'un Grec d'Hermoupolis, Apollonios [171], qui exerçait les fonctions de stratège d'Apollinopolis-Heptakomia [172], révèle que cet administrateur civil fut embrigadé en 115-116 et participa à diverses opérations [173]. Puisqu'il n'avait pas fui l'Égypte, Appien traversa probable-

168. Ma conviction s'appuie sur ce que je crois être un fragment inédit du livre XXIV d'Appien, étudié dans *Hellenika Symmikta* II, Nancy, 1996, p. 65 sq.

169. Le gouverneur de l'Arabie Pétrée était alors Ti. Claudius Augustanus Alpinus L. Bellicius Sollers, ami de Pline le Jeune : voir G. W. Bowersock, *art. cit.* (n. 153), p. 46 sq. Il aurait donc fait parvenir à Trajan le message dont Appien était porteur.

170. On cite généralement un décret de Sestos en l'honneur du gymnasiarque Ménas (*OGIS* I, n° 246) loué pour avoir accompli diverses missions diplomatiques rendues dangereuses par l'agitation des Thraces. Voir en particulier l. 20 sq. : τάς τε πρεσβείας ἀνεδέχετο προθύ|μως πρός τε τοὺς στρατηγοὺς τοὺς ἀποστελλομένους ὑπὸ Ῥωμαίων εἰς τὴν Ἀ|σίαν καὶ τοὺς πεμπομένους πρεσβευτάς, ἐν αἷς ἐν οὐδενὶ καθυστέρησεν ὁ δῆ|μος, ἀλλὰ πάντα κατῳκονομήσατο διὰ τῆς τῶν πρεσβευόντων κακοπαθίας,| πρὸς οὕς τε ἐπρέσβευσεν δήμους ἐν καιροῖς ἀναγκαίοις τὰ λυσιτελῃ τῇ πατρίδι με|τὰ τῶν συνπρεσβευτῶν κατεσκεύασεν κ. τ. λ. Dittenberger interprète, avec raison « *laborem et molestiam, itineris maxime, quam legati reipublicae causa in se suscipiunt* » [cf. *OGIS* 244, 10, où κακοπαθία s'entend d'un *negotium laboriosum et molestum*]. C'est ainsi, me semble-t-il, qu'il convient de comprendre le récit d'Appien. On pensera également à l'ambassade conduite à Rome par Polemaeos de Colophon à l'époque de la guerre d'Aristonicos : *Claros*, 1, Polemaeus II, l. 19 sq. : αὐτὸς δὲ τὸν ὑπὲρ ἁπάντων κίνδυνον ἀναδεχόμενος καὶ κατὰ γῆν καὶ κατὰ θάλασσαν σώματι καὶ τῇ ψυχῇ καὶ τῳ παντὶ βίῳ τον δῆμον παραβαλλόμενος... — Voir aussi J. Reynolds, *Aphrodisias and Rome*, 1982, n° 5, p. 27, l. 20 : πολλοὺς καὶ μεγάλους ἀγῶνας ἀναδεξάμε[νοι ὑπὲρ τοῦ] κοινοῦ τῶν Ἑλλήνων... et le commentaire, p. 31 : « the risks run by ambassadors are a common place of the Hellenistic world... »

171. Largement utilisée par A. Fuks dans les deux articles cités ; on on trouvera l'essentiel dans le *CPJ*, n°s 436 sq. Voir aussi S. Applebaum, *op. cit.* (n. 126), p. 310.

172. Ce nome, de création récente, remplaçait celui d'Aphroditopolis. Apollonios en fut, semble-t-il, le premier titulaire : cf. J. Whitehorne, « Recent research on the strategi of Roman Egypt », *Aufstieg und Niedergang der römischen Welt*, II, 10, 1, 1988, p. 607.

173. En particulier à la bataille de Memphis (*CPJ*, n° 439). Mais il paraît hasardeux de reconstituer, comme le tente J. Schwartz, *art. cit.* (n. 129), p. 353 sq., la

ment les mêmes épreuves que d'autres Grecs, connus ou anonymes, originaires d'Alexandrie ou de la *chôra*, qui, avec leurs seules forces ou associés aux Romains [174], eurent à lutter contre des adversaires fanatisés. Peut-être a-t-il assisté à la défaite essuyée par les Alexandrins devant les bandes venues de Cyrène. Peut-être a-t-il participé, aux côtés des troupes romaines [175], à la bataille de Memphis ou à d'autres combats de la phase finale de cette guerre [176]. On ne peut douter en tout cas qu'il avait acquis de l'armée romaine une connaissance directe comparable à celle qu'avaient possédée, en leur temps, un Flavius Josèphe ou un Polybe.

Je ne donnerai qu'un exemple. On sait par Josèphe, *contre Apion* 2, 64, que les Juifs avaient gardé sous les Romains la *potamophylakia* que les rois lagides leur avaient confiée, ce dont on peut déduire qu'ils conservèrent la confiance de Vespasien. On s'est demandé quand ils avaient perdu ces fonctions de police au profit de la *classis Alexandrina*. Il me semble que notre texte, inconnu de M. Reddé [177], apporte un élément de réponse : je serais tenté de croire que les Juifs qui tentaient de s'emparer d'Appien et de sa barque étaient des *potamophylakes* rebelles, et que ce fut précisément cette rébellion qui contraignit le commandement romain à envoyer une trirème (et sans doute d'autres...) croiser sur le fleuve. Appien connaissait d'ailleurs bien les usages des flottes romaines. J'en veux pour preuve la description d'une lustration qu'il insère, au présent de l'indicatif, dans le récit (au passé) des opérations navales engagées par Octavien contre Sextus Pompée (*Guerres civiles* V, 96, 401-403). Il s'agit, à n'en pas douter, d'un ajout. Mais provient-il d'une source littéraire [178] ou reflète-t-il l'expérience d'Appien ? Dans la mesure où une flotte de guerre romaine était stationnée à Alexandrie, j'incline en faveur de la seconde hypothèse. J'expliquerai de la même manière une remarque incidente relative aux liburnides [179] : la flotte d'Alexandrie comptant

---

chronologie des événements à l'échelle de l'Égypte à partir d'une correspondance privée, passablement lacunaire et en partie inédite.

174. A. Fuks, *art. cit.* (n. 128), p. 145, estime par exemple qu'Apollonios rejoignit l'armée romaine avec un détachement de miliciens levés dans son nome.

175. Un papyrus daté de septembre 117 ferait état des pertes subies par une cohorte auxiliaire de Lusitaniens : cf. S. Applebaum, *op. cit.* (n. 126), p. 196 et 314.

176. Qui s'achève au début du règne d'Hadrien. C'est du moins ainsi que j'entends le Syncelle, 659, 1 : Ἀδριανὸς Ἰουδαίους κατὰ Ἀλεξάνδρειαν στασιάζοντας ἐκόλασεν.

177. M. Reddé, *op. cit.* (n. 155 403 sq. avec la bibliographie.

178. Pas forcément historique : la *Souda* attribue à Phlégon de Tralles un Περὶ τῶν παρὰ Ῥωμαίοις ἑορτῶν.

179. *Illyriké* 3, 7 : ἔτι νῦν Ῥωμαῖοι τὰ κοῦφα καὶ ὀξέα δίκροτα Λιβυρνίδας προσαγορεύουσιν.

de nombreux navires de ce type [180], point n'est besoin d'imaginer d'érudites recherches de la part d'un auteur qui savait voir les choses.

Les événements de 115-117 ont certainement marqué Appien. Il les évoque incidemment à propos de la destruction du sanctuaire de Némésis [181], dans la banlieue d'Alexandrie [182], « à l'époque où Trajan anéantissait le peuple juif en Égypte ». Cet acte de vandalisme, parmi tant d'autres horreurs peut-être relatées dans les derniers livres de son *Histoire romaine*, lui avait permis de mesurer la faiblesse des Grecs, la fragilité de leur civilisation [183] et leur dépendance à l'égard de Rome. Il a vu celle-ci se ressaisir après un flottement initial et sa machine de guerre écraser les révoltés. Il a assisté aux pires déchainements du fanatisme et de la répression, avec leur cortège d'exactions. On peut même penser que cette atroce expérience a développé en lui la prudente lucidité, la modération et l'humanité qui marqueront plus tard son œuvre. Grâce à ce fragment, nous avons pu voir à l'œuvre non plus le « compilateur », mais le mémorialiste, dont les dons d'observation et l'aimable ironie frappent encore le lecteur de bonne volonté.

Paul GOUKOWSKY

---

180. Dont certains connus par des papyrus : cf. B. Palme, « Die *classis Alexandrina* und der κύριος der Gellia Didyme », *Zeitschrift für Papyrologie und Epigraphik* 101, 1994, p. 89 sqq.

181. *Guerres civiles* II, 90, 380, à propos de l'ensevelissement de la tête de Pompée : τέμενος . . . ὅπερ ἐπ' ἐμοῦ κατὰ Ῥωμαίων αὐτοκράτορα Τραιανόν, ἐξολλύντα τὸ ἐν Αἰγύπτῳ Ἰουδαίων γένος, ὑπὸ τῶν Ἰουδαίων ες τὰς τοῦ πολέμου χρείας κατηρείφθη. Les massacres se limitèrent probablement à la *chôra*. Il est possible qu'un fragment des *Parthiques* d'Arrien (cité par la *Souda s. v.* ἀτάσθαλα et παρείκοι) fasse allusion à ce plan d'extermination : ὁ δὲ Τραιανὸς ἔγνω μέν, εἰ παρείκοι, ἐξελεῖν [Cf. ἐξολλύντα chez Appien] τὸ ἔθνος, εἰ δὲ μή, ἀλλὰ συντρίψας γε παῦσαι τῆς ἀγᾶν ἀτασθαλίας.

182. Ce *téménos* de Némésis, situé dans les faubourgs de la ville, n'est pas autrement connu. Mais une inscription de provenance inconnue, copiée au Caire et datant peut-être du règne d'Auguste (*Bulletin épigraphique*, 1968, 575) mentionne un προσ<τάτης> τῆς συνόδου Ἡρακλέου Καλλινίκου καὶ Νεμεσέως.

183. Il est clair que les révoltés visaient celle-ci dans ses symboles : temples païens, gymnases, théâtres. Cf. M. Pucci, *op. cit.* (n. 126), p. 79 sq. et, pour la Cyrénaïque, S. Applebaum, *op. cit.* (n. 126), p. 269 sq.

ÉCRIRE L'HISTOIRE À LA FIN DE L'EMPIRE.

Sociologie littéraire ou histoire culturelle, peu importent les vocables : l'essentiel est de ne pas isoler les grands monuments qui subsistent mais de les réintégrer, si possible, dans les conditions matérielles et intellectuelles où ils ont été composés et lus. Le titre le suggère : nous choisissons le *terminus* symbolique donné par les conséquences immédiates de la prise de Rome en 410. Aller au-delà accentuerait les différences entre Occident et Orient, alors que notre propos concerne un Empire qui se croit encore unitaire et n'a pas complètement renoncé au bilinguisme. L'enquête dévoile donc un large espace en des temps où les crises extérieures et internes depuis le milieu du siècle accélèrent leurs pressions. Dans cet État en apparence solide sous l'autorité d'une dynastie qui dure et protège, la romanité, après la retentissante parenthèse de Julien l'Apostat, précipite son évolution tant religieuse qu'économique, mais sans rougir de son passé : le genre historique devrait y conserver tout son prestige ; subit-il cependant des inflexions assez nettes pour que l'environnement le colore d'une façon spécifique : telle est la question qui nous retiendra, tandis que se découvriront des axes antinomiques qui, chaque fois, mais sous des aspects variés, signalent des tensions entre le poids du temps et les urgences nouvelles.

*
* *

Dès le départ, l'observateur bute contre deux obstacles : la rareté de la documentation, le fixisme de la théorie. On ne prend pas tout de suite la mesure du premier phénomène, tant l'histoire paraît avoir débordé sur les autres formes : évacuons donc, méthodologiquement, le panégyrique et son contraire, le pamphlet, engagés dans le présent ; de même, que restent sur les marges les *Vitae* et leur jeu de rubriques qui nient la durée ; ou encore les mises en vers, que la dimension soit celle de l'épopée ou des petits catalogues ; éliminons enfin les traductions pour autant qu'elles ne privilégient pas de s'adapter à leur second public. A ce compte, ne demeureront que quelques noms et encore moins d'œuvres. Du côté grec, si l'on excepte ainsi biographes et orateurs, tels Eusèbe, Libanius, Julien ou Thémistius, on ne possède pour le IVe siècle que des fragments d'un mystérieux deuxième Eusèbe, d'époque tétrarchique, retenu comme maillon de la chaîne par la Bibliothèque d'Évagre ; s'y joignent ceux de Praxagoras et surtout d'Eunape qui, parfois, nous parle encore directement, sans le truchement ultérieur de Zosime. Chez les Latins, le bilan s'améliore un peu : en réservant le cas de l'*Histoire Auguste* dont la genèse a commencé très tôt et fini très tard, en laissant aussi à la frontière tant les louanges des panégyristes, je parle du *Corpus* qui a la bizarrerie d'oublier Symmaque, que la vindicte de Lactance, les Modernes accèdent en général à des textes courts, voire très courts : le *Chronographe* de 354, les *Césars* d'Aurélius Victor en 360, les *Bréviaires* d'Eutrope en 369/370 et de Festus en 370/371, la *Chronique* de Jérôme en 380, probablement vers cette date la première partie de l'*Anonyme de Valois*, aux environs de 406 enfin l'*Epitome de Caesaribus*. Avant Orose, l'exception unique est de taille : ce sont les livres 14 à 31 des *Res Gestae* d'Ammien Marcellin. Une saine appréciation des textes lisibles voudrait, par conséquent, que je vous entretienne de ce Grec de Syrie écrivant en latin. Mais après les travaux si nombreux qui lui ont été consacrés : l'iconoclaste T. Barnes vient d'en augmenter la liste impressionnante, il me serait impossible, je le crains, de renouveler le sujet. Ma contribution se bornera dès lors à quelques remarques qui, entre autres, parsèmeront cet essai.

Pour ce qui est de la conscience historique, je préfère ne pas non plus me référer aux déclarations d'intention d'Ammien. Un extrait vraisemblablement tardif de manuel de rhétorique (cf. Appendice) me paraît davantage résumer la méthode, en ce qu'elle recèle d'exemplarité doctrinale. Je cite : « Les obligations de l'historien sont au nombre de trois : il doit exposer des choses vraies et le faire avec clarté et brièveté. Les choses sont vraies, si on explore avec soin les obscurités des événements anciens et si, après exploration, on les rapporte sans crainte, haine ou partialité. L'histoire s'éclaire, si, selon une composition simple et aboutie, les faits sont expliqués comme il convient, en fonction des circonstances, des lieux et des agissements ; elle acquiert la brièveté, si ne s'interpose rien de superflu ou d'insignifiant, si les idées s'expriment d'un mot approprié, sans être définies par de longues circonlocutions. Cette force est aussi en mesure de plaire, si, comme il arrive d'ordinaire, de la variation, des métaphores, des figures, des néologismes, de l'élégance du trait, d'une composition mieux harmonisée résulte l'harmonie de l'ensemble. Le travail de l'histoire est de nous instruire dans la connaissance des faits ; sa finalité, autrement dit le *telos*, est que nous sachions, grâce à elle, ce qu'il faut rechercher ou fuir ; c'est aussi de nous aider à pratiquer l'éloquence. Les débuts relatifs à l'histoire sont de trois sortes : il est question de la recherche historique, de la personnalité de l'auteur et du sujet. En effet, ou bien, d'une manière générale, comme Caton, nous faisons valoir le bien-fondé de l'histoire ; ou bien, en fonction de la personnalité de l'écrivain, nous rendons compte de ce que cette obligation lui a apporté, comme Salluste dans le passage où il dit : " Mais moi, à mes débuts de tout jeune homme, mes goûts, à l'instar de bien des gens, me portèrent vers la vie politique" ; ou bien, comme Tite-Live dans son *Depuis la fondation de la Ville*, nous montrons que ce nous allons rapporter mérite d'être écrit et lu. »

Tout à fait orthodoxe, ce qui ne surprend pas, vu l'intangibilité de la formation scolaire, ce fragment de traité vaut néanmoins d'être analysé, parce que c'est à l'aune de ces catégories permanentes que l'Antiquité finissante poursuit l'œuvre d'histoire et que nous serions malvenus de lui demander des critères alternatifs. Le texte détermine trois groupes eux-mêmes respectant une tripartition. Sont notés successivement les trois devoirs de l'historien, puis les trois attentes de son lecteur et, pour terminer sur un plan plus pratique, les trois façons de rédiger les pages initiales.

L'histoire exige la vérité, la clarté, la brièveté. Être vrai s'obtient par une démarche en deux temps. La métaphore souligne la première phase : il faut partir dans une exploration attentive de ce qui est caché. Notre guide ne précise pas les facettes de la documentation mais, autant que sur l'*obscuritas*, il insiste sur la *rerum actarum uetustas*. Évidence, objectera-t-on ; eh bien ! peut-être pas, car ce qui caractérise quasi tous nos auteurs se déduit de leur appréhension élastique du passé. L'antériorité plonge, il est vrai, aux origines ; elle s'arrête, en revanche, à l'avènement du Prince régnant. Si — et on le redira — le *terminus a quo* est reculé pour englober la totalité de la chronologie, le *terminus ad quem* appartient à l'existence même de l'auteur. L'idéal constant est d'accrocher le tout du passé au présent presque immédiat. Aller isoler dans ce passé une séquence qui ne bute pas sur l'actualité ne répondrait pas à la tendance totalisante de l'authentique travail historique. Bien avant nous, cette Antiquité-là a saisi qu'il n'est d'histoire que contemporaine. Les contre-exemples ne vont pas à l'encontre : d'une part, les *Histoires philippiques* de Justin sont un résumé et les *Res Alexandri* de Julius Valère, une adaptation : aucun historien du IVe siècle n'entreprend spontanément et à frais nouveaux d'écrire sur la période hellénistique en soi ; d'autre part, si, abstraction faite derechef de l'*Histoire Auguste* dont l'état originel est incertain, Aurélius Victor et Ammien ne débutent qu'avec Auguste ou même Nerva, Eutrope redéploie en grand l'éventail, sans compter qu'un recueil factice réinsérera les *Caesares* dans un triptyque qui, encadrant le *De Viris Illustribus* républicain, imagine le panneau de l'*Origo Populi Romani* ; parallèlement, nous savons tous qu'en termes exprès Ammien s'est voulu le continuateur de Tacite et qu'ainsi en 378 était posé le point final à une histoire ininterrompue de tout l'Empire romain.

Continuer, voilà une obsession qui ne cessera pas de s'affirmer aux ve et vi^e siècle, quand les historiens et les chroniqueurs prendront chacun le relais du précédent, en ayant à cœur, de surcroît, par leurs propres rééditions, d'offrir des ajouts réduisant l'écart entre le temps décrit et le temps vécu. Déjà Jérôme prolongeait Eusèbe et sans ambages se refusait à la césure entre hier et aujourd'hui ; Eunape qui se rééditera obéit à une volonté identique et le processus, théorisé, s'épanouit dans la vue cavalière précédemment évoquée où Évragre dresse le panorama croissant de la littérature historique en langue grecque. Là-dessus l'Anonyme paraît plus réservé : *uetustas* et *obscuritas* forment *iunctura* et l'inconnu d'autrefois ou d'ailleurs ne se laisse pas facilement capter, faute d'attaches qui le relient à l'expérience de l'enquêteur. Au contraire, sommes-nous sûrs qu'Ammien pousse jusqu'au bout la logique de la continuité, puisqu'il remplit des chapitres entiers des souvenirs de sa guerre persique.

Après l'exploration, les faits avérés sont à transmettre avec impartialité. Le message, haut et fort proclamé depuis la République, est souvent bafoué par Ammien qui ne peine pas à égaler l'hypocrisie de Tacite. La critique qui, il y a cinquante ans, n'avait que des éloges pour la sérénité du vieux soldat est devenue sensible aux distorsions que suscitent les entraînements du style et, plus encore, les préjugés politiques et la rancœur. Ce qu'on accepte de la versatilité oratoire d'un Libanius semble moins recevable d'un donneur de leçons qui ne fut sans doute pas aussi limpide qu'il le prétend et, bien qu'ils émanent d'une plume de moindre envergure, on lui préfère quelquefois les jugements nets et équilibrés d'Aurélius Victor. En commentant plus avant les lignes consacrées à la thématique *pro persona*, nous essaierons d'interpréter cette diversité de réaction.

L'exploration ferait penser à Hérodote : avec la clarté, voici Thucydide qui, le rappelle Fronton (108, 23), s'interrogeait sur les *causas et initia*. Ici est ainsi réaffirmée la lisibilité de l'articulation du discours, puisque le plan détache les facteurs constitutifs de l'événement : le moment, la localisation dans l'espace, les dynamiques en action. Cet effort d'explication où la forme du développement assume et valorise les rouages de la causalité inspire les belles architectures d'Ammien Marcellin : l'Antiochien, par des alternances qui se répondent, réussit à tirer les conséquences de la division de la romanité sous les Valentiniens ; en contrepartie, entre 354 et 378, il manque de recul pour mesurer les changements de fond, alors qu'Aurélius Victor trace de l'Empire une courbe évolutive dont la sagacité échappera beaucoup à l'*Epitome de Caesaribus.* Effectivement, Victor sait faire la part des initiatives individuelles, celle des institutions, celle des niveaux de culture et de morale. Plus que des attitudes de principe, cette appréciation sur une longue durée du jeu variable des composantes normales pour un Ancien le garde des exagérations de la polémique, de même qu'elle coupe aux bons endroits la lecture de son œuvre.

Troisième impératif : la brièveté. Et là, pourquoi ne pas avouer notre surprise ? De fait, notre *De historia* s'empresse d'ajouter le correctif : *uirtus* oui mais *uirtus grata* et d'énumérer à peu près tous les ingrédients de l'*ornatus*, ceci pour concilier des positions contradictoires dans lesquelles déjà s'embrouillait Cicéron. Après l'Arpinate, les deux camps s'étaient nettement établis : Pline et Lucien récusaient les artifices, Quintilien et Fronton prêchaient pour une « splendeur » empruntée à la poésie et à l'art oratoire. On voit bien où se situe le compromis souhaité par le texte : ce à quoi il s'oppose est le quantitatif de la redondance ; cela dit, il s'ouvre à une requalification du mot par les écarts du sens figuré, des tropes, des ressources de l'invention et de la stylisation. Or l'une et l'autre tendances se manifestent en parallèle le long du IVe siècle. Nous nous étonnons de moins en moins de l'exploitation systématique par Ammien du registre métaphorique mais, en même temps, comment ne pas constater la faveur dont jouissent les Abrégés ? Leur indubitable fréquence n'est-elle cependant qu'un effet de mode ?

Très largement, la réponse la plus simple est la bonne. L'époque ne lit plus volontiers les gros ouvrages ; il lui faut des résumés adaptés à sa paresse, à son inculture ; par une raison similaire, on lui traduit le grec que le monopole administratif du latin a rendu inutile. L'affaire, pour autant, n'était pas tranchée du tout au tout et, si les épitomateurs marquent des points, Ammien prouve qu'il n'y avait rien de téméraire à étendre sur dix-sept livres la matière de vingt quatre années. Alors, hormis le tempo des traverses de l'heure, existait-il, sinon un dogme, du moins une esthétique de l'histoire brève ? C'est à propos de César que Cicéron déclare : « *Nihil est enim in historia pura et illustri breuitate dulcius* » (*Brut.* 262). Le contexte suffit à indiquer le sens de l'aphorisme : César s'est dépouillé *omni ornatu orationis tamquam ueste*, car il rédigeait des commentaires de ses campagnes et, du coup, se limitait à tenir des témoignages à la disposition d'autrui. L'histoire, Ammien le démontre amplement, garde l'approche avec les mémoires de ceux qui viennent d'y participer de plus ou moins loin. Toutefois, pour être crédible, un tel matériau requiert de n'avoir pas été trop retravaillé mais de présenter les faits *nudi et recti.* Dans leurs relations de l'expédition de Julien, Ammien et Eunape, à l'évidence, complétèrent leurs propres souvenirs par les *hypomnemata* d'Oribase, un médecin et non pas un littérateur.

Et maintenant, deuxième triade, en quoi l'histoire sert-elle ses lecteurs ? L'Anonyme distingue d'un résultat intrinsèque qui est de l'ordre de la connaissance deux utilisations pratiques, nullement secondaires, que dis-je ?, déterminant, au contraire, le véritable but. Savoir pour savoir ne serait que le demi-succès de l'érudition, ou pire, de la curiosité : à quoi bon apprendre d'un Empereur *quando cibos uariauerit et quando uestem mutauerit* (*Histoire Auguste*, *Opel. Macr.* 1, 4) ! « L'histoire, se prononce Ammien, d'ordinaire parcourt les lignes de faîte des événements » (XXVI, 1, 1). Beau principe — je n'ai pu m'empêcher de le citer — qui pourtant ne s'interroge ni sur ce qu'Eunape appelle les « faits indispensables » (Frg. 8), ni sur l'indice par lequel discerner de l'anecdotique le détail révélateur. Cet *a priori* à l'encontre des *minima* — il remonte, d'ailleurs, à Tacite — se fonde, en réalité, sur une classification où sous le concept de dignité se mêlent et le moral et le social. Ce qui, ensuite, est écrit des « causes finales » oriente dans cette direction. En effet, la critique de la « petite histoire » : *quot paenulas quotue clamydes...*, reprise dans la *Vie des Gordiens* 21, 4, se justifie par le *nihil prodest* de ce savoir, tandis que, répétera-t-on, « les historiens doivent mettre dans l'histoire ce qu'il faut fuir ou imiter ». C'est exactement le langage de notre traité, conforme en cela à une topique patronnée par Tite-Live. Une nuance toutefois est perceptible : l'*Histoire Auguste* établissait une antithèse polémique entre la connaissance inutile et celle qui influence le comportement du public par les leçons de précédents profitables ou funestes. Le *De historia* simplifie, en présupposant que l'œuvre d'information historique implique nécessairement un *telos* utilitaire. Le rhéteur tire alors à lui la couverture, car l'objectif se dédouble. Bien sûr, il importe de régler les conduites individuelles ou collectives par les modèles incitatifs ou dissuasifs du passé ; d'une manière plus professionnelle, l'*opus historiae* a néanmoins pour fin complémentaire de se muer en un manuel : les paradigmes y regorgeront, qui viendront au secours des apprentis orateurs, comme, dans les temps modernes, les prédicateurs nourriront leurs sermons de collections d'historiettes édifiantes. L'histoire au service de l'éloquence, la hiérarchie des genres était maintenue.

Dans les dernières lignes, trois historiens : Caton, Salluste, Tite-Live sont passés en revue ; l'examen se concentre sur leurs Préfaces. Privé de références, nous ferons l'impasse sur la première qui devait vanter l'intérêt de l'histoire en restant dans des généralités. On n'insistera pas non plus sur les propos liminaires de Tite-Live ; tout au plus, puisque le Padouan s'excuse d'avoir choisi de commencer par la plus haute Antiquité, relèvera-t-on qu'à son époque aussi l'opinion était pressée d'en arriver à la période contemporaine : il est donc bien dans la mentalité romaine de terminer toujours sur les avant-gardes du présent. Nous voudrions plutôt réfléchir sur le *pro persona* illustré par un passage de la *Conjuration de Catilina.*

*
* *

A vrai dire, l'esprit du texte entier nous paraît sallustéen. Non seulement y font écho des formules comme *quaeque memoria digna* ou *a spe, metu, partibus reipublicae animus liber*, mais encore la densité et le travail sur le style, si sensibles dans les deux monographies, correspondent assez à la *breuitas* aménagée de notre *De historia.* Mais revenons à la citation. Que signifie-t-elle ? Salluste explique dans quelle situation il se trouvait, lorsqu'il a entrepris d'écrire. En l'occurrence, il était un politicien déçu et cette expérience personnelle, mise en avant, prévient des angles de vue. Très certainement, l'Anonyme a raison de prendre au sérieux les prolégomènes de Salluste et, dès lors, d'identifier une typologie de l'auteur. Nous qui avons à jauger les historiens du IVe siècle sommes placés devant la même question : dans la mesure où ils nous ont laissé des traces biographiques, il s'impose de nous demander qui ils étaient et, par conséquent, quelles pouvaient être leur mentalité, leurs motivations, quand ils jetèrent leur dévolu sur telle ou telle modalité du genre historique.

Nos maigres renseignements ou d'irritants problèmes de chronologie — je pense à l'*Histoire Auguste* — restreignent le cercle de notre enquête. En gros, deux catégories se dessinent : face aux œuvres de commande se posent celles dues à l'initiative de leurs signataires. Les unes ont pour point commun d'être rédigées par de hauts fonctionnaires ; Eutrope et Festus se succèdent comme maîtres de la mémoire : archivistes en chef de l'État, ce sont des spécialistes ; Valens qui reçoit leur dédicace les a priés d'être brefs : on est presque sur la pente qui, à son plus faible étiage, rencontre le scolaire memento d'Ampélius. N'exagérons pas cependant : l'empereur oriental, il est vrai, a besoin d'être instruit sur la continuité historique ; mais, bien entendu, il ne sait pas le grec et, du côté latin, il avait des excuses, car les Modernes cherchent encore qui donc, avant 360, soit *grosso modo* une décennie avant Eutrope et Festus, aurait pu se déclarer l'historiographe patenté de l'Empire. Diverses hypothèses ont été lancées ; quelle que soit la réponse retenue : pré-*Histoire Auguste, Enmannsche Kaisergeschichte* — je définirai tout à l'heure cette mystérieuse

EKG —, première version longue d'Aurélius Victor, l'ouvrage, assez récent, n'avait guère été diffusé dans le grand public et les deux *magistri memoriae* n'eurent pas à se contenter de résumer, ce que les *Periochae* avaient fait pour Tite Live ; ils durent aussi se livrer à un travail de filtrage où leur part personnelle ne saurait être niée. Bref, au sommet de la *Res Publica*, était désirée la synthèse opératoire dont on ne disposait pas ; les *Bréviaires* furent des outils politiques.

Il est beaucoup moins aisé de comprendre les démarches d'Aurélius Victor et d'Ammien Marcellin, quoiqu'on pense y voir un peu plus clair dans les intentions du second. J'ai pour Victor l'estime que semble lui avoir accordée Jérôme ; a déjà été notée la sûreté de son regard ; ajoutons-y maintenant l'originalité du style ardu mais attrayant comme celui de Salluste. Or il se présente une bizarrerie exceptionnelle : les *Caesares* s'arrêtent au 1er janvier 360, un mois avant l'usurpation de Julien. Quelle sagesse, même si — Eutrope et Festus le feront également —, l'auteur a dû procéder à quelques retouches, afin de mitiger un jugement trop favorable à Constance II ! Le *terminus* ainsi ne bouge pas et, bien reçue, l'œuvre vaut aussitôt à Victor d'être reconnu un *scriptor historicus*. A preuve, lorsqu'à l'été 361, Julien, en marche contre l'empereur légitime, entre à Sirmium, il a avec lui une entrevue sans doute positive, car à Naïssus, l'étape suivante, il le convoque et le nomme consulaire de Pannonie Seconde. Constance II vivait encore — il ne mourra qu'en novembre — mais ce retournement complet sur le terrain ne fut donc pas enregistré dans le livre, bien qu'il n'eût pas été difficile d'en récrire le dernier chapitre et de le prolonger jusqu'à la disparition du prédécesseur. Au lieu de suivre cette règle de l'historiographie, Victor s'aligne sans réellement renier un passé si proche. Sa retenue égale sa hardiesse : il s'était engagé aux limites de l'histoire du présent, c'est-à-dire du panégyrique, puis, seconde hardiesse, il rallie un usurpateur mais, entre-temps, la prudence l'incline à n'avoir pas à prendre parti par écrit. Cette neutralité des *Caesares* n'a rien de négatif : elle n'est pas le fait d'un versatile, d'abord flagorneur, ensuite aux aguets de l'occasion à attraper. Elle traduit plutôt la *sobrietas* — un mot clef chez Ammien, cf. XXI, 10, 6 — de cet Africain promu par la culture et dont la carrière longtemps bloquée confirmera l'indépendance. On devine mal pourquoi et quand Victor s'est livré à l'écriture. P. Dufraigne, l'éditeur de la *CUF* (Paris, 1975, p. XI et XXXIX), observe qu'en 358 Constance II réactive à Constantinople le culte du patrimoine littéraire et qu'à cette époque Anatolius, cité très positivement en 13, 6, régissait l'Illyricum. Ces remarques sont insuffisantes pour suggérer un travail téléguidé de haut. Les reproches distribués tant à l'armée qu'au sénat détournent de proposer une orientation partisane et que l'apogée de l'Empire soit fixé sous Caracalla n'incite pas davantage à envisager une entreprise de propagande au profit de la dynastie régnante. En somme, il résulte de la lecture des *Caesares* l'impression qu'Aurélius Victor rédige en homme libre et que son originalité principale est de soupeser l'influence des lettres dans l'art du gouvernement.

Malgré l'ampleur de l'*opus,* les intentions d'Ammien pourraient bien être moins délicates à percer. L'idée qu'après d'autres je souhaiterais avancer est que les *Res Gestae* forment un couple antagoniste avec les *Annales* de Nicomaque Flavien. A la vérité, ce qui va suivre devrait s'énoncer au conditionnel, car de terribles disputes sur les datations n'ont pas cessé depuis trois décennies : qui a l'assurance de certifier les années du commencement et de la fin de l'œuvre ammianienne ? Pour ma part, je suis Ed. Galletier qui constatait (*CUF*, Paris, 1978, p. 18) que le livre XIV, le premier conservé, est postérieur à 383 et, avec T. Barnes, je placerais l'*explicit* en 392, avant le déclenchement de l'affaire d'Eugène. Quant aux *Annales* que Théodose voulut se voir dédier par Nicomaque, son « questeur et préfet », je persiste à les remonter en 383. L'antériorité d'Ammien, probable dans mon système, devient évidente pour ceux qui décalent Nicomaque vers 389. Selon cette tendance, le compagnon de Symmaque aurait réagi à des attaques provoquées par l'accueil dédaigneux fait au Syrien par l'aristocratie de l'*Vrbs.* Mais ne serait-il pas judicieux d'entrevoir une solution plus complexe ? Non sans l'ambition supplémentaire d'apparaître l'émule de Tacite, Ammien a voulu surtout raconter ce qu'il avait fait, vu et entendu ; l'autre, Nicomaque, alors partisan de la cour orientale, a répondu, comme Eutrope et Festus, aux instances de Théodose, la différence étant que Valens requérait des aide-mémoire, tandis que l'Espagnol aimait l'histoire. Cependant, si les causes premières ont pu être sans rapport entre elles, il semble, à en juger par la clausule des *Res Gestae*, qu'une relative interaction se soit instituée et qu'à l'achèvement de son travail Ammien l'ait implicitement cerné en opposition avec les *Annales.* Tout reste de ces dernières s'étant évanoui, il ne serait pas honnête de trop spéculer, par exemple, sur ce qu'elles disaient de Julien. Pourtant, on est en droit de postuler une création d'inspiration légitimiste, prosénatoriale et romaine de Rome. N'y aurait-il pas lieu d'y découvrir une sorte d'antithèse anticipée du fameux *miles et Graecus* ? Ammien se définit là à la fois intrinsèquement et par contraste avec une altérité historique que représente Nicomaque. En regard du haut fonctionnaire civil se plante ainsi *in fine* le soldat respectueux de l'uniforme, l'*habitus romanus* (XXXI, 6, 3) : écœuré par les intrigues auliques, préoccupé du danger barbare sur le Rhin et l'Euphrate, il narre, infatigable, batailles et sièges, parce qu'il en a acquis la compétence et, en définitive, se montre fort modéré dans l'éloge de Théodose (cf. XXIX, 6, 15). Seconde qualification : lui qui écrit en latin, n'a-t-il pas soin, en dépit du *terminus a quo*, de se proclamer un Grec ? Qu'est-ce à dire ? Y aurait-il en cet adjectif substantivé une signature d'ordre politique ou religieux ? Absolument pas et *Graecus* n'est pas l'équivalent exact de « hellène », conçu comme le synonyme de « païen ». Nous demeurons dans les entours de la littérature et le terme s'éclaire, quand, en XXX, 8, 4, Ammien se réfère aux *Graecis scriptoribus* célébrant le Grand Roi Artaxerxès. Être grec signifie qu'on s'inscrit dans la tradition des historiens de l'autre langue qui avaient leurs propres sources, leur goût du pathétique, leur sens de l'universel. En un mot, natif d'Antioche, Ammien n'adopte pas le tropisme qui ramène sur l'*Vrbs* tout le passé du monde ; il a beau s'être installé en Italie, il conserve l'héritage de la culture hellénistique née de l'Empire d'Alexandre. Comment expliquer autrement de vastes *excursus* géographiques dirigés vers les steppes ou les déserts, ces régions en dehors des lettres mais où, de génération en génération se transmet par l'oralité une préhistoire qui viendra au VIe siècle à maturation.

A l'inverse, il est probable que Nicomaque — il sera lu et imité encore un siècle après son suicide — contribuait à installer sur le Bosphore une nouvelle Rome. *Miles et graecus*, Ammien propose donc une manière, *sa* manière qui n'est pas celle des cercles sénatoriaux où l'on relit Marius Maximus pour élaborer l'*Histoire Auguste.* Symmaque et Nicomaque ont sauvé Tite-Live, mais il ne leur déplaît pas d'oublier parfois leur vénération pour l'*Ab Vrbe Condita*, en encourageant une imitation forcenée de Suétone. Raison de plus pour Ammien de se différencier. Que ses *Res Gestae* — du moins, ce qu'il en reste — encadrent la figure héroïque de Julien, que, par comparaison, Constance II et le couple des Valentiniens soient assez durement jugés, nul n'en doute, mais je ne crois pas qu'il faille sous-entendre : « soldat » comme Julien, « Grec » comme Julien. En tout cas, la superposition ne s'effectue pas complètement, ne serai-ce que parce que l'Apostat n'a pas légué de modèle historiographique.

Si, partant de la rubrique *pro persona* illustrée par Salluste chez notre Anonyme, nous nous sommes tant appesanti sur les motivations de l'historien, c'est qu'en sus des œuvres de commande, nous avons buté sur deux personnalités exceptionnelles : Aurélius Victor brave la coutume et parle du souverain régnant, Ammien veut, croyons-nous, porter la réplique à Nicomaque Flavien.

*
* *

Avec cette hypothèse d'une histoire s'articulant sur le débat contradictoire, nous dessinons pratiquement le premier des axes autour desquels synthétiser nos idées. Axes antinomiques, disions-nous au début. En effet, une des tendances des auteurs va à la rupture, qu'elle intervienne à l'encontre d'un prédécesseur, qu'elle se fasse à l'intérieur des bibliothèques familiales où le texte reste remaniable par corrections ou additions. Mais, ce faisant, on tente de secouer les forces d'inertie dues à des traditions codifiées depuis douze siècles. L'immuabilité de l'École, les hiérarchies littéraires n'ont pas la mobilité de la société : les couches se renouvellent tout en aspirant au mimétisme d'écriture et donc à la même représentation du passé. Pour un peu, on oserait risquer la métaphore d'une momification, tellement le souci de ne pas s'éloigner de ce qui précède pousse au plagiat. La perception de la propriété créatrice s'oblitère ; il paraît normal que de copiste on devienne auteur : Théodose II, l'empereur calligraphe du ve siècle, se verra destinataire du *De Viris Illustribus* de Népos que Probus s'attribue sans fard, parce que, imitant deux générations d'ascendants, il avait lu et corrigé le manuscrit ; au siècle suivant, Zosime, considère-t-on, démarque quasi *uerbatim* Eunape et Jordanès, Cassiodore. Le phénomène, je l'admets, était résurgent : Porphyre ne rapporte-t-il pas une conversation menée par Longin, au cours de laquelle on rappelait que, quelque six cent ans auparavant, un disciple d'Isocrate, l'historien Éphore avait fait passer dans ses écrits « trois mille lignes de Daimachos, de Callisthène et d'Anaximène » (*Aufstieg und Niedergang der römischen Welt* II, 36, 7, Berlin, 1994, p. 5241) ? Toutefois, sans regarder ni avant ni après, il me semble que cette déviation pollue singulièrement la *Quellenforschung* de nos historiens du ive siècle.Trois exemples illustreront nos propos : des passages identiques se lisent chez Aurélius Victor et Eutrope. Supposerons-nous que le second a copié le premier ou que, tous deux, ils citent une source commune, cette *Enmannsche Kaisergeschichte*, ainsi dûment reconstituée ? Deuxième configuration, plus déroutante à cause de la fréquence du phénomène : l'*Epitome de Caesaribus* tourne, en partie, à la mosaïque d'emprunts textuels à Suétone, Eutrope, Aurélius Victor ; enfin, de récentes études informatiques sur plusieurs Vies de l'*Histoire Auguste* révèlent une succession hétérogène de « papiers collés », empêchant d'identifier la main d'un écrivain distinctif. Évidemment, je redirai l'absurdité d'une schématisation sans nuances. Entre ces collages et dans la manière même de les agencer circule le souffle quelquefois fort de l'adaptation singulière. En dépit des atténuations à concéder de la sorte, fonctionne néanmoins cette mécanique de la répétition qui dénote plus que de la malhonnêteté : ne serait-il pas plausible d'y discerner une vitalité qui défaille et de la facilité à insérer du déjà écrit, le cas échéant, très anciennement (songeons aux digressions livresques !). Nos auteurs prophétisent *ex euentu*. Ils ne donnent pas, chargés qu'ils sont d'un énorme millénaire charrié jusqu'à la veille de l'immédiat, le sentiment de prévoir la catastrophe. Autant qu'à l'optimisme sincère ou de tradition, j'attribuerais cette myopie à la marche du temps, aux effets d'une inévitable sclérose.

En ayant déjà parlé, je résumerai les pôles du second axe historiographique : apprendre large, lire vite. Surtout la donnée, disons, négative ressort de mon exposé sur le penchant pour l'*epitome* et la vogue de la *breuitas* au détriment relatif de l'annalistique circonstanciée ; le chapitre n'exige qu'une remarque supplémentaire. L'histoire n'appartient pas seulement aux suiveurs du quadrige : Tite-Live, Salluste, Tacite, Trogue-Pompée dont les mensonges sont ironiquement dénoncés dans la Préface à la *Vie d'Aurélien* ; elle n'est pas non plus confisquée par les biographies qui, l'*Histoire Auguste* en témoigne, prennent le pas, maintenant que le Prince pose son empreinte sur le décours des années ; le souvenir des règnes se propage tout autant par les galeries de bustes qu'accompagnent des *tituli* versifiés : les *Epigrammata Bobiensia,* les petits poèmes de Symmaque le Père à la manière de Varron (cf. Symm., *Ep.* I, 2), ceux, plus connus, que manifestement Marius Maximus inspira à Ausone incitent à croire que dans bien des mémoires la connaissance de l'Empire romain se réduisait à de courtes litanies mêlées aux séries des profils.

Et pourtant la matière première s'accumulait, car le champ du récit s'élargissait pour trois raisons. D'abord — c'était obvie —, plus on descendait dans le siècle, plus du nouveau nourri d'une documentation enrichie abondait : l'auteur puisait dans les débuts de son existence, il interrogeait les survivants, il visitait des sites et des monuments encore épargnés. Depuis Ennius, depuis Tite-Live qui, nous le disions, le déplorait, le déséquilibre favorisait les intervalles rapprochés où se bousculaient, sans contrôle, les versions les plus diverses. Or Dieu sait si le IVe siècle, scandé de pronunciamientos et d'invasions, éveillait la curiosité. Les peuples heureux n'ont pas d'histoire : ce n'avait pas été le lot de la *Romanitas* entre Dioclétien et Théodose.

Ensuite, le genre historique déteignait sur tout : sans revenir sur l'osmose des *basilikoi logoi*, notons que l'épopée de Claudien tisse et retisse la geste de Stilicon. Jumeau d'Ammien, l'Égyptien pratique le latin, ce latin qui, selon la comparaison de Rufin, est avide d'importer les productions de l'Orient. La traduction a brisé la frontière des mots et à nouveau le passé des royaumes lointains tombe dans l'orbite de la langue officielle. Pourquoi à nouveau ? Parce que Trogue-Pompée avait embrassé *omnium saeculorum, regum, nationum populorumque res gestas*. Justin, son épitomateur, probablement du IVᵉ plutôt que du IIIᵉ siècle, venait, dans sa Préface, de combiner habilement les habitudes centripètes des Romains avec la thèse de la *translatio imperii* : l'évolution conduisait à la domination de l'*Vrbs* mais, au passage, les chutes successives des empires allogènes les avaient introduits et, avec eux, l'ensemble — ou presque — de l'oikoumène dans le circuit de l'historien.

Omnium saeculorum : le temps s'était allongé, tandis que s'étendait l'espace. La renaissance de l'universalisme n'était pas un hasard, ni non plus qu'à la fin de notre période Orose, avant Sulpice Sévère, en devienne l'ardent propagandiste. Qui douterait — et c'est le troisième et, vraisemblablement, le plus décisif facteur de l'extension du territoire historiographique — que sur ce point, comme d'une manière plus générale, le christianisme ait, à l'amont, fait reculer le temps ? Grâce à la Bible, aux prédécesseurs d'Eusèbe, aux travaux fondateurs de celui-ci, la référence du récit historique est décrochée *Ab Vrbe Condita* pour rétrograder de plusieurs millénaires vers la Création du monde. A cet égard, le lecteur d'Orose mesure ses efforts pour cumuler le traditionnel avec la nouvelle donne. Bien des événements ont devancé la Fondation de la Ville, mais cette dernière conserve son rôle de pivot et le comput distribue l'ensemble de la masse à narrer, en égrenant les années d'abord à rebours, puis dans le bon ordre descendant. C'est le parti que prendrons les Modernes dans l'usage de l'ère chrétienne.

Eusèbe, témoin et, pour une bonne part, créateur de l'Empire chrétien, apporte à l'histoire les modèles achevés de deux nouveaux genres : la chronique et l'*historia ecclesiastica*, traduites, adaptées et prolongées, l'une par Jérôme en 380, l'autre, au plus tôt en 402 par Rufin. Souhaitant revenir un peu plus avant sur la linéarité temporelle qu'impliquait cette obsession de la chronologie, j'entends, pour l'instant nuancer la portée de cet impact : Israël — et, bien sûr, non pas Rome — fut longtemps l'instrument privilégié de l'action divine ; par la suite, s'il arrive que l'importante documentation recoupe des épisodes politiques — une interpénétration qui, au cœur du IVᵉ siècle, sera repérable dans la querelle arienne — la communauté du Christ se raconte davantage en marge de la société civile. Ce retrait ne cessera qu'au Vᵉ siècle, quand hérésies et conciles étant devenus les principales préoccupations des Princes, décrire le « présent antérieur » de l'Empire équivaudra bien souvent à relater les avatars de la chrétienté : « Disgrâces de l'État et malheurs de l'Église semblent forcir simultanément » : c'est une citation de Socrate le Scholastique (V, Praef.).

J'en ai fini avec mon deuxième axe et, quittant l'historiographie pour l'histoire, je regroupe un dernier faisceau sous une double interrogation : Histoire sans futur ? sens de l'histoire ? Le premier thème date du Haut-Empire mais la gigantesque fracture du IIIe siècle, rouverte par la crise du milieu du IVe, accentue l'appréhension diffuse de ce que Rome vit dans un état de vieillesse avancée. Ammien et, avec l'emphase de l'épique, Claudien nous montrent les cheveux blancs de la déesse. Comment se consoler, comment espérer que sur le chef chenu les lauriers reverdiront ? Une fois encore le pessimisme, si dominant après la défaite d'Andrinople, saisit l'aide de la conception cyclique du temps. La roue tourne et puisque Virgile déjà voulait croire que des guerres intestines surgirait une renaissance, on se prend à penser que dans l'éternité du monde tout conjugue la durée avec un rajeunissement issu du grand âge. Cette roue, il est vrai, est celle de la Fortune : au gré de ses caprices, les événements mènent une ronde au rythme désordonné mais, d'une boucle à l'autre, d'illusoires mouvements obéissent à la naturelle logique qui ne connaît que le « surplace ». Quiconque prétendrait échapper au perpétuel jeu du balancier aurait à casser le fil : il devrait s'évader dans les espaces, hélas ! si peu différents, de l'imaginaire : *mythistoria* ou utopie, il récrirait l'histoire à l'envers, ce que font ou feront Julius Valère, Dictys le Crétois, Darès le Phrygien brodant sur les *fabulae Graecorum* (Amm., XXXI, 13, 19).

La perspective adverse n'est pas originellement chrétienne mais très vite elle s'identifie avec la nouvelle religion de l'Empire. Antiochus Ier avait inventé l'admirable ère séleucide qui, je crois, subsiste dans quelques rites paraorthodoxes. A la différence de tant d'autres segmentations : olympiades, éponymies, années régnales, lustres fiscaux, périodes séculaires, depuis un *terminus* ponctuel l'histoire continue son chemin mais cette ligne suit une direction. Pour Trogue-Pompée, réadapté par Justin, l'objectif visé était la soumission de l'univers à Rome détentrice, par droit de conquête, des titres des diadoques. Chez les chrétiens qui se demandent si de la Création il ne conviendrait pas de déplacer à l'Incarnation la référence primordiale, beaucoup, tels Ambroise ou Prudence, appellent de leurs vœux un achèvement du parcours sous la houlette d'un Prince serviteur de l'Église. L'infime minorité qui lit la *Cité de Dieu*, elle aussi, professe que le sens de l'histoire est de tendre vers la parousie qui fermera le procès. Son primat du spirituel néanmoins lui interdit le positivisme politique et la captation de la Providence par l'institution impériale. Céder, en effet à de telles tentations reviendrait à méconnaître l'acte premier que fut le péché originel, répercuté tant qu'il y aura des hommes. L'histoire terrestre, vue par un Augustin, est donc l'attente dans le malheur du retour du Christ. La retracer serait inutile, s'il n'y avait, dans les tréfonds d'une voie distincte mais parallèlement orientée, l'histoire de chaque individu, digne ou non d'être confiant en la miséricorde de Dieu. A tout prendre, la véritable histoire devrait être celle des âmes.

*
* *

Le latiniste que je suis ne voudrait pas conclure sans avoir dit quelques mots des qualités formelles de l'historiographie du IVe siècle. Si intéressé qu'on soit par le récit ou les réflexions, on n'aimerait pas que la phrase fût dépourvue de style. Or ces proses livrent à la lecture des plaisirs neufs et variés. Strictement subjectif, mon jugement est frappé de l'occurrence de deux langages qui s'élèvent au-dessus de la banale narration événementielle en optant pour des énoncés courts ou développés. Le premier, nominal d'allure, atteint la densité par accumulation de compléments greffés, juxtaposés, entrecroisés : ainsi écrivent Aurélius Victor et Julius Valère qui ne sont guère éloignés d'épistoliers comme Symmaque ou Ennode. L'alternative propose les prestiges de la syntaxe, soit, outre la période à l'ancienne, l'entassement des participiales venues du grec, soit la reprise de souffle jusqu'à épuisement : on aura reconnu Ammien Marcellin ou, dans ses grandes exclamations diatribiques, Orose, l'élève d'Augustin. En guise de contribution finale, car il n'est pas encore édité en français, je nommerai, en troisième lieu, le Pseudo-Hégésippe, traducteur vers 358 de la *Guerre des Juifs* de Flavius Josèphe. A mes yeux, celui-là, par la dramatisation du ton, égale Ammien. Inviter à travailler sur ces pages noueuses, ne serait-ce pas vous persuader que, dans la reconstitution du tableau général, bien des tesselles existantes restent oubliées du mosaïste ? Puisse cet ultime appel excuser de si laborieuses divagations !

APPENDICE

Cet extrait est signalé, sans date, par P. L. Schmidt, dans *Handbuch der lateinischen Literatur der Antike*. V, *Restauration und Erneuerung, Die lateinischen Literatur von 284 bis 374 n. Chr.*, R. Herzog éd., Munich, 1989, p. 173, avec renvoi aux *Rhetores latini minores*, C. Halm éd., Leipzig, 1863, p. 588, lesquels indiquent que dans le *Parisinus lat.* 7530, il avait été copié *ad calcem Fortunatiani.* Selon la *PLRE* I, Cambridge, 1981, p. 369, un C. Chirius

Fortunatianus, auteur d'un *Ars Rhetorica*, serait probablement un ami de Servius ; une vérification effectuée, après rédaction, à l'I.R.H.T. avec le concours de Mme A.-V. Raynal que j'ai grand plaisir à remercier, m'a renvoyé à l'article décisif de L. Holtz, « Le Parisinus latinus 7530, synthèse cassinienne des arts libéraux », *Studi Medievali*, 3e S., XVI/1, 1975, p. 97-152 : à la p. 122, après avoir noté le foliotage (250u-251u), le savant codicologue atteste de l'unicité du témoin. Je n'ai pas traduit la phrase initiale, marquée d'emblée de l'empreinte annalistique : Historia est rerum actarum et dignarum memoria relatio ; ea uersatur aut in rebus bellicis aut in negotiis ciuilibus, id est pacis.

Historici officii sunt tria : ut ueras res, ut dilucide, ut breuiter exponat. Verae res sunt, si rerum actarum uetustas et obscuritas diligenter exploretur, si explorata libere, id est sine metu aut gratia aut inuidia referatur. Lucida fit historia, si ut oportet res pro temporibus, pro locis, pro actibus structura simplici et perfecta explanetur, breuis autem, si nihil uel superuacaneum uel leue interponatur, si singulis uerbis sententiae exprimantur, si non longo circuitu elocutio terminetur. Est et illa uirtus ut grata sit, quod fieri solet, si uarietate, si translationibus, si figuris, si nouis uerbis, si cultu sententiarum, si concinnatiore structura concinnetur. Opus historiae est ut nos notitia rerum instruat, finis autem, id est *to telos*, ut ex ea sequendas aut fugiendas res cognoscamus aut ad usum eloquentiae adiuuemur. Principiorum ad historiam pertinentium species sunt tres : de historia, de persona, de materia. Aut enim historiae bonum generaliter commendamus, ut Cato, aut pro persona scribentis rationem eius quod hoc officium adsumpserit reddimus, ut Sallustius eo loco ubi dicit : « Sed ego adulescentulus initio, sicuti plerique, studio ad rem publicam latus sum », aut eam rem quam relaturi sumus dignam quae et scribatur et legatur ostendimus, ut Liuius *ab Vrbe condita.*

BIOGRAPHIE PRATIQUE

Ouvrages latins cités, traduits en français dans la CUF, de 1968 à 2000.

AMMIEN MARCELLIN : *Histoires* (*ca* 383-*ca* 392) t. I, Livres XIV-XVI, Ed. Galletier et J. Fontaine éd., 1968 ; t. II, Livres XVII-XIX, G. Sabbah éd., 1970 ; t. III, Livres XX-XXII , J. Fontaine, Ed. Frézouls et J.-D. Berger éd., 1996 ; t. IV, 1-2, Livres XXIII-XXV, J. Fontaine éd., 1977 ; t. V, Livres XXVI-XXVIII, A.-M. Marié éd., 1984 ; t. VI, Livres XXIX-XXXI, G. Sabbah et L. Angliviel de la Beaumelle éd., 1999.

L. AMPÉLIUS : *Aide-mémoire* (IVe s.), M.-P. Arnaud éd., 1993.

AURÉLIUS VICTOR : *Livre des Césars* (360), P. Dufraigne éd., 1975.

PSEUDO-AURÉLIUS VICTOR : *Les origines du peuple Romain* (1re moitié du IVe s.), J.-C. Richard éd., 1983.

PSEUDO-AURÉLIUS VICTOR (*sic* = *Epitome de Caesaribus* / *Abrégé des Césars*, *c.* 406-408), M. Festy éd., 1999.

EUTROPE : *Abrégé d'histoire Romaine* (369-370), J. Hellegouarc'h éd., 1999.

FESTUS : *Abrégé des hauts faits du peuple Romain* (370-371), M.-P. Arnaud éd., 1994.

HISTOIRE AUGUSTE (*ante* 400) t. I, 1, *Vies d'Hadrien, Aelius, Antonin*, J.-P. Callu, A. Gaden et O. Desbordes éd., 1992 ; t. III, 1, *Vies de Macrin, Diaduménien, Héliogabale*, R. Turcan éd., 1993 ; t. IV, 2, *Vies des deux Valériens et des deux Galliens*, S. Ratti et O. Desbordes éd., 2000 ; t. V, 1, *Vies d'Aurélien et de Tacite*, F. Paschoud éd., 1996.

OROSE : *Histoire, contre les païens* (416-417), M.-P. Arnaud éd., t. I, Livres I-III, 1990 ; t. II, Livres IV-VI et t. III, Livre VII, 1991.

Jean-Pierre CALLU

BILAN ET CONCLUSIONS

Au terme de ces deux journées consacrées à l'histoire dans l'Antiquité gréco-romaine, une constatation s'impose : nous avons embrassé d'une vue d'ensemble la naissance et le développement de ce genre littéraire pendant près d'un millénaire, du VIe siècle av. J.-C. au IVe siècle de notre ère, mais nous sommes loin d'avoir étudié ce grand sujet sous tous ses aspects. Faute de temps et pour des raisons diverses, nous avons dû laisser de côté, ou ne mentionner que par allusion, des auteurs d'une importance capitale : Thucydide, Xénophon, Salluste, Plutarque, Pausanias (que la critique récente réhabilite en tant qu'historien), Dion Cassius, pour n'en citer que quelques-uns. Ceux que les circonstances nous ont permis d'évoquer avec quelque détail nous ont néanmoins fait comprendre comment les Anciens ont perçu et conçu l'histoire, dans une évolution complexe où se forgeait la conscience des hommes et des peuples.

Comme un porche majestueux, l'histoire pharaonique, avec sa conception cyclique et son sens inné de l'intemporel, nous a proposé, grâce à Nicolas Grimal, un modèle qui défie le temps. Nous avons vu ensuite, dans le monde grec, l'histoire se dégager du mythe et prendre un premier essor grâce à Hérodote. Puis, laissant hors de nos vues, avec grand regret, Thucydide, Xénophon, Éphore et Théopompe, nous avons appris de Denis Knoepfler combien un Douris, un Hiéronymos de Cardia, un Philochore ont contribué, avec d'autres, à l'étonnante explosion de l'histoire que suscitèrent l'aventure d'Alexandre et celle des diadoques. Éric Foulon nous a fait sentir la nouveauté des vues politiques de Polybe, témoin d'une mutation capitale dans le monde méditerranéen, que son histoire pragmatique analyse avec une perspicacité singulière. Diodore est loin d'avoir la même profondeur de pensée, mais sa tentative d'élaborer une histoire vraiment universelle impose le respect, comme nous l'a montré Mme Marie-Rose Guelfucci. Nous abordons Rome avec le génie incomparable de César, que Robert Étienne a su nous rendre proche dans un essai brillant et chaleureux, tandis que Paul Jal nous introduisait au cœur du monument grandiose que Tite-Live a élevé en l'honneur du peuple romain *ab Vrbe condita*. Un autre monument, qui nous est moins familier, les *Antiquités romaines* de Denys d'Halicarnasse, a pris tout son sens et sa couleur originale par les soins de Mme Valérie Fromentin. Alain Michel a magistralement dégagé la leçon de philosophie humaniste que la méditation de Tacite sur le pouvoir suprême nous transmet dans un style fulgurant. La biographie, élément constitutif de l'histoire, mais qui tend à s'en séparer, a reçu sa place avec Suétone, dont Jacques Gascou a clairement défini les intentions et les limites. Le savant éditeur du prolifique Appien d'Alexandrie, Paul Goukowsky, a étudié en détail un exemple significatif de la méthode de cet auteur. Enfin nous devons à Jean-Pierre Callu d'avoir pu mesurer dans toute leur ampleur les apports des historiens latins du IVe siècle de notre ère.

L'évocation sommaire de ce vaste panorama montre assez combien, en dépit de ses lacunes, il nous a été profitable. Il fait apparaître aussi l'énorme travail d'édition et de commentaire dont la philologie française s'est enrichie depuis un demi-siècle et qui s'est particulièrement porté vers les historiens grecs et latins. Saluons dûment cet effort de difficile et patiente érudition.

Pour tirer la leçon de nos entretiens, il m'avait paru opportun de nous demander quelle place notre discipline peut occuper aujourd'hui dans notre système éducatif. L'histoire ancienne a-t-elle encore une vertu pédagogique ? J'avais posé la question à un professeur chevronné, Mme Marie-Thérèse Fouillade, qui a mis en place avec un grand succès le service des actions pédagogiques de l'Institut. Les lourdes responsabilités qu'elle assume actuellement au Centre national des Œuvres universitaires ne lui ont pas permis de venir traiter elle-même d'un sujet qu'elle connaît à merveille. Mais elle a bien voulu me fournir tous les éléments d'information nécessaires, et d'abord le nouveau programme d'histoire applicable en classe de seconde dans nos lycées à compter de l'année scolaire 2001-2002. Je l'en remercie vivement et vous propose quelques suggestions que la lecture de ces instructions officielles m'a inspirées, Elles pourront servir de conclusion à notre colloque.

Ce texte considère qu'en entrant en seconde, les élèves sortant du collège « ont acquis des connaissances, des notions, des repères chronologiques et spaciaux, des méthodes » et qu'il convient, au lycée, « de mettre en œuvre une approche synthétique et problématisée ». Il s'agit de « privilégier l'étude de quelques moments historiques qui sont des jalons importants dans l'élaboration de la civilisation contemporaine », étude qui sera conduite par thèmes, conformément à une mode pédagogique déjà ancienne. Parmi les thèmes que proposent les instructions, un seul concerne l'Antiquité classique : « le citoyen à Athènes au ve siècle av. J.-C. » Ce choix s'explique parce que l'objet de l'enseignement est désormais « de construire une culture » où « les finalités civiques sont étroitement liées aux finalités culturelles », afin « de développer l'esprit critique, la tolérance et la connaissance de l'autre ». C'est une noble ambition, qui rejoint le souci de formation intellectuelle et morale que manifestent souvent les historiens anciens. Certes le legs de la civilisation grecque ne se réduit pas, loin de là, au fonctionnement de la démocratie athénienne à l'époque de Périclès. Mais on conçoit que cet exemple puisse aider à comprendre les principes de nos démocraties modernes, à condition d'éviter les pièges de l'anachronisme. Le rédacteur du commentaire officiel en est bien conscient. Il conseille de centrer l'étude « sur le fonctionnement concret de la démocratie (cadre géographique de la cité, droits et devoirs du citoyen, exercice des magistratures), en l'élargissant aux rapports du civique et du religieux et aux aspects culturels. Il faut en outre souligner la conception restrictive de la citoyenneté que développe Athènes au ve siècle, [...] citoyenneté fondée sur le droit du sang, [...] qui exclut les étrangers et les esclaves et dont le fonctionnement est imparfait. » Ce sont là des vues saines, historiquement exactes, qui représentent un progrès par rapport au tableau idéalisé de la démocratie athénienne que proposait traditionnellement notre enseignement public.

Il y a là pour nos études une occasion de s'ouvrir aux élèves de nos lycées qui, je l'espère, sera saisie par nos collègues chargés de cet enseignement. Ne nous leurrons pas pour autant : la part réservée à l'Antiquité dans ce programme ne représente qu'un sixième du total de l'horaire annuel, soit, au mieux, quelques heures, qu'il conviendra d'employer avec les méthodes les plus efficaces. Les instructions préconisent le recours éventuel à des documents de première main : textes littéraires ou épigraphiques, plans de sites, images d'objets ou de monuments. C'est un moyen de piquer la curiosité de l'auditoire, si le choix proposé est judicieux. Nous devrons préparer les futurs maîtres au maniement pédagogique des *realia*, qui ne s'improvise pas. Pour les guider, les ouvrages de synthèse riches et bien informés ne manquent pas et permettent une recherche fructueuse, adaptée aux situations les plus diverses. L'intérêt que le public manifeste pour l'archéologie, entretenu par la presse et la télévision, vient à l'appui de la parole du maître : le fonctionnement de l'assemblée du peuple, celui des tribunaux retiennent mieux l'attention si l'on combine avec la lecture d'un texte la présentation d'un tesson d'ostracisme portant un nom connu, une vue de la Pnyx, l'image d'une tablette de juge ou d'un *klérôtérion* pour le tirage au sort. Stimulée par la difficulté de tirer le meilleur parti d'un horaire très mesuré, l'imagination du professeur d'histoire ou celle du professeur de lettres saura mettre concurremment en œuvre les témoignages écrits, qui restent primordiaux, et celui des monuments, que notre époque apprécie. Par le biais de ce nouveau programme d'histoire, l'Antiquité retrouve ainsi au lycée une place qui, pour être limitée, n'est pas pour autant négligeable.

En outre elle pourrait reparaître ailleurs, dans un domaine que définissent d'autres instructions, parues en même temps que les précédentes, à savoir dans « l'éducation civique, juridique et sociale ». Sur ce terrain, considéré comme essentiel « au sein du dispositif de rénovation des lycées », on recommande une méthode active, des débats précédés d'enquêtes et la constitution de dossiers. Une grande latitude est laissée aux initiatives des maîtres. A côté des thèmes de travail et de réflexion que suggère l'actualité, il y a place pour l'étude d'exemples appartenant au passé, et c'est là que notre discipline est susceptible d'intervenir. Les auteurs anciens, de Thucydide à Polybe, à Diodore ou à Plutarque, de Salluste à Tacite ou à Dion Cassius n'ont cessé de répéter que l'intérêt majeur de l'histoire était de fournir à ses lecteurs le moyen de comprendre le comportement des hommes et, par conséquent, à la société future celui de se gérer à la lumière de son passé. C'est pourquoi leurs ouvrages sont conçus dans une perspective éthique et politique. Le recul du temps, la célébrité dont les principaux acteurs de l'histoire ancienne ont joui à travers les siècles permettent de faire utilement contrepoids à la considération des faits contemporains, dont l'interprétation à chaud est toujours délicate. Des exercices portant sur des événements ou des personnages tirés de l'histoire grecque et romaine sont d'autant plus formateurs qu'ils ne sont pas touchés par les passions ou les préjugés de notre époque. Les horreurs de la guerre, les mensonges, les trahisons, les massacres de peuples entiers ou leur réduction en esclavage, l'exécution d'adversaires politiques ou de chefs étrangers vaincus sont monnaie courante et sont aussi propres à faire réfléchir que les péripéties des conflits modernes. Parallèlement, il y a les exemples, plus souvent cités, de générosité, d'héroïsme ou de dévouement. De cette histoire à la Plutarque, qui a tant retenu l'attention de la postérité, notre époque peut encore tirer des leçons. Déjà Plutarque lui-même, dans sa préface aux *Vies de Timoléon et de Paul-Émile*, avait défini en termes excellents cette valeur formatrice : « Je me regarde dans l'histoire comme dans un miroir, tâchant en quelque sorte de régler ma vie en la modelant sur les vertus de mes héros. N'est-ce pas en effet comme si nous les fréquentions, voire menions avec eux une vie commune lorsque, grâce à l'histoire, nous accueillons tour à tour chacun de ces personnages comme des hôtes et que nous les hébergeons, pour les considérer *beaux et grands comme ils furent*, en choisissant dans leurs actions les plus importantes et les plus dignes d'intérêt ? Quel procédé plus efficace pour corriger les mœurs ? » Le sentiment du sage de Chéronée reste valable de nos jours pour l'instruction civique.

Notre époque est d'autant mieux préparée à tirer parti de cette réflexion sur les grands hommes qu'elle montre un goût prononcé pour le genre biographique. Il n'est pas d'ouvrage historique qui rencontre plus de faveur auprès du public. Dans cette abondante production, les figures marquantes de l'Antiquité occupent une belle place et peuvent retenir la curiosité et la sympathie des jeunes gens à qui leurs maîtres leur en proposeraient la lecture. Citons au hasard l'*Alcibiade* de Mme de Romilly, le *Démosthène* de Pierre Carlier, l'*Hippocrate* de Jacques Jouanna, l'*Hannibal* de Serge Lancel, le *César* de Robert Étienne, le *Marc Aurèle* de Pierre Grimal, l'*Héliogabale* de Robert Turcan, auxquels on me pardonnera d'ajouter le *Marc Antoine* que j'ai évoqué avec un intérêt passionné. Ces livres, qui sont accessibles à des lecteurs non spécialistes, sont aptes à faire réfléchir sur le rôle, funeste ou bénéfique, des individus d'exception, et sur la valeur d'exemple qui s'attache à leur destin. L'analyse psychologique s'exerce sans doute plus facilement sur des personnages qui, à la fois, sont éloignés dans le temps (et donc moins sujets à une interprétation entachée de parti-pris) et néanmoins bien connus par l'abondance et la qualité des documents et par la longue familiarité que notre civilisation européenne a nouée au cours des siècles avec ces figures emblématiques. La formation morale et civique, l'étude des divers facteurs sociaux, politiques, individuels qui interviennent dans le jeu complexe de l'histoire, le rappel indispensable que le hasard joue toujours son rôle dans les affaires humaines, tels sont quelques-uns des profits que l'examen de ces cas particuliers peut, mieux que d'autres, apporter à l'enseignement général. Cet apport s'inscrit tout naturellement dans le cadre de ces nouveaux programmes, avec le concours d'une didactique moderne, active, ouverte aux plus récents acquis de la recherche historique.

Dans cette Villa Kérylos, vouée par son fondateur Théodore Reinach à entretenir dans le monde contemporain une image concrète de l'Antiquité vivante, nous nous montrerons fidèles à l'esprit du lieu et aux intentions de son conservateur Jean Leclant, initiateur et organisateur de nos rencontres, en formulant le vœu que la formation intellectuelle et morale des jeunes Français continue à tirer parti, comme par le passé, de l'histoire ancienne, trésor inépuisable d'expérience sur la nature humaine et sur la société.

François CHAMOUX

LES PARTICIPANTS

Jean-Pierre CALLU	Membre de l'Académie des Inscriptions et Belles-Lettres, Professeur émérite de l'Université de Paris-Sorbonne
François CHAMOUX	Membre de l'Académie des Inscriptions et Belles-Lettres, Professeur honoraire à l'Université de Paris-Sorbonne
Robert ÉTIENNE	Membre de l'Académie des Inscriptions et Belles-Lettres, Professeur émérite de l'Université de Bordeaux III
Valérie FROMENTIN	Professeur à l'Université de Bordeaux III
Éric FOULON	Professeur à l'Université de Clermont-Ferrand-Blaise Pascal
Jacques GASCOU	Professeur à l'Université d'Aix-en-Provence
Paul GOUKOWSKY	Correspondant de l'Académie des Inscriptions et Belles-Lettres, Professeur à l'Université de Nancy II
Nicolas GRIMAL	Professeur au Collège de France
Marie-Rose GUELFUCCI	Professeur à l'Université de Nice-Sophia-Antipolis
Paul JAL	Professeur émérite à l'Université de Paris X-Nanterre
Denis KNOEPFLER	Correspondant étranger de l'Académie des Inscriptions et Belles-Lettres, Professeur à l'Université de Neuchâtel
Jean LECLANT	Secrétaire perpétuel de l'Académie des Inscriptions et Belles-Lettres, Conservateur de la Villa Kérylos, Professeur honoraire au Collège de France
Alain MICHEL	Membre de l'Académie des Inscriptions et Belles-Lettres,

TABLE DES MATIÈRES

LES CAHIERS DE KÉRYLOS

N° 1. — Colloque du 27-30 septembre 1990, « Platonisme et Néoplatonisme — Antiquité et Temps modernes » — Athènes 1991 — 85 Frs (épuisé)

E. Moutsopoulos, Le modèle platonicien du système ontologique plotinien

J.-F. Mattéi, Du mythe hésiodique des races au mythe homérique des Muses dans la *République*

A. Thivel, Hippocrate vu par Platon

N.-L. Cordero, Les circonstances atténuantes dans le parricide du *Sophiste* de Platon

J.-M. Gabaude, Les *Ennéades* et l'expression poétique de la métaphysique

L. Jerphagnon, Plotin ou l'anti-Narcisse

M. Dixsaut, Le sens d'une alternative (*Phédon*, 78 b) ou : de l'utilité des commentaires néo-platoniciens

A. Charles-Saget, Le philosophe et le sacré. Réflexions sur le caractère hiératique de la philosophie chez Jamblique

M. Koutlouka, La notion du temps, de l'antiquité au christianisme

I. Gobry, La ténèbre (γνόφος) : l'héritage alexandrin de saint Grégoire de Nysse

M. De Gandillac, La renaissance du platonisme selon Marsile Ficin

K. Christodoulou, De quelques aspects du « platonisme » de Montaigne

J. Dillon, Notre perception du monde extérieur selon Plotin et Berkeley

A. Pigler-Rogers, Interprétation de la durée chez Plotin et Bergson

C. Spantidou, Plotin et S.J. Perse : la rencontre lumineuse

P. Rodrigo, Τῆς ψυχῆς ἐπιμελεῖσθαι. Jan Patočka, Platon et la phénoménologie

D. O'Brien, Platon et Plotin sur les parties de l'autre (résumé)

L. Westra, Liberté, créativité et l'un de Plotin (résumé)

Nº 2. — Colloque de l'automne 1991, « Les Grecs et l'Occident » — Rome 1995 — 95 Frs

Nº 3. — Colloque du 29-30 octobre 1992, « Architecture du Rêve » — Paris 1994 — 95 Frs (épuisé)

Nº 4. — Colloque du 30 septembre-3 octobre 1993, « Le Romantisme et la Grèce » — Athènes 1994 — 95 Frs

E. Moutsopoulos, Fuite et nostalgie romantique de la Grèce

A. Thivel, Prométhée, personnage romantique

J.-M. Galy, Le romantisme des premiers lyriques grecs

A. Pigler-Rogers, La *Penthésilée* de Kleist

A. Villani, Hölderlin et la question du centre

J.-L. Vieillard-Baron, Hegel et la Grèce

A. Lang, Le pessimisme romantique et le pessimisme dionysiaque des Hellènes selon Nietzsche

R. Tschumi, Résurgences grecques au fil du romantisme anglais

Ph. Antoine, De l'*Itinéraire* à la *Note sur la Grèce*. Évolution et constantes de l'attitude de Chateaubriand face à la Grèce

R. Garguilo, D'Atala à Athéna. L'itinéraire poétique et politique de Chateaubriand

A. Santa, Stendhal et la Grèce

A. Court, Lamartine et la Grèce

J. Guichardet, Edgard Quinet, chantre de « La Grèce moderne »

J.-M. Gabaude, Le romantisme de M. de Guérin et la Grèce

X. Goula-Mitacou, Flaubert en Grèce

R. Richer, Le romantisme grec

E. Moutsopolos, Considérations rétrospectives

Nº 5. — Colloque du 6-9 octobre 1994, « Entre Égypte et Grèce » — Paris 1995 — 95 Frs

N. Grimal, L'Égypte et le monde égéen préhellénique : entre commerce et histoire

A. Laronde, Mercenaires grecs en Égypte à l'époque saïte et à l'époque perse

F. Chamoux, L'Égypte d'après Diodore de sicile

S. Amigues, Les plantes d'Égypte vues par les naturalistes grecs

J. Ducat, Grecs et Égyptiens dans l'Égypte lagide : hellénisation et résistance à l'Hellénisme

J. Sirinelli, Un regard sur la Bibliothèque d'Alexandrie

P. Arnaud, Naviguer entre Égypte et Grèce : les principales lignes de navigation d'après les données numériques des géographes anciens

V. Karageorghis, Chypre entre l'Égypte et l'Égée

M. Dewachter, Un grec de Louqsor collaborateur de Champollion et Lepsius : Ouardi-Triantaphyllos

R. Richer, La communauté grecque d'Alexandrie au XIXe et XXe siècles

Nº 6. — Colloque du 6-7 octobre 1995, « L'Académie des Inscriptions et Belles-Lettres et l'Académie des Beaux-Arts face au message de la Grèce ancienne » — Paris 1996 — 95 Frs

J. Leclant, Préambule

R. Vian des Rives, Avant-propos

S. Excellence D. Macris, Ambassadeur de Grèce, La Grèce éternelle et la Grèce d'aujourd'hui : un survol de la diachronie grecque

J. De Romilly, Des philologues au grand public : le renouveau des textes sur la Grèce antique

B. Zehrfuss, De Pergame à Kérylos, l'esprit grec

J. Marcadé, De Délos à Beaulieu

F. Chamoux, L'homme Socrate

J. Irigoin, Dom Bernard de Montfaucon

R. Turcan, Le symbolisme funéraire à l'Académie des Inscriptions et Belles-Lettres

J. de La Genière, L'immortalité d'Héraclès : voyage d'un mythe grec

H. Metzger, Perspective nouvelles offertes à l'étude des vases grecs et de leurs images

J.-L. Florentz, À l'écoute de la Grèce antique

P. Carron, L'Omphalos, centre du monde

A. Poncet, L'Influence de la Grèce antique sur la sculpture contemporaine

C. Abeille, La Grèce toujours recommencée

Nº 7. — Colloque du 4-5 octobre 1996, « Regards sur la Méditerranée » — Paris 1997 — 95 Frs

J. Leclant et R. Vian des Rives, Préambule

J. Leclant, Allocution d'accueil

J.-R. Pitte, Un regard géographique sur la Méditerranée

F. Chamoux, Le monde égéen et l'Afrique

J. Desanges, Regards de géographes anciens sur l'Afrique mineure

N° 8. — Colloque du 3-4 octobre 1997, « Le théâtre grec antique : la tragédie » — Paris 1998 — 120 Frs

Nº 9 — Colloque du 2-3 octobre 1998, « Alexandrie : une mégapole cosmopolite » — Paris 1999 — 120 Frs.

S. Exc. P. Hunt, Adresse : L'année France-Égypte 1998

J. Leclant, Allocution d'accueil

M. Chauveau, Alexandrie et Rhakôtis : le point de vue des Égyptiens

G. Le Rider, Le monnayage d'or et d'argent frappé en Égypte sous Alexandre : le rôle monétaire d'Alexandrie

J.-Y. Empereur, Travaux récents dans la capitale des Ptolémées

F. Burkhalter-Arce, Les fermiers de l'arabarchie : notables et hommes d'affaires à Alexandrie

N. Grimal, L'Un et les autres

B. Meyer, Les *Magiciennes* de Théocrite et les papyrus magiques

F. Chamoux, Le poète Callimaque et le rayonnement culturel d'Alexandrie

A. Laronde, Alexandrie et Cyrène

Cl. Nicolet, Alexandrie et Rome : peut-on comparer ?

J. Mélèze Modrzejewski, Espérances et illusions du judaïsme alexandrin

M. Philonenko, La Bible des Septante

G. Dorival, Les débuts du christianisme à Alexandrie

A. Le Boulluec, La rencontre de l'hellénisme et de la « philosophie barbare » selon Clément d'Alexandrie

J. Sirinelli, Cosmopolitisme et œcuménisme à Alexandrie

D. Roques, Alexandrie tardive et protobyzantine (IVe-VIIe s.) : témoignages d'auteurs

R. Solé, La « Place des Consuls » à Alexandrie

Nº 10 — Colloque du 1er-2 octobre 1999, « Le théâtre grec antique : la tragédie » — Paris 2000 — 120 Frs.

J. Leclant et R. Vian des Rives, Préambule

J. Leclant, Allocution d'accueil

J. Jouanna, Présentation du colloque

J.-M. Galy, Les moyens de la caricature dans les comédies d'Aristophane

I. Rodríguez Alfageme, La structure scénique dans les *Nuées* d'Aristophane

ACHEVÉ D'IMPRIMER
EN JUILLET 2001
SUR LES PRESSES
DE
L'IMPRIMERIE F. PAILLART
À ABBEVILLE

DÉPÔT LÉGAL : 3e TRIMESTRE 2001
No D'IMP. 11434